任性出版

讀論語

做一個大家願意追隨的人

領導者須具備三特質，
決斷、變通、知道如何平行處理事情。

正安康健創始人
梁冬——著

CONTENTS

CONTENTS

第二部　原則是拿來要求自己，不是用來要求別人〈雍也篇〉

CONTENTS

推薦序一

孔子的正確打開方式

「羊咩老師的追劇國文課」粉專版主／羊咩老師

我們接觸儒家的時間都很早，國、高中時期，它是課文、是默寫、是那幾本惹人厭的「中國文化基本教材」。當時的我們，可能連「十五志於學」的年紀都不到，卻在課堂上聽著老師從十五志學講到七十從心所欲不踰矩。默寫、抄寫、說教，如果調查臺灣學生與孔子的初次接觸，恐怕回憶都是惡評。

青春期的我只覺得他口中的君子矯情、做作又迂腐。我從歷史課本上學到漢代以後獨尊儒術，儒家成了歷朝統治者最好的統治迷藥，忠孝節義灌輸下去，人民就會乖乖聽話。

可惡！太可惡了！正值反叛期、追求個人主義的青年怎麼受得了這些教條？所以一講到孔子，我就掩耳疾走，背他而去。

大學以後，如何在複雜的人際關係中自我定位，深深困擾著我。攻讀中文所碩士的期間，我們坐在教室裡，用各種深奧的學術名詞討論著孔子……分神的我翻著《論語》一條條原文，某幾句突然打中了我——他說的正是我當時的人際困惑，他說的正是一種人可以選擇的更好行為標準。

原來孔子說的不是什麼艱深的學術名詞！他說的就是生活中我們可能會遇到的各種抉擇難題！

我像一個迷路許久、因為害怕而哭泣的小孩，意外碰到鄰家老伯親切帶我回家。那一刻，我想哭又想笑，原來如此，原來老伯平時叨唸的是這個意思！沒碰到問題前，我聽不懂、也不想聽他在說些什麼。遇到問題時，我才發現，能有一個分享人生智慧的長輩，是多麼幸福的一件事。

在那間教室裡，我第一次和孔老先生拉近了距離。我驚喜的抬起頭，卻發現教室裡依舊交換著各種深不可測的學術名詞。那一刻的矛盾，讓我不禁懷疑，也許從一開始，我們就用錯了方式和孔子約會。我們布置了神聖的聖壇，將孔老先生供奉在莊嚴的祭壇上，歌頌讚揚，意圖讓年輕學子知道，你看，聖壇上的老人是聖人，還不快尊敬他？

但認識孔老伯不該是這樣的，最好的約會方式是：拉張小板凳，跟孔老伯坐在路邊榕樹下，他一邊下棋，一邊聽我們絮絮叨叨的抱怨著生活。然後，他瞇著眼，突然冒出幾句金句。恰好的打中我們生活的痛處，指出我們的盲點。

「齁，阿伯，你說的我怎麼沒想過？」

「你還太嫩了，年輕人。」孔阿伯瞇起眼，笑得慈祥。

我們需要一種新的約會方式。而這本書，正是另一種回歸到生活中，用一年又一年的人生經歷細品孔子的約會守則。去玩味、去咀嚼，然後驚喜的發現，我根本不用花大錢去上什麼勵志雞湯、心靈導師課程，我們的文化中有一老——有這位孔老人家，其實我們早就如獲至寶。

我曾掩耳疾走、背他而去，而在彎彎繞繞的多年後，終於又回到他的身邊，坐下細細反芻他的一言一字。他使我領悟自己靈魂的種種需要，他是唯一讓我覺得我可恥、卻又可救的長者。

原來，他一直都在，只是我們不知道該怎麼接近他。而這本書，也是一位回到他老人家身邊的羔羊，在歷經千帆後，終於發現，孔老夫子的討厭是因為他總一針見血戳中我們的要害，我們詛咒他，卻又知道，若真失去他，我們的生命又將繼續繞圈迷惘，我們的迷惘會勝過遠離他的欣喜。

給孔老伯一個機會，拉把凳子坐下來，跟他這位老人家分享你生活的點滴——然後，你會發現，你也給了自己一個機會。

推薦序二

身心安頓的立身處世

臺師大共教中心國文組助理教授/李純瑀

理念不被接受的黑暗時刻;情感不被理解的糾結心境;作為不被同理的沮喪情懷,自古至今皆然。從何得解?在遙遠的千年前直至今日都有一敲響內心的答案:《論語》。

本書以清晰的語言、通達的條理,在千年後的今天,解答了距離你我如此接近的人生課題。從中可知,若能守住自我價值並站穩崗位前行,事實上已然走在正確的道路上,至於過程中是否開心、失意,那終將成為回頭遙望時的一道風景,掛齒與否?我想那不過是一抹坦然釋懷的微笑。

人生前行的路上難免會有荊棘坎坷,但我們常常在事情還未發生之前,就開始煩惱糾結,為自己設下絆腳石,殊不知那些煩惱其實多數不會真的發生。而這些阻礙我們前行的困頓和矛盾、失望與沉淪，早在《論語》中已明白點出，而本書則以更淺近且貼近日常的語彙告訴眾人，這些阻礙因素得從哪些方面解套。也許是從人際關係，抑或是從與身旁人的互動，又更或者一開始便走錯了方向，「始亂」如何能不至於「終棄」？這或許才是必須面對的一生課題，本書讓我們理解真誠的面對自我、照見內心方是最主要的生活態度。

生活中的自在往往與荊棘險阻互依互存。若是一個對自己的角色和分寸有清醒覺知的人，將會尊重並理解許多已知、未知的人際關係與互動模式，而這也是一種推己及人的態度，也可說是一種將心放得更寬大，讓周遭人們感到舒心的態度，由此細推，最終得以安然自在的不也是自己！讓自己成為自在且謙和的存在，推至他人身上使得他人亦感自適。

看待自我價值同時，則是從未輕易放棄堅持與理想；抓穩人與人之間的分際並盡其在我，更是「心安」則為之。如此一來許多的顛簸都將成為坦途。

期待在前行道路上風雨無阻或許是一個美妙的理想，但又何嘗不是一個值得努力一試的方向？心安便能得到一生當中安身立命的根基，這份根基來自於圓融的生活智慧；來自於真心看見天地、看見眾生、看見自我內心後的坦蕩情懷。

這份真心，將成為荊棘險阻中的心安則為之，並且始終懷抱心安於天地之間。深切期盼你我在這份真心之中，找到屬於自己的生命情懷，那將是一生中最為堅固的一份安然。

序

讀《論語》，我可以學會什麼？

我到了四十三歲才開始覺得慚愧，為什麼小時候沒有人能有系統的告訴我，《論語》到底說了什麼，以至於人們提到《論語》、提到孔子時，我總帶著某種不以為然——我們在沒有接觸他之前，居然對他進行判斷，這種情況實在是太普遍了。

當我們評價一件事好或者不好時，內心應該保持一種聲音：「看過嗎？用過嗎？了解過嗎？」然後才能評價——我曾經看過一篇影評，第一句話是「我沒看過這部電影」，後面寫了八千多字……人們總是太匆忙的進行表達。

我是在二〇一八年才開始有系統的學習《論語》，那時恰好正在做《生命・覺者》系列（按：作者自製的視訊課程），訪談了心理學界、科技界、哲學界的很多大家。知道了關於生命的祕密之後，再去讀《論語》，發現這些祕密在《論語》中早就講過了。

試舉一個例子，我以前總是不喜歡孔子言必稱君子和小人，總是提醒我們要時時刻刻，念茲在茲，**哪怕做不成君子，心裡也要想著君子，要與君子做朋友，讓自己成為君子**。我以前認為這是一種思想迫害，起碼是不自由的想法。

為什麼人一定要被分成好人和壞人？當我認真讀完《論語》才發現，其實這是一個活明白的人降低層級高度的說法。

難道孔子不懂得道嗎？難道孔子不知道好壞相生嗎？以孔子的學習力，他應該比我們更能理解上古時期更多出名、得道的人。

為什麼孔子要在《論語》裡如此強調我們該怎麼跟朋友相處、跟父母相處、跟自己相處，怎麼每天對自己有點兒要求？為什麼孔子要把自己落入一個二元的世界裡，而不是在一個超越二元的、終極的，不生不滅、不垢不淨的世界裡？

我現在隱約覺得，這其實是孔子的慈悲使然，他相信大部分的人此生在俗世間，還是要透過相對世界發表自己對世界的認知，也就是在不了解義的境界下過完此生。所以在一個相對世界裡，好壞的標準就顯得重要。

當我們在這個層面討論好壞時，你就會發現，**如果心裡總念叨自己要成為好人，就會對自己的言行、想法、朋友圈也有所警惕。根據吸引力法則，你想著的是這樣的人，結交的是這樣的人，哪怕你只是「演」一個好人，時間長了，大概也會成為一個不壞的人。**

這輩子都沒活好，還談什麼下輩子

孔子做到了他追求的聖人境界嗎？起碼在他的自謙裡不認為自己做到了。連自己都沒有做到，為什麼仍然要提呢？原來**聖人和君子根本就不是真實存在的，只是我們人生中的一個方向。沒有方向的船，任何風都不是順風**。

而且在一個普遍社交化的時代，孔子日常關注的世界處於一個人際網路社交時代。當然他也為《易經》作注，整理了《詩經》、《尚書》，但他在《論語》裡其實是降低了自我層級高度，他在另一個更不垢不淨、不好不壞，更宏觀的世界裡，讓自己從那個維度降了下來。

他難道不知道會因此在後世留下一個不那麼高級的名分嗎？也許他想過，但他覺得要對學生負責，要對最愛的人負責——**你這輩子都沒活好，總想活出超越這輩子的境界，很容易走偏**。

過去幾十年，中國、韓國、日本、新加坡在經濟上的崛起，難道不正是儒家思想勤勉、誠懇、守信、務實的體現嗎？所以在這個基礎上，我認為未來的越南和朝鮮，如果得以實現生產力的釋放，會成為地球上最重要、經濟發展最快的國家，因為它們同樣受到儒家思想的影響。

如果說當今中國的世俗社會裡有一套需要大家共同去了解、學習的知識體系，我認為孔子的思想體系更合適，起碼他能讓你成為一個在朋友圈比較容易受到尊重的人。哪怕中間有對自我的約束，讓你覺得不爽；哪怕你在讀《論語》時，覺得每句話都在打自己的臉（我就有這樣的體會，每一篇讀起來都很慚愧）。

但就是這點兒慚愧心，幫助我們在惡勢力面前，幫助我們每天在造各種口業、做各種不合理的事情時，有點兒羞愧感，哪怕是一點點。這一點點就是良知，就是我們沒有墮落成一個終極壞人的基礎。

當然，並不是說學完《論語》之後，我們就不需要了解佛經、不需要了解空性、不需要學習《莊子》……而是當我們能對自己有這樣的要求後，再來學習更超脫於世界的一切，才會發現孔子的用心良苦。

哪怕他是一個已經把《周易》韋編三絕（按：指勤讀《易經》，致使編聯竹簡的皮繩多次脫斷）的人，哪怕他對上古時期文化的理解遠比我們深刻，這樣一個對各類知識都了然於胸的人，為什麼在《論語》裡呈現出善良的鄰家老伯形象？這肯定是他對學生的愛使然。如果沒有這份愛，他完全可以表現得更高冷，但這就不是孔子了。

這就涉及一個很深刻的討論，你是不是一定要顯得比你真正能達到的境界更高一些？孔子選擇了相反的道路，他在《論語》裡顯得比自己真正的境界低了半格，而這半格真正成就了他。這是他在中國的主流價值觀裡，成為萬聖師表，而且這麼多年來被那麼多人最後接受的原因。

如果你真正研究過海寧格家族系統排列（按：Family Constellation，是心理諮詢與心理治療領域的一個方法，多用於家庭治療。是由海寧格開發出來，主張在家庭系統中，有一些不易被人們意識到的動力操控著家庭成員之間的關係。很多人的身心問題，其實都是家庭「牽連」造成的。將「牽連」的原因顯露出來，往往能找出化解的方法）、研究過人的意識對他人的影響、研究過新意識的作用，並且在日常生活中有所實踐，便會發現，其實孔子在平凡的語言裡，包含了非常深遠的宇宙終極祕密——仁。

同情心是仁的開始

仁是什麼？仁就是將心比心，就是用自己的心感受宇宙、用自己的心感受他人、用自己的心感受有情與無情的眾生。當你有這種瞬間的感受力時，套用一句科幻電影的說法——可以用你的心穿越宇宙的蟲洞，宇宙的終極祕密是愛（《星際效應》，*Interstellar*）。這個愛不是小情小愛，我覺得更接近於孔子說的仁愛——你能否隨時把自己的意識頻譜調到與任何人對接，並且在他的身上積蓄能量。

打個不恰當的比喻，你是否擁有 Wi-Fi 萬能鑰匙，走到哪兒都能連接上網？仁就是孔子給我們靈魂的一把 Wi-Fi 萬能鑰匙。

有了它，你走到哪裡都不會有敵人，這才是真正的仁者無敵。而且我們越深入體會孔子，就越能理解為什麼每當國家有危難時，總會有儒生站出來——從同情自己的家人到同情自己的鄉黨，到同情自己的族人，再到同情人類這樣一種廣泛而深遠的愛，讓他們湧現出捨生取義的勇氣。所以孔子說以人為本，就是後來生發的信念、勇氣、責任、擔當……都是以內在的同情心為核心的。

國學大師辜鴻銘說，東方人，最偉大的品德就體現在廣泛的同情心上。我理解的廣泛的同情心就是仁，而仁是需要訓練的，是需要從小培養的，是一門心理養成術，要先從親密關係的聯結中開始培養。一個人如何在與兄弟、父母、老師、同僚的情感聯結中學會尊重，保持寬容，都是從小浸染而來的。所以現在我對兒子的教育還是以儒家思想打底，我希望他不會在太小的時候被「空」、「無」這樣的字面含義引入虛無主義的氛圍。

我在看電影《無問西東》時，深深的被王力宏飾演的角色感動——他的家族三代五將，一輩一輩最優秀的、最有擔當的人，都懷著對他人的大愛，支撐起民族的脊梁。所以我們對孔子的誤解導致了太多混亂，是時候重新提倡人本主義思想，並且以人本主義為基礎，追溯我們本來就擁有的責任與擔當。

學《論語》，最起碼可以成為一個不太糟糕的人

很多人對孔子的第一大誤解就是為權力階層背書，其實這是一個誤會。在清朝末年，四億中國人，只有三十萬人吃皇糧——國家發薪資，大部分的管理都是靠鄉紳階層自治。為什麼在鄉紳自治的情況下會湧現出那麼多優秀的知識分子？因為不管你在哪裡，在山西還是廣東，在紹興還是西安，用的幾乎是同一套教育體系——儒家思想。

而且他們的管理是自主管理，以禮來管理，而不是用刑。子曰：「道之以政，齊之以刑，民免而無恥；道之以德，齊之以禮，有恥且格。」意思是如果你用法律、制度和非常明確的KPI考核，也許老百姓會避免做壞事，但他的內心是沒有羞恥感的——犯規就得接受懲罰，所以很多人就會去思考該怎麼鑽法律的漏洞。但如果你「道之以德，齊之以禮」——用道德、仁心、尊重、愛來管理，老百姓的內心是有羞恥感的，這就是差別。法律和技術也許會幫助我們建立起一個規範的社會，但不會培養出溫暖的人民。

我在香港工作時，發現香港的農村其實仍然延續著清朝典型的鄉紳自治制度。政府對他們的干預並不多，他們如何規畫土地、培養弟子、發展出一套社群管理制度，完全是靠彼此之間共同遵守的價值觀來推動的。

這件事給了我很大的啟發，人民最終還是要回到內心有道德標準的時代。也許我們

對孔子的誤讀，是因為後世儒家和統治階級閹割了孔子的原本思想，如果你讀《論語》原典，會看到一位熱愛生活、對財富不抗拒，但對不義之財心生警惕的智者。

有能力、有錢時可以為人民謀福利，可以「食不厭精，膾不厭細」；道德淪喪、環境不允許時，可以退而獨處。子貢曰：「貧而無諂，富而無驕，何如？」孔子說：「可也。未若貧而樂，富而好禮者也。」就是說，你能不能做到在沒錢時尋找快樂，而不至於怨天尤人；有錢時不驕橫，同時保持一種真正意義上的人與人之間的平等、尊重。

我們現在開始學習《論語》雖然晚了點兒，但不遲。種下一棵樹最好的時間是十年前，其次是現在。讀書也是一樣，哪怕是即將淪為年過半百的中年人，才像以前的小童子一樣重新學習《論語》，未必能學得多麼好，在訓詁和義理上可能錯漏百出，但你仍然可以在學習《論語》的過程中時時提醒自己，不要成為一個太糟糕的壞人。

做君子也可以，做小人也不是不可以——不要做一個太卑鄙的小人；但在誠實和虛偽的君子之間，你還是可以選擇做一個誠實的普通人。哪怕你能做到這一點，孔子也會認為你就是君子。

我發現學習《論語》可以幫助自己培養一種正心誠意、溫暖喜悅之情——正心誠意是儒家的核心心法，溫暖喜悅是做人的優秀介面。

《論語》只有道德常識，沒有「思辨哲學」？

第二個誤解是人們認為孔子不高級，說的都是大白話，家長裡短，顯得不夠有哲學派頭。德國哲學家黑格爾（Georg Wilhelm Friedrich Hegel）曾經表達過類似的看法，他以前對孔子挺尊敬的，但看了《論語》之後很失望。

大概是因為他沒有看過孔子對《易》的評注，沒有看過孔子對《尚書》、《春秋》的整理，包括對歷史的記錄，尤其是他沒有看過《易傳》。所以他在《論語》裡讀到的是一個絮絮叨叨的老頭，反覆說很多事：你要認真學習；如果你學不了太多東西，起碼要有門手藝；你得把手藝練好；做事不能太著急；如果賺不到錢，也不要忘記簡樸的生活裡也有快樂；做人不要太泛泛，對所有人保持謙卑，保持學習的心態……好像都不是特別深刻的東西。

這時問題就來了，連這些都做不到，深刻有什麼用？我覺得學《論語》最起碼可以讓自己成為一個好部屬、好兒女——連部屬都做不好，怎麼做好主管？連兒女都做不好，怎麼做好父母？成為好主管、好父母的基礎是，你首先成為好員工和好兒女。

第三個誤解是很多人對好色這件事的看法。孔子是一個對生活充滿激情和愛的人，我相信他是愛南子的，也是愛美食的，他對器物的鑑賞能力很高，他知道什麼是好馬，在學生中，誰能幫他，誰能更好的傳承，他一眼就能看出來，這說明他是一個有品味的人。

我很高興看到現在很多城市的定位和文化，都語出《論語》，這充分說明儒家思想的確是民間社會的主流思想。在這個基礎上，有一天你放棄一切，看破紅塵，了悟生死，證道三藐三菩提，可喜可賀；如果沒有證道這個，你只是成為一個溫暖的小老頭，也不失為成功。

第一部

做一個大家願意追隨的人

〈公治長篇〉

01 想吸引什麼樣的人，自己先成為那樣的人

原典

子謂公冶長，「可妻也。雖在縲絏之中，非其罪也」。以其子妻之。
子謂南容，「邦有道，不廢；邦無道，免於刑戮」。以其兄之子妻之。

孔子說公冶長（孔子的弟子）：「這個人很優秀，有道、聰明、善良、溫厚，可以將女兒託付給他。就算他曾經有一段時間不小心犯了罪（『縲絏』指繩索，『雖在縲絏之中』比喻犯了罪被人綁起來，坐牢的意思），但這不是他的罪過。」於是孔子把女兒嫁給了公冶長。

一個男人對另一個男人最高級別的認可，就是願意把心愛的女兒嫁給他。我見過很多男人提起女兒將來出嫁時動容的情景，便說：「你女兒才五歲，你就哭成這樣，說不定人家到五十歲還未出嫁，你都沒有機會看到她出嫁，你這會兒哭什麼？」他說：「不行，我

不能忍受可愛的女兒嫁給別人。」

孔子把女兒嫁給了公冶長——哪怕他曾犯了罪。後來公冶長免於刑罰，成為一名大學問家。

孔子又說南容（也是孔子的學生，很優秀）：「國家政治清明，合乎於道時，像南容這樣的人一定能出人頭地；國家政治黑暗時，他也能全身而退、明哲保身，不至於招惹殺身之禍。」所以，孔子把哥哥的女兒嫁給了南容。

這段話大致講的是孔子如何判斷一個人是否值得深交，值得長期維繫關係。同時，他也提到了一個話題——如何免禍。

春秋戰國時期，普通百姓的生命安全很難得到保障，不知什麼時候得罪了官府的人，陷入了某些利益之爭，或者站錯了隊、或者說錯了話……總而言之，隨時可能被「大卸八塊」，處罰輕一點的也要被抓進牢裡，都是有可能的。

如何找到既優秀又安全，並且能與之長期相處的人，是一個人生命中最重要的智慧。為什麼有的女孩長大後的生活整體不錯呢？可能在她小時候，父母（尤其是有智慧的父親）給她播下了一顆正確狀態的種子，在她擇偶時給予了關鍵性指導，基本上能讓她從小到大都活在父母和老公的照顧中。

當然，現在是男女平等的社會，反過來也是一樣的——母親在兒子很小的時候就讓他耳濡目染，不知不覺的鋪墊好以後應該和什麼樣的女孩在一起的潛意識，以便將來吸引的都是好女孩，在他結婚時暗中做推手（「至人無己，神人無功，聖人無名」），在大家都不知道為什麼的情況下，讓自己的兒子娶了「旺夫」的好女孩，並且能把這種福德傳遞給子孫後代。

我以前不讀《論語》，從來沒有想過孔子如此接地氣。他不是教條主義、迂腐的人，他說的話都是指引我們如何尋找、持有長期優質資產的生命智慧。

一個人的錢是他的財富、是他生命中的朋友、是他做事傾注的時間，是他的幸福感，而他的健康是另一種資產——生命資產，這是我們的「基礎貨幣」，是一輩子所有價值的總和。判斷一個人可不可靠，可以觀察他的父母是不是有問題，再看他的孩子是不是知書達理、敏而好學。「叩其兩端而執其中」，你就能大概知道這個人是否值得交往。

孔子在這段話裡反覆提到一個觀點，因為他是長者，作為一個過來人，他知道什麼樣的年輕人值得培養，值得把女兒託付給他。

有一天，南容讀《詩經》中「白圭之玷，尚可磨也；斯言之玷，不可為也」這段話，意思是如果白玉有瑕疵，尚且能把它磨掉；但如果說錯了話，就很難收回來了。據說南容讀這句話時反覆琢磨，孔子在旁邊觀察到了，覺得他有根氣，對自己說的話很謹慎。

病從口入，禍從口出。在萬惡的舊社會，一個人說什麼話不是為了快意恩仇，而是要意識到自己做的事、說的話，都會留存於宇宙中。

前些年，我對「中醫革命」有種浪漫主義的熱情，因此接受訪談時講了許多似是而非、自以為是的話。若干年後，這些訪談被人翻出來說這樣不當，那樣不當……我看了後也覺得講得很不好，後來還特別寫了一篇文章——〈梁冬反思錄：關於中醫，我說的都是錯的〉，對以前說的話進行反思，糾正自己。但之前說的錯話已然留在網路上，以此為例，讓大家吸取經驗教訓。所以言語、行為不可不慎。

透過學習《論語》，我慢慢的有了一些覺察，儘管每次讀書都感到很慚愧，等兒子長大後我一定要告訴他：「爸爸說了太多不恰當的話，做了太多不可靠的事，請你一定要引以為戒。」這是我讀《論語》的真實感受。雖然這樣想了，這樣看了，但行為和思維的慣性依舊很強，一不小心又會成為自己都覺得不合適的人。

孔子就像父親一樣，暖暖的看著那些謹慎、善良、審時度勢，並且能安邦立國、明哲保身，保持像玉石一樣乾淨心性的人，認為這樣的才是真正值得長期交往的人。

多餘的朋友只會帶來多餘的煩惱

小時候，我們總以為跟什麼人在一起有好處，就跟什麼人交往；跟什麼人在一起覺得開心，就跟什麼人交往。但我到四十歲後越來越發現，多餘的朋友只會帶來多餘的煩惱，多餘的熱鬧只會帶來多餘的悔恨。

因此，**朋友不求多，做人也就淡然了**，慢慢的，把自己修練成想成為的人，你就會看見類似的人，也會吸引類似的人。

如果你對此感興趣，可以看一下這幾年自己朋友圈的變化。大致而言，我們每過幾年都會發現與自己走得近的朋友換了一批，但你要覺察變化在哪裡。朋友圈的變化，其實就是你的變化的投影。

如果你對自己現在的狀態不滿意，就應該以覺知的方式改變自己所處的環境。改變自己所處的環境，從改變自己的心性開始；改變自己的心性，從改變自己的認知開始。

最重要的是認知別人的感受——別人妒嫉你、輕視你、不了解你……其實都是正常的，就像我們也會妒嫉別人、輕視別人、不了解別人……。

有了這種「人不知，而不慍」的了解，你自然而然的就會發展出「忠」、「恕」之道，自然而然的就會溫和、不激進、不迫切，自然而然的說話語速就慢了，情緒反應就溫和了，看人就不閃躲了，做事就不慌張了，與人交往也不會有種侮辱別人，或者隱隱的被人侮辱的可能了……這些都是很微妙，而且是有次第的。

孔子帶領我們一步一步的成為一個安全的、溫暖的人，每次我感受到他對不確定的外部世界的洞察，並且反省是不是由於自己做得不好而導致的。有了這種提問，孔子就變成了一個更真實、更溫暖的人，而不是我們想像的那種刻板、教條的「老夫子」形象。

後世的儒家、儒生，可能真是修為不及，再加上功利性太強，把孔子的許多言行進行了刻意改造，以至於我們年輕時都默默的認為孔子不是一個可愛的人。其實他很可愛，他說的都是父母應該告訴我們，而我們大多數時候沒有學會的東西。

02 你是受你朋友影響的結果

原典

子謂子賤，「君子哉若人！魯無君子者，斯焉取斯？」

當你以溫暖的眼神看向世界時，也許會發現周遭的世界也變得溫暖了。當然，可能是因為外部世界本身就是溫暖的，你選擇了一個溫暖的環境，於是也成了一個溫暖的人。我們是世界的投影，世界也是我們的投影，我們和世界彼此以奇怪的方式相互影響著，相互調頻著。

我小時候聽過「孟母三遷」的故事，孟母作為一個單親媽媽，為了讓孟子成才，不斷的換「學區」，以便讓孟子與不同的人接觸、交往，最後幫助孟子成為了一代「亞聖」。

為什麼我要和你分享這些呢？因為對孔子而言，他可能很早時就發現以「仁」（同情）為原始碼的系統裡有應用層——讓自己與先賢同頻，這是「志於學」；與周遭的環境同頻，這是「有朋自遠方來」，或者「三人行，必有我師」，以及接下來要講的這句——子謂子賤，「君子哉若人！魯無君子者，斯焉取斯？」

這句話的意思是，孔子評價子賤（孔子的學生，姓宓，叫不齊，字子賤）：「君子就是像子賤這樣的人啊！」接著說：「魯無君子者，斯焉取斯？」前一個「斯」是說這個人，後面的「斯」說的是德，這樣的君子之德。因為他活在魯國這樣一個有很多君子的氛圍裡，如果周圍沒有那麼多君子，子賤如何成為君子呢？

在《論語》提倡的以同情心和共感力為基礎的原始碼之上，向別人學習，向環境學習，了解種種調頻方式，甚至對自己加以覺察，對自己的缺點有所發覺和醒悟，從而提升學習能力，有一個一以貫之的邏輯——人是環境的產物，可以藉由後天的修正達成整個故事線程式碼頻率的重塑。這是一個非常重要的信號，你是自己的主人，可以透過改變環境、讀書、自省……來完成思想的躍遷，以及生命狀態的提升。

我們讀《論語》時應該把內容連在一起讀，雖然它是一句又一句截取一些生活的片段，看似東一榔頭西一棒子，其實在這些碎片背後有一個完整的系統。由此，我聯想到一句話——如何改變自己的命運。

很長一段時間裡，我都在學所謂的「隨緣法」，安住當下，其實跟自己想像的會有點兒偏差，因為那種心法很容易讓人陷入一種精神勝利法——為自己的不作為、不努力尋找開脫之辭的狀態。其實，儘管我們不能選擇自己所生的時代，但作為有覺知的高級動物，可以透過某種方式改變自己的生命狀態。

有時我在想，哪怕是一株植物，都可以透過進化、演化，做出某種自主選擇。可以散發出香味，更好的「招蜂引蝶」，傳播種子；也可以透過更大的花瓣、更鮮豔的顏色吸引蜜蜂的注意，但它們又不想吸引牛、猩猩……擔心自己被直接摘下來吃掉，所以像玫瑰這種鮮豔欲滴、引人注目的花就會長出刺，只吸引蜜蜂，不吸引狗熊；還有的植物，比如蒲公英發展出借助風力傳播種子這樣的方法……。

這都是植物的方法論。在這樣的背景下，我們會發現，連植物都要透過一代又一代的進化，發展出自己生命的躍遷，那麼人呢？

身邊那些樂觀的人，才是能幫到你的貴人

在諸多改變自己命運的方法裡，讀書是很重要的一個，還有一個重要方法是調整朋友圈。我以前跟大家分享過朋友圈的作用，它不僅對你有暗示的作用，甚至有可能它形成的共振場，能讓你的思想改變——如果你的朋友圈天天都在憂國憂民，覺得世界要完蛋了，你怎麼會對未來充滿信心？

我記得二〇〇八年、二〇〇九年全球金融危機時，美國貸款公司房地美（Freddie Mac）和房利美（Fannie Mae）破產，很多包建公司和銀行市值跌了八〇％、九〇％……以當時的狀況來看，全球經濟大衰退，全世界似乎就將要發生戰爭了。

那時我還很年輕，因此看到當時的情形很悲觀。有一次，紅杉資本全球執行合夥人沈南鵬先生邀請我去年會作演講，我就和大家分享了我對未來的悲觀看法，當時覺得自己講得挺有道理。後來，當時下面在座的很多人，成就了今天我們看到的無數的互聯網商業應用。就在那時，紅杉資本開始買下「整個賽道」——跟移動互聯網有關的每個領域的前一、兩名他們都投資了，以至於到了今天，他們成為這個地球上最好的投資基金。

這十年來我目睹了整個變化，不得不深深的感嘆，在最悲觀時都不可以放棄，那時我為什麼會那麼悲觀？我後來想了想，除了自己的見地受限制外，就是因為那時天天看微博、微信，媒體、大V散布著悲觀的態度、悲觀的言論，導致我活在了一種對未來不樂觀的狀態中，因此感到恐慌，甚至趕緊斬倉賣股票，然後加入到對未來恐慌的傳播大流中，彰顯自己的某種先見之明。

最後，那些抱持樂觀的人，在風險中看到浩浩蕩蕩的移動商務趨勢的人，真正了解底層未來的人，相信世界會因為技術、開放、商業合作變得更好的人，成了我們的對手。

巴菲特（Warren Buffett）說，儘管這個世界上總會有起有落，甚至有時泡沫會破裂，但長期而言，他是一個堅決的「看多派」——從來不做空任何股票。我現在越來越理解了，你身邊那群樂觀的人，才是幫助你穿越時間的囚籠，邁向勝利的真正力量。

如果每天在網路上看到的新聞足以讓你感到沮喪，請關掉手機，走到人民群眾中去，去菜市場看看新鮮的菜、蛋、奶，去社區看看興高采烈跳廣場舞的阿姨，去各種風景區看看阿姨揮動的絲巾迎風搖曳……難道這些人不知道生活的困難嗎？但這一切困難都不能阻擋他們獲得快樂。

時間長了，你就會發現，這是你的選擇——你選擇什麼樣的朋友、環境，就會成為什麼樣的人。

回到本篇，子謂子賤，「君子哉若人！魯無君子者，斯焉取斯？」如果魯國沒有那麼多君子，怎麼會有子賤這樣的君子呢？因此，他也是環境的產物，是時代的產物。

如果你覺得自己很焦慮，請遮蔽那些給你帶來焦慮的朋友。媒介有一個很重要的特點——嘩眾取寵。如果不是一件會給你製造焦慮的事，它如何賺取你的點擊？從技術層面來說，這是媒體從業者了解的基本心法，現在許多自媒體人都在用這樣的方式吸引眼球。

那些天天喊著「房價要暴跌」的人，起碼在過去的二十年裡都輸給了任老師（按：華為總裁任正非，曾在接受媒體採訪時說：在接下來的十年中，您必須選擇合適的時間購買房屋。最好耐心等待一段有利於政策和房價的時間，然後再買房）。我不是說任老師未來對房價的預測一定還會對，只是說如果站在一個更長的時間維度來看，你大可不必對未來表示恐懼和擔憂。

如果你不相信，可以去了解一下歷史，很多時代都會讓人們對未來有足夠的絕望的理由，但恰是在這種時候，有些人團結在了一起，尋找到能夠給彼此力量的朋友，埋頭做自己喜歡做、應該做的事；當大家醒悟時，發現他們已經走得很遠了。

本篇藉由君子對君子的影響，引發出一個討論——**你是受你朋友影響的結果**。如果你要戒菸，就要戒掉經常勸你抽菸的朋友；如果你想要變成一個擁有智慧的人，就要和擁有智慧的人交朋友；如果你想長壽，就要和家裡長壽的長輩聊一聊，聽聽他們是如何跨過這大半個世紀的種種困難，微笑著走到今天的。

03 有哪些東西，會因為成功而被拿走？

原典

子貢問曰：「賜也何如？」子曰：「女，器也。」曰：「何器也？」曰：「瑚璉也。」

上一篇我們聊到一個話題，孔子稱讚子賤是君子，其成為君子的理由是因為當時魯國有很多君子，是這種人文環境造就了他。當然，這句話還有下文——子貢問曰：「賜也何如？」子曰：「女，器也。」曰：「何器也？」曰：「瑚璉也。」

子貢叫端木賜，是孔子學生中成就非常大的一個，他曾經做過魯國和衛國的宰相，在政治、外交領域都有卓越的表現，退休後經商，富可敵國。「君子愛財，取之有道」，說的就是子貢，他是後世儒商的代表人物之一。

但就是這樣一位孔子覺得非常優秀、出類拔萃的弟子，聽到老師表揚子賤沒忍住，趕緊問了一句：「賜也何如？」——老師，您覺得我怎麼樣呀？

有的時候小朋友還是很可愛的，老師表揚了一個小朋友之後，其他小朋友就很關心老師對自己的看法。子貢也很天真，直接就問老師對自己的看法，不像有的小朋友可能在心裡暗自想：「老師為什麼沒有提到我，我應不應該問呢？」由此看來，子貢和老師的關係是很親密的，他直接問老師覺得自己怎麼樣，大概是希望老師表個態。孔子說：「你是一個很好的器皿。」子貢問：「我是什麼器皿啊？」孔子說：「你是瑚璉。」瑚璉是宗廟裡祭祀時盛小米的玉器，是國之大寶。孔子的意思是，子貢就像是宗廟裡盛小米的玉器，可以為蒼生帶來財富。

「你是世界上少有的、美好的器物，可以成為國家棟梁，加油。」這句話說得很委婉，孔子沒有直接說子貢是不是君子，而說他是一個非常美的器物。聯想到「君子不器」這句話，換句話來說就是，器者，非君子也。

孔子用這樣的方式完美的呈現出了一種不撒謊，又表揚，並且體現出對學生慈愛的人生狀態。

為什麼孔子會覺得子貢還不是君子呢？我想，背後隱隱的有種孔子對君子生命狀態的期許。子貢雖然經商、從政都很成功，但我們知道，作為一個非常成功的政治家，要賺很多錢是有代價的——也許和孔子心中期待的君子有點兒違和。

做商人，哪怕你是特別正當的商人，已經做到了「君子愛財，取之有道」，有時仍然會與自己的原則有衝突；做政治家，哪怕你再善巧方便，為民著想，有時仍然需要成為帝王的幫凶（這是指萬惡的舊社會）。如果你想要成為很成功的政治家，或者很成功的商人，中間一定得放棄點什麼。在孔子眼裡，可能你起碼放棄了某種真誠，也放棄了某種同情心。

做政治家和商人，都必然涉及所謂的競爭對手。你的勝出，就是對手的失敗，這是沒有辦法的事。當我讀到這裡，也油然而生這種感覺。孔子真是一個理想主義者，對現實有非常深刻的洞察，他知道如何在官場上趨利避害——實在不行就離開這裡，也講「危邦不入，亂邦不居，君子不立於危牆之下」等。但當他和最親密的朋友聊到最崇高的人生理想時，仍然隱隱的堅持自己對理想人格的追求。這樣的理想人格，就是真誠，有同情心，信念堅定。

你可以做不到君子，但不能不知道君子是什麼樣的人

這讓我想起了電影《無問西東》裡面的角色，他們善良、真誠、無畏、有同情心，這些中國知識分子最高的精神品質，可能對絕大部分人來說都是遙不可及的，但你不可以不

確立這個方向。

孔子用這種委婉的方式，表達他對終極善良、美好狀態的嚮往——你可以做不到，但不可以不知道，你需要了解在人世間有這種敦厚、樸實的生命狀態。這種狀態很可能是你成為一個成功的商人或政治家的障礙。

你會如何選擇呢？我隱隱的覺得這也是孔子最後成為教育學者，而沒有成為一個非常成功的商人、政治家的原因。

這讓我想起了一個人，叫彼得·杜拉克（Peter Drucker），他是管理學界的祖師爺，甚至在某種程度上可以說他開創了管理學這門學科。彼得·杜拉克經過嚴肅、認真、長期的思考，得出了一個結論——他要成為頂級的、優秀的管理學者，而不是管理者。

因為一個人在做管理者時，會用某種結果置換自己的理想。理想重要嗎？對一些人來說不那麼重要，但對另外一些人來說非常重要。

杜拉克和孔子一樣，選擇了在學術和真理上的純潔追求，而放棄了世間的某種成功。終其一生，杜拉克都沒有成為一個管理者，但這並沒有妨礙他成為一個偉大的管理學者。奇異公司前總裁傑克·威爾許（Jack Welch）、比爾·蓋茲（Bill Gates）都是杜拉克非常好的朋友，並且非常認真的向他諮詢關於企業管理，乃至社會管理之道。

杜拉克的《技術、管理與社會》（*Technology, Management, and Society*）中論述了他

所在的時代的種種現象，不得不驚嘆杜拉克對細節的觀察，再加上內在的完整體系的搭建，所以能清晰的預見未來。

真正的知識有什麼用？第一，它會讓你感到快樂，會讓你產生一種與整個宇宙同頻共振的顫抖感；第二，真正有價值的知識和道理合乎道統，可以沿著時間的維度幫助我們看清未來。在未來到來之前，你已經站在了等待的路口，所以面對接下來的人生就會變得很從容。

我們不是追著時代的列車跑，而是以一種更融洽的方式與時代共存。其實，我們和時代的關係有點兒像我們和一個巨大的石磨的關係——如果你站在時代的後面，就看不見未來；如果你站在時代之巔，可能會掉下來；如果你過早站在時代之前，就會被時代的巨輪碾平。

一個好的知識分子，可以看到時代的走向，站在時代的旁邊。也許**孔子和杜拉克最後都找到了自己的人生定位——站在時代巨輪的旁邊**。

說到這樣的生命狀態，如果你突然覺得這也是自己心之嚮往，也許你和孔子，以及杜拉克，就擁有了某種神奇的連接與共振。

想到孔子門下最賺錢的學生——子貢還沒有成為君子；想到孔子對他的另一個學生顏回的稱讚——「一簞食，一瓢飲，在陋巷，人不堪其憂，回也不改其樂」，我深深的覺得，孔子真的是一個非常偉大的人，因為他看見了一個保持自己內在快樂和真心的重要法門——**你必須恰當的覺察自己幸福的源泉，然後警惕那些會給自己帶來所謂世俗幸福的東西，有偷偷的拿走你另外一些東西的可能性。**

我們有什麼東西會因為成功而被拿走的？不是不可以成功，而是我們要警惕在世間的成功拿走我們一些東西的可能性，而那些可能被拿走的東西，才是我們生命中最重要、最滋養自己、最能讓自己與整個宇宙同頻的東西——身心、無畏、同情心與正直。

04

口才好，你會很快交到朋友，口才不好，你會有交很久的朋友

原典

或曰：「雍也，仁而不佞。」子曰：「焉用佞？禦人以口給，屢憎於人。不知其仁，焉用佞？」

本篇我要跟大家分享的這段話，與中道有關。或曰：「雍也，仁而不佞。」子曰：「焉用佞？禦人以口給，屢憎於人。不知其仁，焉用佞？」

雍，姓冉，字仲弓，孔門十大弟子（按：顏回、閔子騫、伯牛、仲弓、子有、子貢、子路、子我、子游和子夏）之一，據說德行非常高，孔子對冉雍有很高的評價。冉雍是孔子很喜歡的一個學生，甚至孔子在去世前，還不斷的誇獎他：「賢哉雍也，過人遠也。」意思是冉雍真的是一個賢人。聞此語，有的弟子很不服氣的說：「冉雍的品格是很

高尚，但他太木訥了，沒口才。」（「佞」是指巧舌如簧，說起話來滔滔不絕，氣勢壓人，引經據典，而且還押韻。）

孔子說：「要口才有什麼用？你跟別人交流時，想要用口才去搞定別人、駕馭關係，常常會被人隱隱的厭惡和憎恨，是不會有好結果的。如果你明白冉雍的仁德，要口才有什麼用呢？如果你不明白冉雍的仁德，他的口才再好，又有什麼用呢？」

我第一次看到這句話時，很能理解孔子心目中美好人格的樣子——「訥於言而敏於行。」孔子對那種話不多但做事很可靠，甚至被人用口舌譏諷搶白了之後，不回應也不生氣，只是安靜的在旁邊，聽著老師說了一番道理之後默默的去做的學生，非常有好感。

我們都知道，這樣的學生是孔子喜歡的。但也有一些人隱隱的會有疑問，孔子那麼能言善道，算是口才好嗎？在當今知識付費、溝通為王的時代，如果一個人不懂得如何表達自己，是不是也會喪失所謂的社會競爭力呢？

我是這樣看待這個問題的。首先，我在讀這一段時，深深的反省自己說得太多了，我不知道有什麼辦法能夠解決這個問題，現在唯一能做的事情就是，除了做節目和訪談外，盡量在日常的飯桌上、茶桌上等與朋友的交談中多聽、少說。

其次，我們可以看到孔子之所以喜歡有點兒木訥、沉默，顯得有點兒傻的人，也許隱約的代表著孔子內心的某種追求（僅僅是也許，我以「小人之心」來揣度孔子的想法，也許孔子也覺得自己有些時候話說得多了，所以他對比自己更沉默的、更敏於行的弟子，充滿了一種人格上的投影，覺得這樣更好）。我們常常認為某種品格特別好的原因是，它是自己內心期望做到而沒有做到的狀態。

最後，關於「佞」——巧言善辯這件事，是否有一種狀態呢？把這個話題放在當今社會，一個完全沉默的人，可能很難活下來吧，但說話還是要有章法的。說話聲音很高亢，很尖銳，就叫「佞」；說話緩慢，不疾不徐，就不太「佞」。當別人已經接受你的觀點，你還要反覆的說；或者別人不那麼接受你的觀點，你也要反覆的說，就叫「佞」。無論別人接不接受你的觀點，說話時點到即止，就不太「佞」。

哪怕你說的是對的，也要注意點到即止

假如你跟一個人坐下來聊天，才聊了一個小時，就已經把自己所有的經歷故事、學問知識全部表達出來，這就叫「佞」；與一個人認識了十年，才讓別人發現「哦，原來你懂那麼多」，說話時你仍然能不疾不徐的娓娓道來，就叫不那麼「佞」。明明自己已經詞窮、理虧，還要用各種邏輯辯論術，好讓自己站在某種正義的一面，這就叫「佞」；如果發現自己錯了，迅速的表示愧疚，內心決定改變，並積極的道歉，就叫不那麼「佞」。

推而廣之，孔子可能是用這句話來提醒他的弟子們，人的內心還有一種隱藏的、很有意思的人性。

有一次，我和一位朋友討論關於中醫產業、生命、醫藥的話題。因為當時聊得很興奮，所以我連續講了八分鐘，雖然這位朋友非常認同我，而且跟我關係很好，但後來我還是在他的眼中看到了一絲不耐煩。

同樣的情景，有一位朋友跟我聊我也很認同的話題，他講得很好，但當他滔滔不絕的講了五分鐘後，我就開始有點兒不耐煩了。我知道他講的是對的，也認同他講的東西，但他把例子用得有點兒足，用武俠小說裡的話來說就是「招式老」。所以，哪怕是對的、好的內容，也不需要迫切而充分的表達，點到即止。

有一天，吳伯凡老師和我分享儀仗這件事。他說以前兩個國家要打仗，攻擊的一方軍隊開戰之前，為嚴明軍紀，就很認真的操練了一遍。而衛冕軍隊的將領一看，哦，這支軍隊這麼厲害，就說：「好了，我們知道了，你贏了。」遂鳴金收兵。

貴族打架，都只是把自己打架的能力稍微呈現一下，彼此一看，就大概知道孰輸孰贏。如是，贏的人不耗自己的力量，輸的人也不會輸得太丟臉，彼此之間相視一笑，該割地的割地、該賠款的賠款，這就結束了。

這種把自己的陣仗以某種儀式呈現出來的樣子，就叫儀仗。遙想中國古代還有過這樣打架的方式，我就在想，就做人的藝術性而言，我們真的可以花些時間向古人學習。古人許多很精妙的東西，是我們不得不嘆服的。

有一天，我帶著小孩去學射箭。老師給我們穿上了春秋戰國到秦朝這段時期將士射箭時穿的服裝，穿上以後，我突然發現自己和小孩都很挺拔，器宇軒昂。

我就想這是為什麼？後來發現，要穿這身衣服，身體必須挺立。第一，它有一個很好的腰帶，把腰帶繫好後，氣就會頂起來，人就忽然長高了幾公分；第二，衣服的設計令你無論是走、站還是坐著，都必須挺起腰桿，否則就會很不舒服——脖子被勒得很不舒服。穿上的一剎那我就知道了，原來古人是用衣服來規範言行的。

回到那個時代，孔子用他的音樂、禮教、言行來規範學生，再透過學生拓展到廣大的層面，體會尊重的藝術——如何尊重時間、尊重宇宙、尊重大地、尊重生命、尊重師長、尊重自己……在這樣的過程中，慢慢的發展出君子般的人格魅力。

這種生命狀態是勃發的、正直的、溫潤的，也是不會傷害自己的。

如果一個人總是想要在言語上制伏別人，哪怕說得再有道理，也會讓對方產生微微的憎恨，這叫「屢憎於人」。這種憎恨，會在不久的將來，給自己播下禍的種子。

我觀察過，**口才很好的人會很快交到朋友；但口才不好、木訥的人，會有很久的朋友**。我活到四十幾歲，才發現朋友並沒有增多，而是在變少，不斷來回重複，那些陪伴在身邊很多年的人，才是彌足珍貴的。尤其是和你不用說話便心心相印的朋友，一個眼神，一個動作，彼此之間已經感受到了對方的體諒，對方的了解；這種狀態，我相信是孔子真正追求的。

孔子追求的是「不言之教」——不借助力量、不借助技巧、不借助辯論，甚至不借助聰明而達到的彼此之間的和諧共振。這就是孔子為什麼這麼喜歡冉雍的主要原因。

我一想到我們的先祖、先賢在靈魂和心智上達到的高度，就對自己現在活得如此粗鄙、如此急功近利而感到汗顏。

05 沒有那麼大的頭，就不要戴那麼大的帽子

原典

子使漆雕開仕。對曰：「吾斯之未能信。」子說。

我們常在面對某些機會或者誘惑而猶豫不定，心想到底應不應該接受這些機會或者挑戰？以前跟大家討論的《論語》中有類似的故事，甚至在《莊子・內篇・人間世》裡也有，顏回問他的老師：「如果我有機會做大官，我該怎麼辦？」

人生的煩惱無非就是要不要做和敢不敢接。尤其當你面對一個人人都認為是很好的機會時，內心的煎熬和挑戰，總是讓人難以入睡。比如有人向你求婚，有人挖你跳槽，有人提拔你升職，有人告訴你一個很好的、穩賺不賠的投資機會……面對誘惑，你該怎麼辦？

《論語》裡也有這樣的討論。子使漆雕開仕。對曰：「吾斯之未能信。」子說。

漆雕開是一個蠻能幹的人，有一天，孔子跟漆雕開說：「你可以去做官了。」漆雕開

說：「我對自己是否能勝任這件事還沒有充分的信心，不知道能不能接。」孔子聽了非常愉悅。他為什麼會對這個回答感到愉悅呢？

你可以想像一下，一位長輩跟一個有能力的年輕人說：「小夥子，我覺得你很不錯，給你一個放飛夢想的機會。」而這個年輕人說：「我還不確定自己是否真的了解這個遊戲規則，我決定再鍛鍊一下，再思考一下，直到能力足夠的時候再說吧，謝謝您。」

這讓我想起了《莊子・內篇・逍遙遊》裡的第一個故事，北方廣闊的海裡有一條魚，牠慢慢的長啊長……直到後來長到足夠大，大到大海容不下時一飛沖天，化身為鵬……從這個故事裡我們可以看到，你願意先在名分上成為這個人，然後慢慢的從內在長出這個角色應該擁有的能力，還是願意當內在已經長出這個能力乃至意識，在迫不得已時才脫穎而出，被別人看見你的這一切呢？

對孔子這樣的人世間的老觀察員來說，他對年輕人願意充實自我再出去闖蕩的狀態，表示深深的高興。這是一種什麼樣的狀態？讓我想起了《論語》裡的一句話——「不患無位，患所以立。」君子不擔心自己沒有位置，而是擔心有了這個位置之後，自己能否立得起來。

有一天，我採訪馬丁納先生（Roy Martina，一位享譽全球的挺有意思的心靈導師，他和別的心靈導師最大的不同在於，他是一位非常厲害的武林高手，蟬聯七年歐洲自由搏擊賽冠軍。六十幾歲的老先生身體非常健碩，性格非常開朗，看起來跟四十歲一樣。馬丁納先生還娶了一個如花似玉、有模特兒身材的博士生導師，兒女都很優秀）：「人生是一種什麼樣的狀態？」他說：「首先你得內在成為那個人；當你內在成為那個人時，外面的一切自然會來。」

這和孔子的態度是一樣的。如果你想成為一名處級領導幹部，你是否在沒有成為處長之前，就已經擁有了相應的能力、見地、胸懷，甚至是別人對你的支持。當這一切都具足時，你再自然而然的，甚至在別人看來是慢半拍的成為一個處長，或許這就是一種吉祥的狀態。

廣東有句土話叫「沒有那麼大的頭，就不要戴那麼大的帽子」，大概說的也是這個道理——德要配位（德包含了你的能力、品格，包括了內在的一切）。如果德不配位，是很凶險的。

海水退潮，就知道誰沒穿褲子游泳

我常會覺得內心很惶恐，以自己的見地、知識、能力，已經承載了太多人對我的期待，所以我回家時喜歡聽兒子跟我說話。他有時還是蠻一針見血的，他說：「你就吹吧。」我很汗顏，是啊，我連做兒子的語文老師都未必合格，居然敢講《論語》、《莊子》，可見讀者對我有多麼包容。我甚至覺得當今有許多人，都處在內在的修為不配現在所處位置的尷尬境況。

就像很多人不配做優秀的父親、不配做太太、不配做部門主管、不配做老師、不配做廚師……這種狀況太普遍，以至於我們將其視為正常。不過人生在世總是要還債的——最終潮水退去，沒有穿衣服的人裸泳的樣子會呈現在所有人面前。

實際上，社會擁有很多泡沫，對像孔子這樣已經知道最終要讓價值真正彰顯出來的人而言，他知道泡沫有多麼危險。放眼望去，我們周遭有太多人處在德行與能力不配的狀況。因此，未來若干年，如果出現了社會發展放緩的狀態，在我看來，倒也不一定是壞事，可能是一個擠泡沫的過程。

許許多多不配在他所處的位置，獲得不應該得到的東西的人，最終還是會把自己得到的一切歸還給社會。

我常常問自己，如果有一天這件事發生在我的身上，會怎麼樣？這的確讓人感到非常惶恐，所幸我在讀《論語》時已經看到了一種方向——如果德不配位，那就承認它，隨時做好被打回原形的準備。本篇我們透過學習《論語》中的這句話，心中應該泛起一種對自我的審視。

當我們在內心已然真正的意識到，原來自己和獲得的東西並不匹配時，會對自己已經獲得的東西產生一種幸運感——我已經得到太多了。這樣，你也許會對有一天可能會擠掉泡沫，失去那些浮華的東西感到某種坦然。因為那層覆在我們真實生命體上的，其實就是一層油漆而已，洗掉後也不一定是件壞事。

06 什麼時候該隱忍？什麼時候該勇敢？

原典

子曰：「道不行，乘桴于海。從我者其由與？」子路聞之喜。子曰：「由也好勇過我，無所取材。」

子曰：「道不行，乘桴浮于海。從我者其由與？」子路聞之喜。子曰：「由也好勇過我，無所取材。」（「桴」是木筏的意思）

這句話的意思是，有一天，孔子很感嘆的說：「天底下沒有明君，我的主張得不到實行，我很鬱悶，不如乘著木筏漂到海外去發展。能跟隨我的恐怕只有子路吧。」（由就是子路，武功高強，是孔子的弟子兼保鏢，孔子對他又愛又有點兒失望。）

子路聽了後很高興，不過，孔子看見子路高興的樣子，又說了一句：「子路是比我勇敢、武功比我高、比我厲害，不過在做事時缺乏剪裁得當的能力。」意思是子路有些時候會用力過猛、有些時候會看不清形勢、有些時候會表達得不清楚、有些時候不懂得保護自我、有些時候不理解進退之間的關係……就是「無所取材」——拿到一個東西之後，把它剪裁得不夠好，比喻一個人面對一種境況時，反應不夠得當。

後來子路的下場果然和孔子的觀察結果一樣——死於非命。子路去做衛國的大夫，不小心捲入了政治鬥爭，人家都告訴他很危險了，要他趕緊跑，子路卻仍然秉持著「正義」說：「我要回去看看。」結果被敵人抓了起來，一拳打過去，帽子都被打掉了。子路還說：「我死時要義正辭嚴，要有風範。」於是他戴好了帽子，從容的迎接砍頭。

孔子在很久以前，就了解子路好勇好鬥、缺乏變通的性格，所以推測他很可能在未來死於非命。所以他常常提醒子路做事不可以這樣，但很無奈的是，子路最後的結果仍然是這樣。

當我們了解了整件事的前因後果之後，再回來看這句話，就會發現孔子並不是大部分人想像的那樣，只講道理而不了解事情的本質。

某種程度上來說，孔子是一個把理想主義和現實主義融合得很好的人——對君子的理想充滿了嚮往和追求；對現實的殘酷和人性的缺點帶來的種種危險，時刻保持提防。所以他一方面跟大家說：「你要做君子，要做一個正直、樸素的人。」另一方面又說：「你要小心、謹慎，不要因為內在的成見、對自己的要求，而讓自己處在危險的境地。」

就像上一篇跟大家分享的話題——漆雕開去做官時，認為以自己的能力還不足以勝任，仍然保持著一種謙卑的姿態，使得孔子對他表示讚嘆是一樣的。

孔子非常深刻的了解到，理想與現實是並存的。如果只追求理想，很容易讓自己陷入危險的境地；如果只活在舒適區，心中沒有君子的理想，那麼「道義」就很容易墮落。

兩者中間是一種什麼樣的平衡狀態呢？或許就是我們稱為中道的狀態吧。審時度勢，不是說前進好或不好，也不是說待在原地好或不好，中間都有藝術可言，這也是為什麼孔子老年時感嘆：「如果我年輕時多讀幾遍《周易》，可能會少犯更多的錯誤」的原因。

《周易》的核心觀點是「處經守常，通權達變」——知道自己處於什麼樣的生命狀態，守住這種狀態，但同時又對外界的環境變化非常敏感，知道當力量、氣候改變時要積極的擁抱變化。而且在這個過程中，其實是對變化的敏感和捕捉，以及自己與這種變化之間的協調帶來的某種警惕和覺察。只能說這是人生所有藝術的核心。

進與退之間，如何拿捏好尺度

一個人什麼時候該勇敢，什麼時候該隱忍，就像李宗盛在一首歌裡寫的：「那一夜你喝了酒，帶著醉意而來，朦朧中的我不知道該不該將門打開，你彷彿看出我的猶豫，輕輕哭了起來，然後隔著紗門對我訴說你的悲哀，剎那間我突然了解你這樣的男人要的不只是愛，什麼時候該給你關懷，什麼時候我又應該走開……。」

李宗盛認為人生美好的狀態是，什麼時候把門打開，什麼時候又安靜的走開，這是沒有標準答案的，只有你對現在狀態的揣測。

孔子對子路的批評，其實核心是他擔心，子路這樣一個常常陪伴在自己身邊的孩子，由於有勇氣、會武功，對自己的力量過度自信，而不懂得保護自己，不懂得在某種程度上隱忍。

在進與退之間，在夢想與現實之間，尺度在哪裡呢？結合前一篇，尺度大概是做到十分，位居七分，說三到五分，整體而言是比較均衡的。而現實生活中，大部分人是說了十分，位居十五分，真實的自己只有三分，這就是錯配，會帶來種種危險。

我希望看到這本書的朋友，在心裡都問問自己：「我做了哪些能力和知識不匹配的事？」、「我做了哪些冒進的事？」……哪怕我們沒有勇氣當眾承認，沒有勇氣改正，但一定要有勇氣在內心跟自己說：「你知道自己做過了嗎？」

人也許可以欺騙別人，但不要欺騙自己，因為騙的時間長了，就會活在一種虛假的想像中，以為自己就是想像的那個樣子的人，而這一點恰好是非常危險的。

孔子說子路「無所取材」──做事不知進退，其實說的是子路活在一個以為自己很勇敢，且擁有正義的想像中，但是以他的智慧以及隱忍的能力，不足以承擔這一切。如果一個人能常常在睡前反省一下，告訴自己真實的我是什麼樣子的，也許會更加心安理得。

當然，這和現代社會許許多多人的實際情況並不完全匹配，所以我的意思是，這是一個時代的共業。每當我想到這些狀況時，就覺得自己更加理解孔子了，他看著河水說：「河水就這樣流過去了，世界就是這樣流變的，人們就是這樣騙來騙去，演來演去，騙完別人騙自己，騙到有一天無可奈何生命的真相浮現出來，才是一件讓人無可奈何的事。」

孔子看著人們都在演來演去時，內心一定充滿了某種同情。當我們在閱讀《論語》時，當我們在感受《論語》背後的那位老先生的種種情非得已的痛苦時，我們是不是慢慢的開始理解了一些更美好的、坦率的真相呢？

花點時間，把內在真實的自我拎出來看一看。如果有機會，告訴周遭的朋友：「我其實沒有大家想像的那麼好，沒有自己平常說的那麼好，也沒有在微信朋友圈裡展現的那麼好。」你反而會因此獲得某種真正的解脫。解脫了，就愉快了；愉快了，就自在了；自在了，就睡得好了。

07 不要讓別人的話，決定你的道路

原典

孟武伯問：「子路仁乎？」子曰：「不知也。」又問。子曰：「由也，千乘之國，可使治其賦也，不知其仁也。」「求也何如？」子曰：「求也，千室之邑，百乘之家，可使為之宰也，不知其仁也。」「赤也何如？」子曰：「赤也，束帶立於朝，可使與賓客言也，不知其仁也。」

《論語》中有一個很重要的精神——仁，大家對這個字似乎早已司空見慣。為什麼孔子要花那麼大力氣討論它，並且把它放在如此崇高的位置，以至於他最喜歡的幾個學生，他都認為距離這種境界還差點兒呢？

有一天，一個叫孟武伯的人來向孔子求教：「子路有沒有仁德？」孟武伯是魯國的一個公子哥，驕奢淫逸，放浪形骸；他很有錢，也不在乎別人有沒有錢，因為別人都不如他有錢。雖然歷史上人們對孟武伯的評價不是特別高，但在我看來，他已經很了不起了，處在那樣有錢、有權勢的家庭，他仍然能關心什麼是仁。

孔子很坦誠的對他說：「我不知道。」

他又問。孔子道：「子路啊，給他千乘之國，可以讓他發揮政治才幹。但我不知道這算不算仁。」

孟武伯說：「既然子路不行，請問冉求可以嗎？」（求，冉求，是孔子的學生）孔子說：「冉求啊，千戶人家的封地，可以讓他當縣長；百輛兵車的大夫封地，可以讓他做一個很好的大管家，像宰相一樣，主管上上下下的事。但我也不知道他是否能稱得上仁。」

孟武伯繼續問：「公西赤仁嗎？」（赤，公西赤，也是孔子的學生）孔子說：「公西赤啊，讓他穿戴整齊，人五人六地立於朝廷之上，甭管來什麼人，他都可以對答如流，彰顯一派氣象。但我也不知道他能不能算仁。」

修身——把自己的形象整理得很好；齊家——一千多個家庭，一百多輛兵車，都能管理得井井有條；治國——治理千乘之國的軍政也沒有問題。孔子的三個學生都達到了這樣的標準，但孔子對他們是不是達到了仁的狀態仍然表示懷疑。

遂可見，仁在孔子心中扮演著多麼重要的角色，「至高無上」、「真如道統」、「本體」、「空性」等你能想得出來的表述宇宙最高真理的詞，可能在孔子那裡都約等於仁。

仁，一種內心不受外界左右的自在狀態

我很好奇，到底什麼是仁的狀態。有一天，我去北京故宮旁邊一家中國最好的私人博物館之一看幾件收藏品，帶我去的那位先生在收藏界是響噹噹的人物。由於機緣甚好，得以打開防彈玻璃的櫃子，親手觸摸那些官家收藏的瓷器。

當我淨了手，不戴手套，把手錶以及一切有可能甩出來碰到瓷器的東西全部拿掉，擼起袖子，用手握著一款據說是宋徽宗當年使用過的汝窯的筆洗（按：用陶瓷、石器、貝殼等製成以供清洗毛筆的器具）時，那一剎那，我突然體會到了仁的感覺。

第一，我知道自己這輩子都不可能擁有這款價值幾個億的筆洗，所以在內心沒有升起一絲一毫想要占有它的心；第二，這款瓷器，由於種種因緣，在大部分時候可以非常安靜的待在某個地方，歷經歲月滄桑，歷經人們的愛恨貪嗔，歷經種種政治浩劫（宋徽宗執政二十五年，在鼎盛時期汝窯生產了一批器形非常獨特的瓷器，後來被金兵搶去，再後來又被蒙古大元帝國王室收藏。一直到清末民初流落民間，滄海桑田，據說流傳下來的不到一百件）。

當這款在絕大部分時候既不用釋放光彩，又十分引人注目，你愛它或者不愛它，對它來說都沒有區別的瓷器，只保持著自己恆定的溫度，不冷也不熱，所有的邊都是那麼圓

潤。當你覺得自己可以藉由這款瓷器與許許多多歷史的時間、空間聯繫在一起，你甚至可以想像，如果自己用這款筆洗作為練字時桌上的某個器皿，有如當年宋徽宗使用它一樣，你會有什麼樣的感覺？

你愛它或者不愛它，它都在那裡；它受到關注，受到追捧，受到冷落時，也在那裡。如果這款瓷器有人格，它幾乎接近了我理解的仁——知道自己的好，但並不驕傲，大部分時候處在不被關注的角落，哪怕再多人喜愛，仍然躺在黑暗中。哪怕把它放在博物館，把燈關掉，沒有人看它時，只有監視器，像上帝的眼睛一樣看著它。你可以想像嗎？假如這款瓷器有人格，假如它有某種情緒振動的波段，會是一種什麼樣的狀態？

當我端詳著這款筆洗，把自己的狀態和它的頻率進行某種程度上的連接共振時，隱隱約約的可以感受到它的頻段。

也許我舉的這個例子不是很恰當，其實換另外的狀態也是一樣。有個泥菩薩，一、兩千年來香火鼎盛，人們都來拜祂，祂可以聽見所有人的禱告，有貪婪的，有感恩的，它依然了了分明，如如不動。

有時小鳥在菩薩的頭上做窩，有時老鼠、螞蟻在下面爬來爬去，有時也有人在菩薩面前偷吃供果，甚至不小心把菩薩的某個部位打破了……如果菩薩有感知力、有情緒，是一種什麼樣的狀態？

我在那家私人博物館還看見了一尊北齊時代的佛像，手和腳已經殘缺了，但臉上的神態仍然極其安詳，以至於你在祂面前坐很長時間，會覺得自己的腰變得越來越直，因為祂的腰就是那麼直的。慢慢的，你的眼神會越來越溫和，臉上的肉會越來越放鬆，嘴角會不自覺的上揚，你看著祂，祂看著你，你的心投入過去，祂的狀態投入你的心。時間長了，你也能感受到那種寵辱不驚，你愛我或者不愛我，我就在那裡；你回我還是不回我，了解我還是不了解我，我還是如此這般的狀態。

如果我們的狀態慢慢接近這樣，也許就接近了孔子說的仁。所以，仁不僅是同情別人，感知別人的能力，還有一種不被外界影響，不改變自己內心的安詳、自在的狀態。這種狀態很像《莊子・內篇・德充符》裡講的狀態。不改其志，不改其樂，這就是仁。

對比起來，孔子的三個學生不管是應答如流的公西赤，還是可以做大管家的冉求，還是可以治理千乘之國軍政的子路，他們可能都已經在人世間做得很成功了，但內在不被外界環境影響，淡然的保持自己內心的志向、品格與趣味的恆定度仍然是不夠的。

08

多要一分，自由就少一分；多貪一分，恐懼就多一分

原典

子謂子貢曰：「女與回也孰愈？」對曰：「賜也何敢望回。回也聞一以知十，賜也聞一以知二。」子曰：「弗如也！吾與女弗如也。」

前幾篇，我們都在討論仁到底是一種什麼樣的狀態。在我想來，孔子認為達到仁的人，可能已經接近莊子說的真人了。

有一天，孔子和他的得意門生子貢談起一個話題（子貢是孔子的學生中做官做得最好、賺錢賺得最多、知識最豐富的學生之一，他很聰明，而且很尊敬孔子），提到了仁。孔子問子貢：「子貢啊，你認為自己和顏回相比，誰更接近仁的狀態？誰的境界更高呢？」子貢說：「我怎麼敢跟顏回比，怎麼能看得到他偉岸的背影呢？」

「回也聞一以知十，賜也聞一以知二。」子貢的回答是，顏回聽到一件事，可以了解全部（「十」不是十倍之意，而是極大之數）。就是說顏回這臺「電腦」，你給他輸入一個指令，就可以回饋給你全世界的所有迴向，他不僅知道，而且可以做到；而您給我一個指令，我只能推導出另外一個結果，由此及彼——「聞一以知二」。所以老師，您問我和顏回誰的境界高，我覺得自己和顏回沒法比。

子貢做到了宰相，又賺了很多錢，還能保持品性敦厚，仍然如此溫和，而且不做作，並不是故作謙虛的表示「我不如顏回」。孔子聽了很高興的說：「是啊，你是不如他呀，我贊同你說的話，你的確不如他。」

讓我們想一想當時的情景，一位老師要多麼相信自己的學生，才會問他覺得自己跟另外一位師兄相比怎麼樣；而這位學生又要多麼坦誠和相信他的老師，才會說：「老師，我真心覺得顏回師兄遠勝於我。」孔子聽完這句話多麼高興，看見自己最優秀的學生之一子貢，坦然的表達了自己和另外一個弟子顏回的差距。

許多研究學者都有這樣的看法，認為孔子甚至在很多時候都覺得顏回不在自己之下。顏回是一個什麼樣的人呢？「一簞食，一瓢飲，在陋巷，人不堪其憂，回也不改其樂。」顏回生活很簡樸，一勺豆子，一杯冷水，住在一個沒有人知道的幽暗角落，卻不改自己對學問、對真理的堅定信心。

如果僅僅是這樣，可能還不足夠。其實顏回是一個懂很多東西的人，甚至有時孔子發表了一通言論，雖然有些顏回很認同的觀點，但他也沒有點頭說：「師父您說得真對呀。」有時也許孔子說了一些不完全對的事，顏回也沒有駁斥，沒有提問，他知道在這件事上來說，師父說得不完全對，其實可以說得更有意思，或者可以更接近真理，但他也不反駁，而是悄悄的按照師父說的去做，努力的實踐，甚至做完了以後孔子都不知道。等過了一段時間孔子才知道，顏回做到了比他想像的更高的境界。

如果你是孔子，看見這樣一位學生，會是什麼樣的心情？你一定愛死他了——不僅是因為他不反駁你，更是因為他默默的把你說的都做完了，再回來告訴你相關進度，卻不說中間遇到的困難——關鍵是有些不需要老師知道的、他暗中修正了的事，也很淡然的一筆帶過。過了許久，孔子從別的途徑得知顏回把事辦得那麼漂亮，那種讚嘆全部體現在了孔子對顏回的喜愛中。

要的東西少一分，仁德就會多一分

這一天，孔子問他優秀的做大官而且賺了很多錢的學生子貢：「你認為自己和顏回比，怎麼樣呢？」子貢說：「像我這樣的人，您告訴我一，我能知道二；您告訴顏回一，他能全然的知道所有。」這說明什麼？說明顏回本來就有相關的知識體系，老師只不過給了他一個驅動的開關，或者點了他一下，他就能全然的知道，這難道不是真人嗎？

顏回死得早（四十一歲就死了），你可以想像孔子內心有多麼悲傷，多麼難過。我在讀《論語》時，能體會到孔子的悲傷。一個很可能在修為以及在某些境界上都高於自己的人，一直不憤恨、不刷存在感的以弟子的角色自居，你的內心除了對他的喜愛之外，一定還有尊重；除了尊重之外，一定還有種讚嘆——「哇，我怎麼能成為這樣的人的老師呢？」、「這樣的人居然成了我的學生！」

許多人都隱隱的覺得，儒家不如道家，因為道家有真至聖賢（真人、至人、聖人和賢人），而儒家則是很有知識，很能做研究論文的學術機構。其實他們不了解，在高層次上，儒、道兩家都是一樣的。顏回已經接近莊子在〈德充符〉裡說的人物，已經是在向大道學習了，達到了「大宗師」的級別（讀過《莊子》的人都知道，「大宗師」是指那些直接向宇宙學習，直接全然的和真理的雲端對接的人）。這樣的人，孔子才認為達到了仁的境界。

孔子對仁的要求非常高，甚至他認為這接近一種終極理想狀態。於你我而言，絕大部分人這輩子都很難達到仁的境界；但如果你知道曾經有過這樣一種境界，或許有的人已經達到了這種境界，你會產生一種什麼樣的情緒？

中國文化的美妙之處在於，它刻畫出作為生命個體可以追求的一種終極方向——全知、全能、全然，並且忘形和忘情；溫暖、自在，淡淡的喜悅，不給人任何壓迫感。如果你修到了十分，你覺得它在十一分；如果你修到了一千分，你發現它在一千零一分。我是沒有見過這樣的朋友的，雖然自己可能是負分，但這並不影響我想像有這樣境界的人。為什麼我們需要有一個這樣的標竿呢？就像所有佛弟子需要有一種佛性指引自己的心、行為和念頭；就像道家也相信，有種真人的境界在指導著我們，當我們做假事、說假話，心生懷疑、恐懼、貪婪時，這是我們修正自己行為的一個坐標。

我在想，需要什麼樣的條件才可以獲得仁——也許需要什麼的時候盡量少點兒，你就能更接近仁了。你不太需要人們認同你、不太需要人們鼓勵你、不太需要更多的錢、不太需要更大的名聲、不太需要給自己灌「雞湯」、不太需要成為老師……你時時刻刻提醒自己，其實可以要的很少。要的東西少一分，仁德就會多一分。

很多人會問：「一個人為什麼要這樣呢？」其實道理很簡單，要的多一分，自由就少一分；貪婪多一分，恐懼就多一分。那些讓別人乃至讓自己舒服的東西，會讓自己的天性不舒服。而我們的天性是什麼呢？其實，我們的天性無外乎可以自由的想像、自由的思考，不太依賴別人的灌溉，讓自己內在的狀態與宇宙沉默的輪迴保持同步。

說來就來了，說走就走了，在這樣的狀態裡，我們受到的損耗是最小的；而在這種狀態裡，我們的心也是最安靜的。有了安靜的心，你幾乎可以與萬物互聯。

套用一句話，你達到了4G狀態，馬上要進入5G，甚至10G時代，你可以隨時從雲端下載味道、念頭還有聲音，也可以隨時刪除它。如果有一臺這樣的人工智慧設備，它需要多大的體積呢？它需要多大的記憶體呢？它可能根本連記憶體都不需要，因為一切都可以瞬間獲得。

我和大家分享《論語》時，特別希望有一天10G時代到來時，人們終於可以理解，原來有過這種人（不是人工智慧，而是超人智慧），可以和宇宙同步，也許顏回在孔子心中已經達到了這樣的狀態。其實，他是不是真的達到了不重要，孔子這樣認為了，相信他達到了，對相信者而言，也是一種幸福。

09 每天都要自我更新，跟時代同步

原典

宰予晝寢。子曰：「朽木不可雕也，糞土之牆不可杇也，於予與何誅。」子曰：「始吾於人也，聽其言而信其行；今吾於人也，聽其言而觀其行。於予與改是。」

我越學《論語》越歡喜，因為我看到了不同領域的人，進階到一定程度，幾乎都是一樣的。

孔子有個學生叫宰予，有一天，孔子正在給同學們講課，「宰予晝寢」——白天該上課時還在睡覺，睡到九點多還不起床。看見宰予沒來，孔子很生氣的說：「朽木不可雕也，糞土之牆不可杇也。」意思是，一根軟軟的、爛爛的木頭，是不可能雕出任何器具的，糞土似的牆壁粉刷不得。反正宰予沒救了。

孔子對那些睡懶覺的同學，用了兩句非常重的話——爛木頭不要了，糞土似的牆壁也沒必要粉刷。

「於予與何誅？」——對這樣的人，我實在找不到話來批評他了。孔子，作為一代聖賢被氣得發抖，更重的話他都不知道該怎麼說了。我很同情孔子，作為文化人，他最極致的憤怒也就是這樣了。

孔子又說：「我剛開始是一個很天真的人，人家說什麼我都相信。但後來碰到這樣的人，他居然改變了我，說什麼我都不那麼相信了。他把一個天真的人變成了一個不天真的人，把一個特別容易相信別人的人，變成了一個沒法相信別人的人，這個人的力量太強大了，改變了我淳樸的心性。」

宰予不過早上起得晚了點，就被老師罵成這樣。可見，孔子對一個人的勤奮是多麼看重。這說明孔子真是一個性情中人，喜歡就是喜歡，不喜歡就是不喜歡。對那些天資本來就不高，學習還不努力的人，他不放棄，所以看到宰予這樣才會生氣——如果他放棄了，就不會生氣了。一方面，說明他生氣了；另一方面，說明他仍然愛自己的學生。

儒家對一個人的意志力的要求是很高的。孔子認為，許多事是有天命的，也是講天分的。如果我們學了《易經》，可以做到「知位守位，知權達變」——知道自己處在什麼樣的位置，守住這樣的角色；也知道歷史、世界、環境在變化，自己應該審時度勢，與時代保持同步，與時間保持同步，不斷的變革，「苟日新，日日新，又日新」，每天都做一個更新的人。這些都是要靠學習、練習得來的。

儘管一個人這輩子能做的事很少，但還是應該以一種行為藝術——努力，來參演人生這齣大戲。

實際上，這句話緊接上一篇顏回和子貢的對比而言。孔子認為，連子貢這樣的人，充其量學了一能推到二，能做到舉一反三就很了不起了。更何況大部分人的天分本來就差，還不努力，這輩子只能向下沉淪。

孔子內心是有大菩薩精神的，他想「撈」起每個人，對每個都不放棄。我在想，如果顏回碰到這樣的師弟，他會怎麼辦？顏回有沒有一種更加溫和、更加善巧、更有智慧的方法來幫助師弟獲得進步呢？

孔子對宰予已經有點生氣了，他說的最狠的話，其實不是宰予是朽木，不是糞土似的牆壁，而是「這個人居然把我都改變了，我曾經是一個多麼善良天真的人啊」。

小孩子是無比相信父母的，也無比相信身邊的人，尤其在很有安全感的原生家庭長大的孩子，他是相信得起的，所以內心不累。

其實，事事懷疑別人是一件很苦的事。人家說一件事，你就會想他是不是又在挖坑，要怎麼表現出好像不知道他在挖坑，要怎麼繞過這個坑，要怎麼繞過這個坑以後把他帶到坑裡去，還要裝作是他自己掉進那個坑裡的……內心戲很豐富，消耗大量算力，很苦啊。最舒服的狀態是：「好啊，你是這樣說的嗎？好，我相信你。」這是最簡單的方法，也是一種福分。

恨鐵不成鋼？其實恨的是自己

孔子說：「宰予說要學習，卻又睡懶覺，他直接改變了我天真的心性，減了我的積分，讓我從精神層次上掉下來了。」你可以想像他有多麼生氣。

我們在讀《論語》時，不是在讀一行一行的字，而是一遍又一遍的體會當時的情景，去想像，乃至用全身心的連接，去想像當時在發抖的孔子的樣子。

讀書，就是感受書裡傳遞的生命狀態。

有一天，我在網路上看到華中師範大學（位於中國武漢市）一位姓戴的教授講李白的詩。他說，李白這個人，有詩才也有文才，他以為自己也有政治才幹。因此當李白接到皇帝要他進京的詔書時，寫了一句話：「仰天大笑出門去，我輩豈是蓬蒿人。」——看看，看看，皇上要我進京了，一腳把門踢開，哈哈哈，我的政治抱負要實現了，我跟你們這些「吃雞」、下棋、喝茶的平凡人不一樣。十幾個字，刻畫出了當時李白的豪情壯志。

你讀這些詩時，能充分感受到那個場景嗎？每個字就像一個密碼，一行字就像一個連結，你一點擊它，就從雲端下載了「眼耳鼻舌身意」、「色聲香味觸法」，全是那時的全部場景。你同時擁有了上帝的視角、李白的視角、被踢開的門的視角……你感受到了李白當時的情緒，這就是讀書的快樂。

我們在讀《論語》中的這段時，也可以感受到孔子當時的情緒——一個希望自己的學生成才，覺得自己這輩子也就這樣了，平靜的心拒絕再有浪潮的人，好不容易逮到一幫學生，要把這一生的本事傳授給他們，可其中有一個學生居然在睡懶覺？氣得老子肝痛——甚至因此改變了自己的心智模式。

同學們，把《論語》闔上時，請放鬆自己的身體，把頭靠在沙發上，讓自己完全放鬆的陷在一個舒適的角落，去連接那個時空孔子的狀態。你知道，如果這時你還能連接到宰予的狀態——我不就是偶爾睡了一個懶覺嘛，很可能還沒有睡到早上九點，只是睡到七點半，就被老師這樣批評，被寫在《論語》裡，被罵了一、兩千年——宰予會怎麼想？不得而知。如果你是宰予，被老師這樣罵，被同學們記錄在案，後世所有讀書人都以此為戒，你會是什麼感覺？估計想死的心都有。

中國古人是很容易就想死的，這麼一、兩句話足以讓他們產生輕生的念頭。一想到他們沒有活在當今微博和微信氾濫的時代，我就替他們感到慶幸。在民國的時候，很多人被罵之後也選擇了自殺，因為那時的人們是有廉恥之心的。

現在，很多人在微博上被罵，還練出了一種特殊功夫——自己反轉、腦補，把罵他的人罵一遍，然後拉黑，最後越來越不在乎。我不知道這算是一件好事，還是一件壞事。

總之，時代變了，幸好孔子沒有活在這樣一個時代。

10 體力差的人，意志力也不會太強

原典

宰予晝寢。子曰：「朽木不可雕也，糞土之牆不可杇也，於予與何誅。」子曰：「始吾於人也，聽其言而信其行；今吾於人也，聽其言而觀其行。於予與改是。」

當我們學習《論語》時，慢慢的就會與溫暖、真誠、喜悅、自在……這些頻率共振。在上一篇中，孔子有位學生叫宰予，大白天睡覺，孔子就批評他：「朽木不可雕也，糞土之牆不可杇也。」大部分人對這句話的理解是，宰予的根器不行啊，怎麼能在白天睡覺呢？這也太不努力了吧。

有一天深夜，我陪兒子看完《武林外傳》，哄他睡覺後，覺得看手機實在是一個太墮落的行為，內心對自己略有不滿。於是抽出《論語別裁》，發現南老在《論語別裁》裡關於這句話有其他解釋，也很有意思，在這裡跟大家分享一下。

南老說，首先，我們要知道，宰予可不是我們說的根器一般、學問一般的人，他是「四科高弟」之一。孔子說的言語、文學、德行、政治這四個科目，相當於四個大系，宰予是後起的「語文系」的系主任，文采相當了得，在某種程度上能代表孔子給大家上語文課，難道他的根器真的很一般嗎？其實他不差的。

所以，南老據此再往下研究，提出了一個判斷——「朽木不可雕也，糞土之牆不可杇也」，指的是宰予的身體不好，體力不行。

身體是有扎實的資料指標的。中國文人在義理、辭章、考據、玄德等方面都很精妙，但往往很多知識分子的身體體質都不行。

我有位在中央電視臺拍紀錄片的朋友，有一次他拍某企業家，這位企業家每天早上四、五點就起床游泳，七點到公司，部屬排著隊等待簽字、討論，一直工作到晚上……這位企業家沒有愛好，只有工作。跟拍的記者都累得口吐白沫了，企業家卻依然精神抖擻。

我曾經採訪過一位老先生，六、七〇年代的時候他在中南海做事，親眼見過當時國家領導人的工作狀態，他說：「那種工作強度不是一般人能承受的。」據說在周恩來兼任外交部部長，每天晚上十二點乃至凌晨一點才正式開外交部會議，整個人連軸轉……所以南老說，孔子說宰予是「朽木不可雕也」，可能是指宰予的身體不好，要他多休息會兒，對他不要有太過分的要求。

這樣看，我們又從另一個角度看到了，一位不會被在白天睡覺的學生氣得瑟瑟發抖的老師，而是一位更加寬厚、更加明瞭事情的來龍去脈，並且不對學生做過高要求的老師。這倒更符合我想像中的孔子形象。

說到此處，我想起了一件很有意思的事。在我哄兒子睡覺時，他跟我說：「爸爸，我在學校拜了一位師父。」我說：「你拜的是教什麼的師父啊？」他說：「我師父的爸爸會點穴，我師父學會後就教我們點穴。」我問：「他點的是什麼穴啊？」他說：「雲門穴啊、中府穴啊，總之就是教我『葵花點穴手』（按：中國電視劇《武林外傳》裡的武功）啦。」

我看著對點穴甚是好奇的小朋友，想到我年輕時也非常希望有這種很機巧的方法——在人身上輕輕一按，這人就屁滾尿流，或者當場定住，或者渾身奇癢，滿地打滾。但以我這麼多年來拜訪天下名師，見過各種高人的經驗而言，我還沒有真正見過這樣的人，除了曾經有一位峨眉派的老師點了我一下之後，我吐出了兩口氣是真的以外。

所以我跟兒子說：「哥，千萬不要被點穴這件事迷惑，比點穴更重要的是練習速度和力度。你點穴再精準，碰見一個身體比你壯、力氣比你大、速度比你快的人一拳掄過來，你都飛出去了，而且口吐白沫，點穴有什麼用呢？」

聽罷此言，我兒子有點兒悵然若失的說：「點穴真的沒用嗎？」

我說：「也許在某個時間以某種方式，找到某個對人有作用的穴位進行叩擊，可能有用。但如果是小朋友之間打架，最重要的根本不是點對方的穴位，而是拳頭的速度和力度，當然最好不要打，君子不戰而勝。如果你能靠自己平時展現出的力度和速度，別人都不敢跟你打架，那才是最好的。」

我跟兒子講這些話的深層含義是什麼呢？是對力量的重視。

在我採訪馬丁納先生時，他說：「東方的知識分子有一個普遍的狀態——普遍對力量不那麼推崇。」而孔子所處的年代是一個非常強調力量的年代，孔子的身高可能有一百八十幾，甚至一百九十幾，據說蹲在那裡像一頭獅子——大眼、闊鼻、大嘴。

當時的民族也非常崇尚力量，射箭時，要拉開弓是需要很大力氣的；騎馬時，如果你沒有足夠的力氣是勒不住韁繩的，尤其是非常好的馬。但後世的儒生越來越不重視體能訓練，這真是一件非常可悲的事。

體力差的人，意志力也不會太強

現在想來，我之所以有這樣那樣的原生家庭創傷、心理問題，其中的一個原因就是——小時候體能不夠好。好幾次跟同學發生衝突後，都希望用智鬥，希望用機巧、智慧拿下，而不是靠力量。這直接導致了後來我在某些需要堅持自己的主張時，由於平常的速度和力度不夠，而帶來的勢能不夠，推動起來就感覺困難。

「野蠻其體魄，文明其精神」，以前我們聽這句話時總覺得是一種愚民政策。現在想來可能不是，如果人們都很單純，都講文明，做一件事就深入做一件事，愛一個人就長期愛一個人，身體很矯健、很強壯，有什麼不好呢？就像現在很多北歐人，每天都走路上班（當然人家的街道乾淨，空氣也清新）。你會發現，在你身邊如果有一個人很容易相信你，做事非常認真，身體奇好，話不多，對人很坦誠，哪怕他的智商顯得不是那麼高，最終這樣的朋友仍然值得長期擁有。

為什麼？我們可能不太理解當時的孔子——對學生的力量有要求，對學生的體能有要求。現在很多父母對孩子的教育，過多考慮的是他們在智力上的發展，而忽略了體能的訓練。儘管現在是一個機器非常發達的年代，我們跑得沒有汽車快，但關鍵時刻還是人與人在體能和意志上的較量。

一個體力差的人，意志力也不會太強。

我後來還觀察了身邊的一些人，那些年輕時經常進行體能鍛鍊的人，通常比較可信，這也是為什麼很多運動員創業後，能做成很好的企業的原因。他們在別人學數學、學物理時鍛鍊身體，他們之間的差別是什麼？差別是運動員在不斷挑戰自己的意志力。對意志力的挑戰是沒有技巧可言的，就是需要訓練、就是需要突破、就是需要堅持，甚至已經忘記了為什麼，只是堅持。

有位做企業的朋友跟我說：「國外很多企業的最高領導人都曾做過軍人，也做過運動員。」由此看來，可能一所軍校或者一所體校，培養領袖的機率比EMBA、MBA的機率更高。你也可以看到，國外像哈佛、耶魯這種學校對學生的體能要求是非常高的。如果我們從體能這個維度來看《論語》中孔子說宰予的這段話，就看到了一個全新的境界。所以，「聽其言觀其行」也可能有另外一種解釋——不僅要看這個人說的怎麼樣、思維怎麼樣，還要看他的體力怎麼樣，能不能把自己說的真正做到。

有的人做不到自己允諾的事，不是因為他的品格不好，而是因為真的體力不支了。或許對很多家長來說，《論語》中這則故事給大家最重要的一個啟發是，如果有機會讓小孩子多參加體能鍛鍊，而不是上奧數課，對孩子未來的人生來說可能更有意義。

11 欲望太強，就會有被人利用的地方

原典

子曰：「吾未見剛者。」或對曰：「申棖。」子曰：「棖也欲，焉得剛？」

之前的幾篇內容，都在講孔子對學生的評價。單看一篇，你看到的是孔子對某種品格的描述；把這幾篇連在一起看，就會發現孔子真的花了很多心思去琢磨每個學生的秉賦、本質，然後因材施教，因此才能大量的培養出優秀的學生。

人和人真的是很不一樣的，我們大部分時候很難改變一個人，最多是把他人格裡優秀的部分發展出來，再讓他覺知自己不好的一面，然後尋找相應的合作夥伴。

品鑑人這件事，其實是中國學問中非常重要的一門課。在這篇裡，孔子講什麼呢？

子曰：「吾未見剛者。」或對曰：「申棖。」子曰：「棖也欲，焉得剛？」

有一天，孔子很感慨的說：「我始終沒有見過一個稱得上剛強的人。」（「剛」不

是脾氣大，而是指方正。）有人說：「不對吧，申棖不是這樣的人嗎？」孔子說：「申棖啊，他的欲望很強，怎麼能做到真正的剛呢？」

人在很多時候表現得很有力量感，可能是被欲望激發出來的，也可能是被恐懼激發出來的。當然，很多時候我們每個人都是恐懼和欲望雙重作用的產物，我們如果不是因為想要得到一樣東西而採取了行動，就一定是因為恐懼和害怕出現某種自己不喜歡的狀態而採取了行動。

所有廣告的背後都在講，你買了我的產品會有什麼好處，你不買我的產品會有什麼壞處，很多保險公司都是恐嚇行銷的高手。

孔子說，如果一個人的欲望太強，那麼他就有被人利用的地方，就做不到方正，他的剛毅勇猛就是假的。比如有的人很愛錢，大部分時候雖然表現得很剛正，但一給他錢，尤其是給他足夠多的錢時，他還能怎麼剛？

還有一些知識分子，不跟皇帝合作，對社會發展堅持己見，看似一股清流，其實他們有別的欲望，他們的欲望是什麼？被承認！所以，有的知識分子就吃這口被禮賢下士的「軟飯」；獲得尊重後，最後還是會為朝廷賣命，這也是內心欲望太強的緣故。

孔子認為，一個人的剛應該來自與天道同啟；明心見性之後，不再是因為欲望，而是因為德行，因為覺知，而能專注的做一件事。僅僅因為他認為做這件事很有意義、很有價值，而不是為了自己欲望的彰顯，不是因為自己的恐懼而做，這樣體現出的中正、平和、溫柔而又堅定的力量感，才是真正意義上的剛。

當然，要想做到這點實在太難，誰不是活在欲望中的呢？人總是有缺點的，總是想要點什麼。

不能只讀萬卷書，行萬里路，還要閱人無數

如果你也喜歡讀古龍的小說，你會發現古龍經常會用這樣的手法：第一頁只寫著幾個字——世界上只有一種人沒有欲望；翻到第二頁，上面寫著死人。然後又開始新的一行——王路，是唯一一個既不是死人，也沒有欲望的人。他喜歡用這樣的語句營造一種很奇妙的人格。

在我小時候有很長一段時間非常迷古龍，以至於錯誤的以為這個世界上真的有很多古龍筆下的人物存在。後來才知道，這些作品完全是古龍寫給自己的愛情小說。這是蔡瀾先生跟我說的——蔡瀾先生和蔡志忠先生都是我的老師，他們說：「古龍完全把自己想像成了自己筆下的那些人物。」古龍在他的筆下創作出一個又一個理想人物，但現實生活中哪有這樣的人？

所以，不能唯讀萬卷書，行萬里路，還要閱人無數。必須和真實的人交談，知道那些創作出若干偉大文字和思想的人是怎麼了解這件事的，你就會「盡信書不如無書」。

孔子在這一篇講到，他的一個學生很剛強，但因為欲望有點兒強，所以不是真正的、方正的、執著的、溫柔而堅定的剛強。

從這件事上，我們看見了什麼？我們看見的不是孔子高高在上的指點別人，而是他對內在的反省。一定是孔子有時也希望獲得點什麼，而不得不做出某種妥協；在他成為一個長者之後，作為過來人，坦承了這一點。

當我們理解了這段話後，就能理解孔子的可愛與偉大之處了。他不是那個在彼岸的人，不是那個出淤泥而不染的人，他說的這些話題，都是藉由親愛的學生來講述自己對內在的反省。

我曾經覺得，一個人的學生是他的投影，一個人的老師也是他的投影。有一年，我「演」了一段時間的老師，很可愛的同學們「演」了一段時間的學生，畢業之後大家相視一笑，有位同學說：「師父，上輩子你拜過我為師，這輩子我拜你為師，算是打平了。」

所以，每次我給學生們上課時，都會跟他們說：「你們會在這個班級裡看見很多人，會發現有些人跟自己不一樣，對此不要感到不解，其實每位同學都是我的人格投影、性格投影，因為每位同學是我面試的。如果你們之間有矛盾，其實是我內在矛盾的外化，謝謝你們讓我清楚的看到了自己內在的分野。」

我們理解了這些之後再去看孔子，就會發現，孔子每次借助對同學們的表述，其實是在表達對自己的反思。如果孔子真的像我揣測的這樣，在我心中，他會更加可愛、更加真實、更加溫暖，因為那是一個真正的人。

就像孔子和學生子貢聊到顏回時，孔子說：「顏回真的好厲害，子貢你認為自己和顏回比怎麼樣？」子貢說：「顏回聽到一件事，可以了解全部；而您給我一個指令，我只能推導出另外一個結果，由此及彼。」孔子聽完後很高興的說：「是啊。」這個「是啊」不是說子貢不如顏回，而是說，你和我在某些地方都不如顏回。

我特別能理解孔子的這種快樂，因為當他看見學生比自己更優秀，那種發自內心的歡喜是真實的。孔子跟學生之間的關係，就像父親和孩子一樣。

有一天，兒子跟我說：「爸爸，現在我的英語比你好，數學也比你好，我以後一定會超越你。」

我看著他小小的身軀，有點兒挑釁的眼神，突然有種強大的幸福感。我跟他說：「你知道嗎？在這個世界上可能只有你爸爸我，才是發自內心的希望你在任何一個方面都超越我，希望你每一樣都比我好，完全不會有一點點的妒嫉和憎恨。」所以說，「生子當如孫仲謀」（按：借指晚輩有真才實學），這不是一種藐視，而是一種尊重。有兒子的男人都知道，他的最高人生理想就是培養一個在各方面都比自己優秀的兒子，這才是一位父親應該做的事。

孔子在本篇說的話其實包含了三層含義：第一層，欲望可能會被利用，所以剛強就不堅定；第二層，我希望學生能戒除，或者起碼可以覺察自己有明顯的、可以被人利用的欲望；第三層，我也曾經有過這樣的問題，甚至現在還存在著這樣的問題，所以我們每個人都要覺察自己表現出剛強時那些可能會被別人利用的欲望。

讀書的快樂，真的不在文字上，而在把自己融入那個時空的場景，感受對話人之間微妙而又有張力的情緒。儘管我們很有可能會因此誤讀那個時空，但那不重要，因為每段聖賢的文字，每個經典的場景，都是我們藉以了解自己的道具和模型。

同一段文字讀幾十年，每每都會有新的體會，這種「溫故而知新」——在舊的句子裡感受新的生命體驗的快樂，才是真的快樂。

12 做一個不給別人添麻煩的人

原典

子貢曰：「我不欲人之加諸我也，吾亦欲無加諸人。」子曰：「賜也，非爾所及也。」

我們常說，一個人能做到的最極致的善良，就是「己所不欲，勿施於人」，等而下之的是「己所欲，施於人」。

比如有人覺得「我的糖果太好吃了，一定要讓你嘗一下」。但萬一別人不喜歡呢？有的國家覺得自己的政治制度很好，就覺得其他國家也要像我們國家這樣。還有一些國家追求「君子和而不同」——我並不想把自己需要的、喜歡的東西教給你，如果我能做到把自己不喜歡的不強加給你，這就是我的內在關於善與智慧的更高追求。

做人也是這樣，最有魅力的人，**我們最喜歡的人，並不是對我們最好的人，而是不要**

求我們像他一樣好的人，甚至連這個念頭都沒有的人。反過來，如果我們有這樣的心胸，不把自己的意識強加於人、不要求別人跟自己一樣、不要求別人理解自己，也算是一種善良。

子貢曰：「我不欲人之加諸我也，吾亦欲無加諸人。」子曰：「賜也，非爾所及也。」子貢對孔子而言是一位很重要的學生，政治上很能幹，透過一些政治上的謀略與安排，確保了魯國很多年的國土安全；經濟上很有實力，作為一代儒商，孔子在晚年時的吃穿用度很可能都是子貢安排的。子貢真是孔子有用的弟子啊！即使子貢做到了這樣，孔子對他仍然有更高的期許。

有一天，子貢跟他的老師說：「我不喜歡別人把他的想法強加於我，我也盡量不把自己的想法強加於他人，這樣可以嗎？」老師很溫柔的說：「賜啊，你的提議很好，見地也很好，不過你現在還做不到啊。」

這句話的背後隱藏的另外一層含義是，不光你做不到，連我也做不到啊。孔子用這種方式表達了一種非常高級的對人生理想的追求，以及覺得做不到時清晰的洞察。

完全按照理想化的方式去生活，去做事，並且嚴格要求自己和他人，會產生一種新的我執。我們知道這是一個方向，也知道自己永遠只能朝著這個方向前進。所以，有目標、有道路，再行走，已然很幸福了。儒家有種很有意思的精神——相信世間是有一個理想國的，這個理想國是由君子營造出來的，但儒家同時也知道，這個理想國永遠在彼岸。對人的種種習性、秉性的洞察，也讓儒家知道，做就對了，只要在路上。只要在做就好了。所以當子貢與孔子在某個明朗的下午，邊喝茶邊討論人生理想時，師徒二人就有如父子般談論了事物發展的方向，以及明知不可為，但仍要努力為之的追求。

用國學大師梁漱溟先生的話說，儒家是有方向的，而且永遠都走在這條路上；就算達不到，也不後悔、不怨恨，因為做這件事本身就是目的。這句話的背後引申出，我們對自己的日常生活，是不是有種暗暗的期許？

己所欲，施於人

以前，只有貴族可以吃飽飯，不為生存擔憂，所以他們可以花很多時間用於精神的追求、美和理想的鍛造，建構一種應該怎樣生活的典範，而政治家和思想家確立著這個社會的道德方向。

然而今天，全球開始出現一種新格局，塑造人們理想生活方式的角色，開始由政治家讓渡給商人，因為只有商人可以藉由流轉、生產、販賣的商品，以及透過廣告和營銷等手段，把商品與某種價值觀緊密相連，並且把商品包裝得像賣法器或道具一樣，夾雜在推銷給人們的價值觀裡，進而成為人們的價值觀。

因此，現代人的價值觀更多是被商人確立的。商人可不希望自己「己所不欲，勿施於人」；最有道德的商人，也就是做到「己所欲，施於人」——我很喜歡這款產品，因為它是我發自內心認真研發出來的，希望你也喜歡。這是商人這個職業本身的局限性。

作為生活在由商人主導價值觀的世界某個角落的普通你我，要很清楚的知道，我們生活在一個跟古人的價值觀不一樣的低段位時代，自己能達到的最高級層次也就是「己所欲，施於人了」。

所以，子貢跟他的老師說：「我不希望別人把他的價值觀強加給我，我也不希望把自己的價值觀強加給別人，這樣行嗎？」孔子說：「這非常好，但是親愛的，你做不到這點，我也做不到，我們只能努力去做。」

子貢為孔子做了很多有意義的事。孔子過世後，其他弟子都是心齋三年——三年裡心心念念的想著老師。只有子貢幫孔子選定了墓穴，並在墓前守了三年。

南老在《論語別裁》裡說，其他弟子選的墓穴很好，是後來葬漢高祖劉邦的地方。很厲害了吧！但你要知道，當年子貢否決了這個地方。子貢認為，我的師父孔子豈是普通帝王的格局？後來子貢為孔子選的位置，就是如今孔子在曲阜的墓；這個墓穴力透千年，讓孔子成為萬盛師表。

儒門有很多項學術專長，埋人這件事就是人家的看家本領之一。埋什麼（What）、埋在哪（Where）、誰埋（Who）、什麼時候埋（When）、為什麼埋（Why），這五個「W」充滿著學問。

子貢為老師選的墓地相當厲害（當然這是後世的傳聞，南老用亦真亦假的口吻在《論語別裁》裡跟我們分享了這些故事）。但如果我們知道後來發生的這些事，再推演到孔子和子貢聊天的那個時空，你就能體會其中的意義了。也就是說，如果你知道後來子貢為師父所做的一切，再倒推到對話的那個當下，你就會覺得這個當下在某種程度上就是未來的一個原因，也是未來的一個結果。

我們都聽過這句話，「過去之心不可得，現在之心不可得，未來之心不可得」，似乎現在是未來的因，未來是現在的果。但放在另外一個世界觀的系統裡，你又怎麼知道未來不是當下的原因呢？

在讀《論語》時，我還有一個其他想法——一個人過了三十歲，他的心智模式會發生非常重要的變化；而在他四十歲以後，會尋找比他年紀小、將來成就很大的年輕人，跟隨他們一起成長。

孔子的所有成就，一方面來自他本身的偉大，另一方面在於他培養出一幫非常優秀的學生，以至於後來可以把他的思想傳承下來。

有人說：「一個女人最好的本事，就是投胎到一個好媽媽那裡，擁有一個好爸爸，她的爸爸能幫她找一個好老公，然後她以爸爸和老公的模型再培養兒子……這輩子就完美。」「未嫁從父，出嫁從夫，夫死從子」，這背後其實是一種真正的智慧與人生的大策略。

如果我們能讓自己變得越來越寬厚，盡可能做到「己所不欲，勿施於人」，哪怕做不到，也盡可能的不給別人添麻煩，這樣的人是很可能有大成就的。

讓自己成為一個不給別人添麻煩的人，是你能成就自己的最高智慧——「己所不欲，勿施於人」。

13 真正重要的東西都不是藉由語言傳遞的

原典 子貢曰：「夫子之文章，可得而聞也；夫子之言性與天道，不可得而聞也。」

曾經，有位學哲學的朋友引述德國哲學家黑格爾的話——如果《論語》沒有被翻譯到歐洲，或許人們對孔子會有更高的期許，因為他們發現，《論語》裡的孔子也不過如此，沒什麼哲學思想。

其實，當你讀了下面這句話，你或許就能理解，認為孔子沒有什麼哲學思想的想法不一定是正確的。

子貢曰：「夫子之文章，可得而聞也；夫子之言性與天道，不可得而聞也。」

有一天，子貢很感嘆：「老師的文章（不是狹義的文章，不是指作文，也不是指論文，而是你的品格和內在修養彰顯外化的言談舉止、行住坐臥的氣象），我們都可以感受到；但老師對哲學最根本層面的理解和體悟，我們是不可能得到或者聽聞的，他也不會跟我們講。」

這是子貢修行到幾十歲以後，做了生意，當了大政治家，天天跟師父泡在一起，也沒聽到老師跟他講多麼深入的東西，而有一天自己突然感受到的。

為什麼會這樣？我覺得可能只有一個原因，孔子行不言之教，他認為真正深刻的、本體的、哲學層面終極的東西，是不可以說的，一說就變味了，偏離了它的本義。因此，他只能在日常生活中看這個人有沒有早起，看這個人吃飯是不是快，看那個人說話是不是聲音悅耳、言語平和……在那些最常見的行、住、坐、臥裡點撥一下，然後讓自己的行為盡可能的接近理想狀態。

其實，在後來的書裡（《大學》、《中庸》、《孟子》等），包括孔子的門生和後人的思想中，慢慢的發展出了一些很深刻的東西。比如《中庸》開篇講：「天命之謂性，率性之謂道，修道之謂教。」

這句話說的是，一個人從哪裡來，他的性格和什麼東西有關，套用一句現代流行的話——你的上升星座、命盤、星盤……導致了你的性格，這叫「天命之謂性」；你順著自己的性格，發展自己的「南交」、「北交」（按：地球繞日公轉的軌道面和月球繞地球的軌道面夾角。接近北極的一端，就是北交點，另一端就是南交點。在星象學中南交點象徵著過去及其過去對我們的影響；北交點象徵著吸引我們的未來方向），理解自己的「太陽」、「月亮」，這叫「率性之謂道」；把這條道路修練得越來越純熟，並且以一種隱約的方式與大家分享，在不知不覺中教化他人，因為你的存在而改變了周遭的氣場，這叫「修道之謂教」。

其實，這些東西都是孔子早就已經了解的，但他不說，而是以很隱祕的方式告訴了最核心的弟子，甚至都不是用說的方式，而是暗示——透過某些關鍵時刻的推動、契機的發起，幫他們意識到。

所以，我讀孔門弟子的作品時，比如《大學》、《中庸》、《孟子》，甚至「陽明心學」，以往會覺得，哇，講得好深刻，但為什麼孔子沒有這樣說呢？孔子上馬就能和馬對話，射箭時能把弓拉開，不射箭時能體會拉弓的那口氣，能對《易經》進行批註……怎麼會不知道這些道理呢？只是他不說罷了。他為什麼不說？除了他怕說出來就錯了之外，可能他意識到一件事，**真正重要的東西都不是藉由語言傳遞的**。

我告訴你一百種巧克力的不同、一千款茅台的差別，都不如你親自吃一塊、喝一口。所以，像孔子這樣真正偉大的老師都希望用一種非語言的、非線性的、更全面的方式帶動旁邊的人，讓他們發展一些自己的觀點，然後在經典裡得到印證，這樣獲得的東西才是真正屬於自己的東西。

君子的愛不迫切，哪怕你很好

在我讀到這一段時在想，我們對孩子的教育，其實真的不用教給他們太多的文字或者知識，而應該帶他們去體驗。他們要體驗如何在與他人相處的過程中，與他人互動，體驗挫折、體驗成功、體驗交流的快樂、體驗分享、體驗因為別人更優秀自己隱約的不開心和妒嫉。然後在某個合適的生命節點，告訴他們：「你體驗的這一切都是生命的資糧（按：必需品）。」

那時你再去看《金剛經》、《道德經》、《大學》、《中庸》、《論語》……再去看其他先賢的書，就會隱隱的體會到在書裡是這樣講的。所以，書不是先學後印證的，而是應該先體驗生活，學一點兒知識後反覆練習——「學而時習之」，再回來如切如磋、如琢如磨，體會其中的樂趣。

我很期待在未來的某個時段，可以閉關兩、三年，認真的把自己早年沒有讀過的書有系統的看一遍。我曾經一度認為，小時候沒有讀過很多書是一件很遺憾的事，現在發現也不盡然是壞事。有可能上蒼對我太好了，就是這樣給我安排的——讓我先去做事，得到一些碎片化的體會，到了四、五十歲時，再有系統的在先賢的書裡獲得印證；那些得到印證的東西，才會根深柢固的確立在我的生命裡。

子貢到了四、五十歲時，突然發出這種感慨：「老師真的沒有講一些大道理，而是對我們飽含了深刻的愛與溫暖，教會我們要深刻的理解人性，深刻的去同情，這些都是對我們的幫助。」

「夫子之言性與天道，不可得而聞也」——老師關於天性與天道的論述，只能透過我們發展自己的天性與天道後，與之相應才能得到，而不是他告訴我們的。

我越來越喜歡孔子了，因為我發現他不僅知道，而且克制了表達的欲望，盡可能讓自己活成一位樸素的，甚至有點兒世俗的普通老人的樣子。

你體會了幾十年後，才知道一**個人最開始對你的愛就是那麼深沉，又那麼不迫切，那麼勇於等待，並且有智慧的等著你自然而然的湧現出對他的迴向，那才是真正的力量**。

我兒子學校的校長，他是南非人，哪怕自己得了癌症，每天早上仍然風雨無阻的站在校門口跟每個小朋友打招呼，而且每天都換不同的領帶，告訴大家：「這裡是大象，這裡是獅子……」藉由他的領帶，給孩子們建立一種世界觀。

有的小朋友會跟他打招呼，有的小朋友覺得不打招呼好像校長也不會生氣，於是默然的走過去。看到學生不跟校長打招呼，導師們討論：「我們要不要讓小孩子們學會禮貌，當校長跟他打招呼時，也回應校長一個微笑。」校長知道這件事後，非常嚴肅的告訴各班導師：「請不要干預孩子們的行為，我希望有一天他們是發自內心的、自然而然的發展出想和我打招呼的欲望，而不是基於被要求。因為那一刻他們和我打招呼的愛，才是屬於他們的。」

我覺得最後和大家分享的這個故事很切題——**君子的愛不迫切，哪怕你很好**。

14 一輩子只為做好一件事的職人精神

原典

子路有聞，未之能行，唯恐有聞。

越學《論語》，越覺得我們不需要學太多東西。在這個知識爆炸的時代，認知並不一定靠了解、吸收更多的名詞和概念而來，有可能是從把一件事做到極致之後而來。

在這篇裡，孔子講的是「子路有聞，未之能行，唯恐有聞」。子路的武功非常高，不僅是孔子的弟子，也是孔子的保鏢。之前我說過，孔子總是很擔心他，覺得他有點兒魯莽，但子路的確是孔子身邊一個很親近的人。

子路有一個特點——心未動，身已遠——對聽到的東西，馬上就要去行動，去實踐。所以他很害怕老師跟他說新的東西，當老師跟他說新的東西，他就會說：「別說，上一件事我還沒做完呢。」——他的確是一位很特別的學生。

我及周遭的朋友恰好相反，通常是身未動，心已遠——心已經游遍四方，但行動上還是沒什麼改變。有一句挺好的廣告詞——耐吉（Nike）的「Just Do It」，以前我聽到這句話，只是覺得「就做吧」。

隨著學到的東西越來越多，但我的行動力卻越來越差，肌肉與組織的張力不足以應付念頭的起滅，時間長了就越發覺得那些能「言必信，行必果」，把一件事做透的人，在這個社會是多麼彌足珍貴。

我有一位老朋友叫陳曉卿（《舌尖上的中國》的總導演），在我讀大學時，他就在做紀錄片。我記得讀大學二年級時，陳曉卿學長回學校分享他拍紀錄片的心得。那時我聽一位學長回來講著略顯老土的紀錄片創作，而手上卻拿著當年的廣告雜誌，還有臺灣版的《關於網路營銷及策略總動員》，還有《遠見》雜誌等。一九九七至一九九九年期間，當時的臺灣有很多「未來學者」，甚至從一九九四年、一九九五年開始，他們就已經在展望互動媒體的未來。所以那時，我就覺得這位學長幹的事可能要落入歷史的塵埃了。

後來我去香港的一家媒體公司學習、工作，幾乎一家電視臺的所有工作都幹了，編導、主持，體育、娛樂、時事、財經，甚至連節目宣傳片和廣告企劃銷售案都要自己寫。而那位學長一直在拍紀錄片，偶爾有點個人小小的樂趣——對各種臭臭的食物，比如桂林米粉、酸菜魚、燒烤，以及地攤的食物保持著濃厚的興趣，常常跟我們在某些角落分享種種小吃的快樂。

再後來，我又從一家衛星電視公司去了一家互聯網公司，這位學長還在拍紀錄片。到後來，他把自己的愛好——吃，變成了紀錄片裡一個更狹窄、更專門的內容——美食類紀錄片。

有一次，沈鴻飛先生、蔡瀾先生等若干位我的老師齊聚北京，和陳曉卿老師一起吃了一頓他的家鄉菜。後來我才知道，原來那個飯局對中國的影視紀錄片影響深遠，而我作為當時的參與人之一，卻不知道正在發生著什麼。吃吃喝喝，聊聊天，吃完各自回去做各自的事，而陳老師繼續深入，把美食紀錄片進行到底。

陳曉卿老師拍到後來，跟騰訊合作了《風味人間》。從一九九四年我第一次聽他講紀錄片，到有一天晚上大家聚在我們的辦公室重溫了一遍《風味人間》，有二十四、二十五年的時間了。

一九九四年我聽說他拍紀錄片時，就覺得他可能會過時，但直到現在，卻越拍越精緻，他並沒有過時。他沒有做互動行銷，沒有做搜尋引擎，也沒有講各種懸而又懸的東西，就是認真的拍好每個鏡頭，講好每個故事；到更廣闊的世界，呈現更深刻的人與食物的關係，藉由食物呈現世界的變化和世界本來的面目。

在某種程度上來說，紀錄片做的就是這件事，以牆上的一隻蒼蠅的視角，旁觀及俯瞰煙火人間呈現出的種種愛恨情仇、相聚離別。陳曉卿老師活生生的在我面前展現了一個知行合一的角色，他從來沒有展望過不切實際的東西，只是認真的做自己能做的事，而且越做越好。

我們走過的一切彎路，其實都是直路

那天我們看完兩集《風味人間》後，看著片末出來的長長的一段字幕——拍攝導演團隊、錄音、文案、宣傳、發行……像個製作電影一樣的團隊，我在黑暗中深深的自責——走了多少彎路。

如果我一開始不管做什麼，只要是做一件不差的事，一直專注的做下去，應該也不會做得太差吧。當然，凡走過的路必將留下痕跡，凡尋找的必能找到答案；我們走過的一切彎路，其實都是直路，都是為了讓我們今天了解到，原來**多餘的想法**、**多餘的念頭只會帶給未來多餘的悔恨**。事情沒有所謂新與舊、好與壞的區別，只要不犯法，只要你喜歡，那就認真的做下去，終歸是有價值的。

結合前面孔子說的「學而時習之，不亦樂乎」，就是 Just Do It 的精神；正是這種精神的存在，才讓這個世界呈現出它的「風味人間」。你現在手頭上正在做的事是什麼呢？

你是否覺得現在做的事沒有前途呢？你是否覺得應該換條跑道呢？……如果你有這樣的想法，請想一想我這個反面例子——換了那麼多條跑道，最後得出的結論是，其實不需要換什麼跑道。

之前去日本時，有一次走進了一家老夫妻開了將近六十年的拉麵店，老先生八十多歲了，還在做一碗麵。我覺得很可能在這個過程中他們也經歷過很多鬥爭，也經歷過泡沫時期——全民炒房、全民炒股的瘋狂時期。

我們過去幾年經歷的瘋狂，三十年前在日本也是這樣。我站在東京的街頭，看著房價居然和北京差不多，甚至很多地方比北京還便宜，不禁感慨，這是一個人口密度三倍於北京的城市啊，竟然沒有堵車，一切井然有序。

有意思的是，一位朋友給我講起一個細節，他想在東京辦工作簽證，要填寫他在中國國內的收入，他寫得很少。外國人就不理解，這麼點收入怎麼在中國生活呢？他說：「我創業啊，給自己的薪水很少。」日本人就說：「為什麼你不給自己多點薪水呢？」

其實中國很多年輕人就像祖克柏一樣，公司上完市，交了很多錢之後，又很多年不領薪水，靠吃老本，然後再創辦一家公司，用這種方式來賺錢。但在日本，很少有這樣的例子，所以他們總認為，你該有多少錢不是每個月能反映出來的嗎？

我舉這個例子是想跟大家說明，在日本那樣一個看似又回到了工業時代，甚至半農業時代的社會，在過去的幾十年裡，醞釀出的很多東西，其實很值得我們去研究。日本是如何做到平均每年出一個諾貝爾獎得主的（不是和平獎、文學獎之類的獎項，而是物理學獎和化學獎等硬科學指標的獎項）？他們是如何藉由不浮誇，或者浮誇完之後，回歸事情的本質？不融資，不炒作，踏踏實實的工作，踏踏實實的發展，沒有新的學術概念，把每件事做到極致，然後創造一個不給人攻擊的現象——全世界人都說日本已經「消失」了幾十年，所謂日本消失的幾十年，其實他們正在暗自蘊藏著能量。

有數據說過去的三十年，全世界的人都認為日本人要完蛋了，沒前途，房價也跌。雖然日本有很多老年人仍然在第一線工作，人口老化非常嚴重，但他們卻成功的利用了這樣的原因，發展出工業機器人制度，發展出更好的醫療、教育和保險體系。這一切都不是因為他們有更多的知識，而是因為人們經歷了泡沫後，經歷了浮誇後，儒家精神再次回歸，與現代科技結合後，發展出的一種低調、溫和，沒有進攻性，暗自積蓄能量的狀態。

我始終都在想一件事，或許是時候我們要進入一種新的狀態裡了——少說多做，或者不說多做。時間會證明一切，我們做的一切努力，都會有回報；而說的一切，都會成為未來讓自己汗顏的原因。

15 寫出你的墓誌銘

原典

子貢問曰：「孔文子何以謂之『文』也？」子曰：「敏而好學，不恥下問，是以謂之『文』也。」

我曾在太安私塾舉行了一次小小的活動，請同學給大學畢業時的自己寫一封信。因為現在的每個人都是大學畢業時自己的先知，也對曾經激情澎湃而懵懂無知的少年充滿了同情。相信你內心的那個少年也對遠方來的既了解自己，又同情自己，而且自己也相信的人，產生了一種深深的契合感。

其實，這是一種有意思的心理錯位療法——如果一個人有機會和年輕時的自己說說話，把想說的話寫成文字，哪怕回到當下，他還是會覺得許多經驗、教訓、忠告是很有意義的。

我為什麼要從這個話題講起呢？因為除了可以給過去的自己一個忠告外，我們或許還可以站在更遠的未來，對自己走過的路，以及未來可能要走的路，有種移形換步的看法？比如，如果每個人都有機會給自己寫墓誌銘，你會怎麼寫？

曾經，我和吳伯凡老師在《冬吳相對論》節目裡討論過一個話題，在西方國家，很多教育水準很高的私立學校，中學生都會做一個功課——寫出你的墓誌銘。因為墓誌銘刻在石碑上，所以字數會受限，本質上來說，那是對你一生的蓋棺論定。

從某種程度上來說，如果我們每個人都能花點時間慎重的思考，並且對自己的未來蓋棺論定，也許當下的許多煩惱會因此消解。因為你會突然發現，以那句話為標準，其實很多事是不值得做的。

還有另外一些你覺得可做可不做，或者不用那麼著急做的事，就應該著手去做了。慎終追遠，對自己的結局，要以一種很慎重的態度看待，即為慎終。

中國古代的知識分子是非常看重墓誌銘的，甚至帝王也是如此。因此有了謚號——一般指古人死後根據其生前的行跡而為之所做的蓋棺論定，比如周文王、周武王、漢獻帝、漢景帝、楚莊王等。

我們讀歷史書時，常常會看見這些字眼，小時候覺得它就是個名字，並不會有過多的思考。其實，絕大部分謚號都是在古人死後，由史官根據他這輩子的行跡來定的，並不能隨便取，每個謚號的背後都有一大套流程標準。

歷史上有一位唐僖宗，看到這樣的謚號，你就能想像到他在當皇帝時，應該是一個玩得很high的人，不理朝政，以至國家陷入崩潰。因為這個謚號，將會永遠被記錄在歷史的長河中，後人提起他時，就會提起這三個字。

所以，每個想在歷史上發揮點光和熱的人，都會非常謹慎的對待這件事。古時候，皇帝過世了，由當時的大臣擬定謚號。同時，皇上也會給比較重要的權臣賜謚號，作為對他這輩子的嘉獎。比如曾國藩的謚號是文正公，范仲淹的謚號是文正，諸葛亮的謚號是忠武侯等，這些是皇帝給大臣的謚號。

後來這件事慢慢蔓延開來，很多知識分子也希望可以給自己取一個這樣的名字，就導致謚號的使用越來越不嚴肅。但無論如何，在歷史上來說，這件事是非常重要的。考古研究顯示，在周朝時，謚法——以規定的字對一個人進行評價的準則體系已經比較成熟了，比如我們熟知的周文王、周孝王等。

秦始皇對自己沒有自信，怕人家亂說，所以廢除了謚法；到了漢代，謚法又被恢復；明清時期，謚法歸禮部管，禮部尚書對皇帝、大臣的蓋棺論定有重要的權力。

當一個人意識到生前做的所有事都會對未來產生深遠的影響，他就會對現在做的一切充滿敬畏。就像我開頭說的，如果你花點時間想想，自己將會以什麼樣的字眼被寫在墓碑上，那麼，你對自己當下應該充滿了某種結局的錨定性吧。

在睡前，對過去的一天做一個了斷

之前，我看到一位我非常尊敬的長者——我在《生命．覺者》節目裡採訪過的潘宗光教授，在金庸先生的追悼會上致悼詞的一些圖片和新聞。顯然，這是金庸先生的意思。他知道潘先生能更好的、更全然的表達他在人生這九十多年中的價值、趣味、意義。

在中國古代知識分子的某些行為準則裡，總是蘊含著這種慎終追遠的力量——讓一個人不至於太壞。因為他的心裡是有桿秤的，他也知道這桿秤不在自己手中，而在別人手中。展開講這一段，是因為在《論語》裡有一句話與之相對應——子貢問曰：「孔文子何以謂之『文』也？」子曰：「敏而好學，不恥下問，是以謂之『文』也。」

孔文子叫孔圉（按：音同「與」），子貢問他的老師：「孔圉的謚號是孔文子，請問他為什麼配得上『文』這個字呢？」

孔子對禮法是有很多研究的，他說：「孔圉作為一位權臣，可以匡定朝政，幫助國家不至於陷入更大的混亂。這麼有權勢的人，仍然敏而好學，不恥下問，所以配得上『文』這個字。」

在諡法裡，「經緯天地曰文，道德博聞曰文，勤學好問曰文，慈惠愛民曰文……」如果你看到有位皇帝叫〇文帝、〇文公，或者某位大臣叫〇文侯，你大致會因此了解他應該是一位學識廣博，宅心仁厚，而且不恥下問，對學習的邊界充滿無限樂趣的人。

我為此特別學習、研究了一下諡法，發現其中很多字很有意思，比如「死於原野曰莊，屢征殺伐曰莊，武而不遂曰莊……」——一個人喜歡打仗，但老是打不贏，甚至慘死戰場，就叫莊。再比如，「年中早夭曰悼，肆行勞祀曰悼，恐懼從處曰悼……」有這個諡號的人，基本上也不會太厲害。

有的字看起來好像不錯，其實含義很一般。比如「僖」，之前我講唐僖宗時講得不夠完整，它的含義是，「小心畏忌曰僖，質淵受諫曰僖，有罰而還曰僖」。僖指的是做事畏縮縮，沒有魄力，決斷力不強。

最糟糕的一個字是「靈」——「死而志成曰靈，極知鬼神曰靈，亂而不損曰靈，不勤成名曰靈，死見神能曰靈，好祭鬼怪曰靈」。還有一些很不好的字——「殺戮無辜曰厲」、「動祭亂常曰幽」、「名實不爽曰質」……所以，在我們看到的這些字裡，都隱含著非常豐富的、歷史深處中國人共同的價值判定。

當一個人站在人生的結局，乃至人生結局之後的那段時光裡，再去看自己的所作所為時，一定會充滿某種認真性，而這種認真性是非常重要的。

道家稱睡覺為小死，在我們每天睡覺之前，總結自己過去一天的言行舉止、起心動念，你是否會有種隱隱的對自己過去一天的評判呢？不要說道德多高尚的評判，起碼你應該問自己：「這一天過得有價值嗎？你今天做了什麼有意義的事，還是做了什麼讓自己心慌意亂、讓自己後悔的事？」

在睡覺前，對過去的一天予以評判，也做一個了斷，對美好的睡眠來說是多麼重要啊。大而無外，小而無內，放到一天來看，睡眠是小死；放到一輩子來看，死叫大睡，其實本質可能都是一樣的。

學習《論語》，有助於我們把自己的視野放在一個更宏大、更寬廣的範疇內。如果你對今天的自己很坦然，恭喜你，你可以舒舒服服的、快快樂樂的進入夢鄉。祝你在夢中成為更好的自己。

16 節制，就是讓欲望與能力匹配

原典

子謂子產，「有君子之道四焉：其行己也恭，其事上也敬，其養民也惠，其使民也義。」

我有一位女性朋友，號稱專業旺夫，我問她：「妳是怎麼做到旺夫的呢？」

她說：「不給老公添亂，幫助老公做好事。」

我說：「這樣很好，但妳知道嗎，一位專業旺夫的女性，除了身心健康外，還可以這輩子的上半段靠爹，中半段靠老公，下半段靠兒子（靠爹這件事是投胎活，一般人決定不了；如何讓自己的老公和孩子成為優秀的人，並且讓妳分得他們的人生紅利，是智慧活）。有興趣的話，可以聽聽孔子的建議。」下面我們就一起看看孔子是怎麼說的。

子謂子產，「有君子之道四焉：其行己也恭，其事上也敬，其養民也惠，其使民也義」。子產複姓公孫，名僑，字子產，是鄭國的相國。他在執政期間很有建樹，清朝的王源稱他為「春秋第一人」。

孔子對子產說，君子之道有四點：

第一點是「**行己也恭**」，指恭謹持己，在日常行事的過程中，無不保持恭的心態——有人沒人的時候都對自己的傲慢心嚴防死守，時時覺察。

因為人有時會有意無意因為內在覺得自己了不起，尤其身居高位、略有薄名時，總會顯現一種趾高氣揚的氣質（這種行為很欠扁）。

而子產不管在人前還是在人後，都要求自己以恭敬的狀態，恭敬他人、恭敬自己、恭敬四方神靈、恭敬內心的祖先等，這是一種思維模式的養成。

如果一個人覺得自己只要在主管面前保持恭敬，其他時間可以放飛自我，這種想法很危險，因為你永遠不知道主管會在什麼時候出現，也不知道新來的實習生或許就是主管的兒子。所以一個人只有時時刻刻保持恭敬的狀態，才能在關鍵時刻得到位。

第二點是「**其事上也敬**」，是指一個人以一種很尊敬的態度對待上級。

現在的年輕人，內心經常會覺得，其實主管也不過如此，只不過運氣比我們好，早幾年進入公司而已；他的智商、魄力、能力也不過如此，每天不幹活，只知道跟我們要PPT，然後發給他的主管，這種人擋在路上，遲早會慘遭我們剷除。

其實，主管之所以能成為主管，自然有他的因緣。當你有一天坐到他的位置，就會知道原來他做了很多你並不知道的事，他擁有你現在不理解的心智模式，擁有你需要鍛鍊很久才能獲得的更隱祕的能力。也許現在你不知道主管到底有多行，但你一定要保持一顆尊敬的心。

第三點是「**其養民也惠**」。子產對待他的子民，盡可能的把好處給他們，不與他們爭利，這樣做就不會引來憎恨和抱怨。

第四點是「**其使民也義**」。當需要修水壩、打仗、服徭役等，動用人民的力量時，子產的做法也是合乎道義的，並不是想起來就折騰——把女生當男生用，把男生當畜生用。

一個好女人要在很早的時候讓老公和孩子深深的明白這四句話，因為這四句話是領導力核心，你讀多少商學院的課程都不如這四句話來得有力量。

保持節制，這是做人的分寸

在中國古代，很多大地主、員外、商人都沒有讀過領導力課程，但就是能修身、齊家、治國、平天下，就是有小弟跟隨，有群眾把他往上推，能在風浪中砥礪前行。憑什麼？就憑這四句話。所以說，「半部論語治天下」——甚至有人認為讀懂一句話就足以治天下了。

我認為，任何一位母親、太太，都應該懂得這四句話的真正力量，否則所謂旺夫，只不過是妳的一廂情願。

如何讓一個男人時時刻刻保持恭敬的態度？如何讓一個男人時時刻刻懂得把他的好東西拿出來分享，甚至以老婆的名義把自己的私房錢拿去跟同事、朋友分享，說：「是我老婆要我這樣做的。」在兒子面前，「演」給他看——一個好男人應該是這樣的……這些都是相夫教子很重要的方法。

據我觀察，有的家庭因為有這樣的女性存在，老公行事還算端正，出門在外能獲得大家的尊重；回到家裡，也沒有抱怨，一片安靜祥和、自在喜樂的氛圍。孩子不一定天資有多聰慧，也沒有報考過多的課外補習班，該做作業時認真做完，還能騰出時間快樂的玩自己喜歡玩的東西，在學校不惹事、不憤怒、不打架，老師喜歡他，同學也喜歡他。

一個女人如何營造這種家庭氛圍呢？我覺得，其實中華民族一直有種美德——母親、太太、女兒，作為家裡的實際控制人，在行使一種隱祕的領導力。「至人無己，神人無功，聖人無名」，放在現實環境中就是，我們看見一個家庭有興旺、祥和的氛圍，很大機率來自一位不居功、有智慧的女性的隱祕養成。

她是如何做到的？她為什麼不刷存在感？她如何獲得老公的寵愛、同事的愛戴、兒子發自內心的尊敬？她是如何透過偶爾威嚴，大部分時候的借力、暗示、催眠形成這種氛圍的呢？

當然，除了對女性有這樣的要求外，各位男性朋友也應該對照這四點進行檢視。自己是不是大部分時候能做到「行己也恭」？對待主管、客戶、股東是不是都有種尊敬？

哪怕是街道居委會的工作人員到你的單位指導工作，你也有種沉靜的姿態和心態呢？對待主管、部屬、事業夥伴，能否盡可能的給予利益的分享？在啟動一個專案而讓同事加班時，是不是內心保持著充分的感謝，並且讓大家了解這樣的工作也是大義使然呢？

現在看來，真正的領導力可能全部蘊含在這句話的背後。核心是什麼呢？本質上來說，我稱之為節制——你對自己的智慧是不是足夠節制，你對別人對你的好是不是足夠節制，你對要做的事的欲望是不是足夠節制……不縱欲，也不禁欲，這種節制是對分寸的把握，是對恰到好處的節奏的把握。

為什麼有的人比較有分寸感？不瞞您說，我經常去世界各地觀察民生，但凡一個文明社會，都有一個特點——人們說話、做事比較節制，不給別人添麻煩。我們常常看到一些報紙、雜誌上說部分國人到國外後，醜相畢露（這當然是極少部分），有損天朝之威嚴，說白了還是內心的節制感不夠，分寸感不夠，見的好東西少。

如果一個人經常和優秀的人在一起，在非常乾淨的地方生存，自然就會有節制感。舉個粗俗的例子，當你走進北京的首都博物館時，哪怕你再愛隨地吐痰，在這樣的環境下，可能也沒人會因為你隨地吐痰而懲罰你，但當你看到地上是那麼乾淨，牆上掛滿了藝術品，我相信有很大機率你不會把痰吐在地上。這說明環境對我們內在的節制感有隱隱的約束作用。

所謂旺夫的女人，所謂被她旺出來的有領導力的男人、有前途的孩子，如何達到有價值的狀態？一言以蔽之，隨時讓自己處在一個受某種程度節制的環境裡，並且提醒自己充滿節制感。這是分寸，也是做人的藝術。

17 不管和別人有多熟，都要尊敬對方

原典

子曰：「晏平仲善與人交，久而敬之。」

本篇和大家學習的這句話很有意思，也非常有啟發，尤其在親密關係裡，這句話非常有價值。

子曰：「晏平仲善與人交，久而敬之。」

晏平仲，姓晏名嬰，人稱晏子（我們在國中課本裡見過這個名字）。晏子，是齊國一位非常賢能的大夫，擁有非常高的聲譽，有時甚至還會批評孔子，認為孔子有的事做得不近情理。

孔子知道他們在某些學術觀點上有分歧，但就人品而言，孔子非常尊敬晏子，所以他背著晏子對學生說：「晏子的偉大之處在於，他很善於與人交往，不管和別人有多熟，永

遠都尊敬對方。」

大部分人都會有這樣的習慣——容易對熟人產生輕薄感。比如某人小時候是跟著你一起混的，甚至你還年長他幾歲，但他現在已經很有身分地位了，請你吃飯、喝酒，你喝了兩杯酒後，居然跟他稱兄道弟，甚至還把他當年的糗事拿出來講，旁邊他的學生、部屬都在聽……。

你說這個當年你的小弟現在做了大哥的人會怎麼樣？可能也不會怎麼樣，但下一次可能就不會請你了——這還算是好的結果。

其實，很多家庭也是這樣，兩人相識於微時，共同創業，時間長了，老公就覺得老婆也不過如此，經常在兒女、同事面前嘲笑老婆；反之亦然，老婆也會覺得老公在外面裝模作樣的，回家還裝什麼正經，真把自己當一代宗師啊——你在我這裡，永遠是小屁孩。

甚至還有一些情況，有些做母親的女性，兒子都五、六十歲了，已經是高階主管級了，還當著兒子同事的面數落兒子。這種事是很常見的。你說後果能有多嚴重？在當今社會也不會有多嚴重，但兒子的內心肯定不爽。

尤其是那些做到很高位置的人，通常情商都很高，你調侃他時，他的臉上總是溫和的笑，或者看起來憨憨的，你以為沒事，還繼續調侃他，其實給他的心裡埋下的惡念的種子是很深遠的。因此，**不管和別人有多熟，永遠都要尊敬對方**。

有時我看見那些已經相濡以沫五、六十年的老夫婦，鶴髮童顏，牽著手出門買菜也好，旅行也好，彼此之間仍然非常尊重，經常說的都是「您」，接到對方遞的水果也會說「謝謝」。這種行為是發自內心的感慨、感恩，我特別羨慕。因為其中不僅有愛，關鍵還有教養、智慧。

太多人以愛的名義掩蓋教養，或者根本就不知道有教養這回事，不知道有克制這回事，也不知道還有尊重這回事……這些事可能都比愛更重要。沒有教養的愛，很容易落入膩的境況；沒有教養的愛，很容易落入無理的地步。

所謂「教養」，就是不讓別人難堪

有一天，我和一位很尊敬的老師聊天。老師告訴我，他買了一間房子，太太很尊重他，從來沒有說過房子有什麼不好。直到後來，他又買了一間太太更喜歡的房子，發現太太有意無意的把新房子布置得更用心時，才恍然大悟的說：「我怎麼那麼愚鈍呢。」

人家不反對你，你就以為人家喜歡，這麼多年來她是怎麼保持優雅和禮貌的呢？後來老師告訴我，他現在在日本生活，發現日本很多老太太會在七、八十歲的某天，梳妝整齊，收拾好自己的所有行李，沒有任何抱怨、憤怒，也不是基於某件事，而是很安靜、很尊重的跟先生說：「謝謝你這麼多年對我的照顧，我們離婚吧。」

當我想像這種情景時，心裡深深的感受到一樣東西——她沒有憤怒，沒有抱怨，僅僅是對自己未來一年或十年生命的尊重，那是一種覺醒者的堅定和溫和，關鍵是她仍然在這種時候保持著節制和禮貌。這件事讓我感嘆，一個人的教養是多麼重要啊。

我曾經見過一位很厲害的法師，他碰見讓自己很生氣的事，就會說：「這件事太讓我生氣了。」我沒有看見他壓抑自己的情緒，只看見他對情緒的尊重，對宇宙萬物的尊重，這就是教養。

有教養的人，這輩子不會遭遇太大的厄運。因為面對有教養的人，再惡的人都會無意間生出隱隱的尊重。教養不是裝出來的，包含了把自己放下的謙卑，也包含了容貌的布施（用自己的容顏、讚許的眼神，分享給他人善意，把它當作一種布施），還包含了對時間和歷史的尊重，知道「山水有相逢」。

教養不是知道怎麼做就能有的，其本質是一種長期形成的習慣，不是裝出來的，也不是一朝一夕可以形成的。孔子對晏子的尊敬，全來自晏子能做到「久而敬之」——跟一個人相處久了，彼此很熟，仍然能保持克制的尊敬，其背後恰好是對時間的洞察。

現在，我們很多人，尤其是年輕的朋友，都被一種以自我為中心的愛的理由鼓舞著。也許再過些年，大家就會更清晰的知道，這種克制的教養是多麼有價值。

否則，很多人老了以後便會開著聲音巨大的音響，在社區跳著奇形怪狀的廣場舞——我不反對跳廣場舞，我覺得這是一種抒發感情的方式，但過度擾民背後的不仁，其實是粗鄙的，這才是問題所在；以這樣的方式「演」給孩子看，他們終有一天會用這樣的粗鄙迴向於你。

有一次在飛行的途中，我看了一部精妙的日本電影，叫《每天回家老婆都在裝死》。演員總共有六、七個，場景總共有七、八個，甚至主要場景只有兩、三個，這部電影居然就這樣拍出來了。

電影內容我不會劇透，免得大家看了之後覺得不夠爽，我只是想提醒您，電影裡的幾位女演員，在極憤怒、極絕望時，仍然以某種很克制的方式表達自己的感情，無論是悲傷還是憤怒，乃至絕望。

其實，這不是日本人的特質，而是中國人的特質。因為孔子很早就清楚的告訴我們，所謂禮的核心是尊重的藝術，首先是尊重，其次是藝術。

把所有人都放在很重要的位置，並且讓對方感受到這種感覺，這叫尊重；在感受的過程中，不痛不癢，如沐春風，行雲流水，而且有章法可循，那叫藝術。

就此而言，你不覺得自己乃至身邊的太多人，都過得太粗鄙了嗎？

18 靠自己的人，命最好

原典

子曰：「臧文仲居蔡，山節藻梲，何如其知也？」

本篇，要跟大家探討一個關於能量體的問題，我們到底應該如何面對占卜、鬼神？

有一天，孔子對臧文仲進行了一段評價。臧文仲是魯國的大夫，姓臧名辰，謚號文仲。他大概比孔子早一百年，和齊桓公、管仲屬於同一時代的人（大概就是九〇後看一百多年前的某位官員的一種狀態）。孔子是如何評價的呢？

子曰：「臧文仲居蔡，山節藻梲，何如其知也？」

「臧文仲居蔡」，「蔡」指的是大烏龜，古人迷信卜筮（用龜甲、蓍（按：音同「失」）草等一些無生命的自然物呈現出來的形狀來預卜吉凶），卜卦用龜殼，筮用蓍草。把龜殼燒熱後拿鐵絲或其他東西戳一下，根據龜殼裂紋的走勢預測戰爭、預測愛情……龜殼一直以來都是很重要的占卜道具和法器，因為大烏龜主要出自「蔡」這個地方，所以「臧文仲居蔡」的意思就是臧文仲為大烏龜提供了一個居所，其實是對神器的一種尊敬。

臧文仲匡定了很多時政，讓當時他所在的魯國在齊國的壓力下，保持了一定的政治穩定。臧文仲歷仕魯莊公、閔公、僖公和文公四代君主，也算是政壇不老翁了。按道理說，臧文仲在政治上應該比孔子有經驗，但孔子說：「臧文仲居然給烏龜蓋大房子，而且在房梁上雕刻水草，雕刻得非常精美，這算是什麼智慧呢？」

是啊，一個人該如何面對鬼神（套用現在的話說，面對各種不可知的能量體）？孔子的態度是什麼？孔子說：「這並不是一個非常明智的選擇，不能稱之為智慧。」

很多人都說，孔子不是經常帶領大家祭祀嗎，為什麼會這麼評價臧文仲呢？孔子帶領大家祭祀，更像是哈拉瑞（Yuval Noah Harari）在《人類大歷史》（*Sapiens: A Brief History of Humankind*）裡說的，幫助大家找一條共同的故事線，以此來凝聚人心，達成人類生活狀態的共同體這一目的。

但鬼神是不是真的存在呢？孔子只說：「儒在，鬼神在不在我不知道。」——子不語怪力亂神，未知生焉知死。他只是說：「我把自己調整成好像祂存在的狀態。」但在這句話裡，你看到的是孔子並不認為有鬼神存在。

為什麼要這樣呢？既然不認為有，為什麼你認為應該做出有的樣子呢？就像很多人都認為，我們要去布施，布施後錢就會回來；我們要去放生，放生後就能消災免難。

布施的目的到底是什麼？如果你把它當作一個很功利的投資——「我今天在街上給了人家一百元，下輩子這個人會連本帶利給我一萬元。」在孔子看來，這也太庸俗了吧。

其實，布施的目的只有一個——養成「不占據」的心智模式。大部分人真正需要的東西並不多，只不過在進化的過程中，我們總想多囤積一些，一方面以備不時之需，另一方面顯得自己牛X（對不起，我用這個詞是因為有一天我看北大教授鄭也夫先生提出了人的三個需求：第一個是舒適，已經基本解決；第二個是刺激，即現代人的一大特徵——「癮」；第三個是炫耀，也就是「牛X」）。

話說回來，布施是什麼？**布施就是**用一些反覆的行為，去**訓練我們不強占、不多要、夠用就好的習慣**。因為我們往往為了自己所謂的安全感，為了讓自己顯得很強，而去做更多的努力，以此獲得更多的東西，從而在這個過程中侵害別人的利益，引起別人的妒嫉……如是，自然而然就會不祥。它並不是迷信，只不過是對一種正常生命狀態的了解。

布施不是為了回報，僅僅是為了讓自己沒有多吃、多拿、多占的習慣，用行為對抗我們的貪欲；祭祀不是為了向鬼神要點什麼，最多是以此讓我們的心變得更加真誠，讓我們的行為變得更加端莊，都不是為了回報。如果你不是為了回報，那有沒有鬼神又如何呢？

當年姜子牙在打仗前說：「草棍（占卜用）怎麼會知道該不該打仗呢？」是否打仗是透過對敵情的了解，對自己戰略的確立，對種種因緣和客觀因素的分析得來的。所以他把草棍燒了，也不妨礙打勝仗。

再舉一個例子，很多人都說：「一定要找一個風水很好的地方，把祖先的墳修好。」似乎修好後，子孫萬代都能得到某種無形的加持。曾經有位朋友說：「外國人沒有墓穴文化，難道人家的子孫就不出偉大的人物，就不能為人類做出巨大的貢獻，就不能身體健康了嗎？」

我們敬天地（雖然知道鬼神可能存在，但那個狀態一點兒都不鬆懈），我們布施，我們為祖先選一個允許範圍內（比如政策允許）最好的墓地等所有行為，其實都不是為了一個外在的某人、某事，它有沒有是第二位的，你有沒有藉由這個行為變得更真誠、更無畏、更坦然、更怡然自得、更無怨無悔、更不會招致別人的妒嫉……才是重要的。

靠自己的人，命最好

現在很多人在講中國傳統文化時，很喜歡把符籙等各種跟術數相關的東西神祕化。我不知道這些東西到底是有還是沒有，因此對所有的存在都心存敬意。但將心比心，有或者沒有，都不應該影響自己的狀態——包括兩個含義，第一個是沉靜，第二個是誠敬。你把這點做好了，自然而然就會獲得某種平靜和隨喜。

這讓我想起《金剛經》裡的一句話：「若以色見我，以音聲求我，是人行邪道，不能見如來。」

釋迦牟尼不認為自己是一個萬通的神，祂只是跟你分享自己對宇宙物資能量資訊的種種看法，作為一位大哲學家，祂不需要用某種方式保佑你。因為每個人都只能自己保佑自己，把自己的角色做好，讓自己在一個正常的軌道上做事。

其實你再努力，再誠懇，一旦遇到亂世，也無可奈何，並不是因為你的香沒燒好（或者香燒好了，你就不會遇到亂世）。有多少品格不那麼高尚、欲望很強、行為不檢點的人，不也生活得還不錯，起碼比他們勤懇的祖輩要好得多。為什麼他們可以過上這樣的生活呢？不僅是祖輩的「福分」兌換的緣故，還因為他恰好生活在這個時代而已。

孔子對臧文仲的評語，表達了一個很重要的觀點——但求自己做好，除此之外所有形式，都可以當作一種儀式，讓所有人覺得參與進來有點兒意思。如果你真的把自己陷了進去，也許就偏離了這件事的本質。

因此，很多人就會問：「進了寺廟要不要拜？」坦白說，我會拜，而且會盡量很真誠的磕頭。但你知道嗎，我在磕頭時，盡量告訴自己，我只是像一面鏡子一樣在彙報內心的看法，以此來明確內心的想法，並且對自己犯過的錯誤進行坦承（哪怕是起心動念的錯誤也要進行坦承）。我很難保證將來不犯錯誤，也做不到聖人的境界，不過我起碼能保持覺知——這是我們保持覺知的好方法。

如果你在磕頭時有更高的祈求，希望有一個隱隱的、透明的、金光閃閃的佛幫助你逢凶化吉，幫助你鏟事、撈人，這未免也太貪婪了吧？磕幾個頭，燒幾炷香，就能解決問題嗎？所以，要想逢凶化吉，最後還是要回到自己應有的那份覺知上，僅此而已。

19 不要對結果與事實太執著

原典

子張問曰：「令尹子文三仕為令尹，無喜色；三已之，無慍色。舊令尹之政，必以告新令尹。何如？」子曰：「忠矣。」曰：「仁矣乎？」曰：「未知，焉得仁？」

上一篇我們聊到一個話題，孔子不是一個迷信的人，他認為做的所有事，其實都只是一種手段而已。「如有神」——我們只需做到好像有神存在的狀態，對自己的心態和行為進行管理，讓自己成為一個不將不迎的、安住在當下的、虔誠的人就好，至於外在是否有鬼神，並不是他關心的話題。尤其在孔子生活的年代，這既不能被證實，也不能被證偽。

所以，君子要做的事，就是把自己放在一個中正的位置上，把心態調和好，把氣調順，無怨無悔便是最好。至於時代給我們什麼，我們就去努力學習、接受；如果遇到危險，那就退避，僅此而已。

接下來我要講的話題，是關於工作變動，人生總有不可知、不可遇、不可控的事情發生。《論語》中的這個故事是這樣的，子張問曰：「令尹子文三仕為令尹，無喜色；三已之，無慍色。舊令尹之政，必以告新令尹。何如？」子曰：「忠矣。」曰：「仁矣乎？」曰：「未知，焉得仁？」

子張是孔子的一個弟子，他問孔子：「楚國的令尹子文三次被任命為令尹（官名），別人都很羨慕他，但他卻沒有因此而沾沾自喜。——當然，能三次被任命，也就有三次被罷官，別人都替他惋惜，但他也沒有任何憤怒的跡象。」

每次老闆要他工作時，他就認真的工作；要他下臺時，他就老老實實的下臺，並且還特別認真的把工作交接好：一、二、三、四……之前做了什麼、做到什麼進度了、為什麼有的工作暫時沒有做、需要注意什麼情況、坑在哪兒等，把自己做的事仔細的告訴新的「令尹」。

子張問孔子：「一位官員，每次做事都非常認真，每次罷官都沒有任何怨言，哪怕是假裝的憤怒、享受、瀟灑……而是很坦然。您會怎麼評價這個人呢？」

孔子說：「這算是一位忠臣。他對自己做的事，非常誠敬，但稱得上仁嗎？我不知道。好像智慧還差點兒，所以離仁的境界還有點距離。」

由此可見，孔子對仁的要求有多高啊，他的學生子路、冉求等人，孔子都一律堅定的表示「不知其仁也」。

為什麼一位做事很認真，每次被提拔也沒感到高興，每次被罷官也不生氣，還交接得很好的官員，仍然稱不上仁呢？

我讀到這一段時也很困惑，孔子到底認為什麼樣的人才算得上仁？也許僅僅老實被動的做一件事，還不夠仁，不夠有智慧，因為那只是順應天地而為，不能更早的在事情發生之前就避免它。每次都是皇上說：「你別幹了」，他才被動的不幹。

如果一個人能更有覺知，能在被迫做這件事之前，稍微主動點採取某種更靈活的方式，也許老闆根本就不會對他說：「你別幹了」。可能很多人會覺得，這種行為也太耍小聰明，太不可靠了吧，難道這就是仁嗎？我不知道，因為關於仁的定義從來都不是從外在來的，而要看你的內在是不是足夠溫暖、柔軟、機靈，而且敦厚。

歷朝歷代，很多人都在討論，為什麼每次升職都不沾沾自喜，每次被罷官都不憤怒的令尹子文，還不能稱為仁？我不得不用一個很熟悉的句式——「為什麼？為什麼？為什麼？」來表達我的困惑。

也許孔子知道令尹子文生活裡的其他小故事；也許孔子知道令尹子文被提拔時處在一個什麼樣的狀況，被罷官時，又有什麼樣的原因，只是他都沒有講出來。我們不知道其中的這些細節，所以孔子對令尹子文三次升職、三次被罷官，做出了不能稱之為仁的評價。

事實就是這樣，我們能知道的只是後世了解的一點兒情形，而個中許多人和人之間互動的情緒、細節是無從知道的，我們很難知道當時真正的情況是什麼。我們只知道，從情緒和情感上來說，孔子不認為令尹子文達到了仁的境界。

早前在太安私塾，有一位師兄做了一次關於美學的分享。他說：「藝術品一直存在，有時甚至比歷史記載的更加真實，因為它沒有被篡改。它以藝術品的方式，流傳了下來，記錄了當時人們的情緒。」

反過來看，我想舉的例子也是這個道理。從歷史的角度看，我們看到的現象是令尹子文「三上三下」，孔子說他不夠仁，但中間有沒有發生那些像藝術作品的情緒傳達般不可言狀、微妙的東西是我們不曾了解的呢？我把這句話放在這裡，只是想和大家討論一件事——事情重要，還是事情背後隱藏的情緒重要？

人生要淡定，生活要從容

為了說明這個話題，我再舉一個生活中的小例子。我兒子常常想玩手機遊戲，但他的媽媽一般是不允許的，並且比較有威儀，會恐嚇他：「你再玩我就打死你。」但他媽媽肯定不會打他。結果兒子連續三個禮拜的週記，都在寫自己想像怎麼把手機偷出來玩，然後被媽媽發現，媽媽氣得面紅耳赤，打得他魂飛魄散、披頭散髮。

他的想像顯然不真實，但內心對玩遊戲的欲望、害怕被媽媽打的恐懼，卻又是真實的。因此，這篇被杜撰出來的週記重要嗎？它既重要，也不重要，它不能反映真實，但它也真實的反映了一些東西。

同理，在孔子對令尹子文的評價裡，他沒有具體的說出為什麼令尹子文還不能稱為仁的原因，但他卻真實的反映了曾經在背後隱隱的發生過的一些事。至於這些事到底是什麼，如今我們已無從得知，但一定是有某種情緒凝聚在那裡。

到底令尹子文算不算仁，對今天絕大部分人來說，是沒有意義的，我們不知道他，也不認識他，更不知道中間發生了什麼。我用這一大段話，僅是想說明一件事——有時不一定要對結果、事實那麼執著，因為結果和事實的中間蘊含的種種情緒、細節，可能才是推動歷史發展的真正原因。

我們花了很多時間去做成一件事，其實全然忘記了我們的真正目的是，要體會做成這件事的過程中，種種不可名狀的情緒和欲望，種種無法固化的思緒的狀態。對這些東西的體會，才是事情的本體，結果、事實並不是我們能把握的，我們也不知道後人將會如何記載。

就有如我在這分享《論語》，後世會怎麼評價，我慢慢的覺得沒有那麼重要了，最重要的是，我在學習的過程中，是不是認真思考了，是不是感受到了孔子的快樂，是不是能藉由讀書，感受到自己的快樂……這些沒有辦法被歷史記載，但對我來說，它卻是真實的存在。

一言以蔽之，多花點時間感受細節，因為結果真的不是我們每個人能控制的。就像令尹子文也許有很多委屈，也許他也有比孔子想像的更加接近仁的狀況，可最後在《論語》裡的評價，不過是「焉得仁」。但這又怎樣？一點也不影響令尹子文的生命狀態。

其實，每個人都是這樣，如果你睡著了，那就是睡著了；如果你睡不著，就去體會睡不著的狀態；如果你將睡未睡，你感覺到自己的意識、狀態掉了「半格」，開始明確的知道自己馬上要睡著了。這些都是非常好的狀態，這才是生命的本然。

20 未來只是一個方向，現在已經是全部

原典

「崔子弒齊君，陳文子有馬十乘，棄而違之。至於他邦，則曰：『猶吾大夫崔子也。』違之。之一邦，則又曰：『猶吾大夫崔子也。』違之。何如？」子曰：「清矣。」曰：「仁矣乎？」曰：「未知；焉得仁？」

上一篇講到了《論語》中的「令尹子文三仕為令尹，無喜色；三已之，無慍色」，說的是令尹子文的故事。他的官名叫令尹，名叫子文。他三次被提拔、被罷免，都沒有激烈的情緒反應，而是認真做事。就算這樣，孔子認為令尹子文還沒有達到仁的境界。那什麼才是仁的境界呢？我們看看《論語》裡接下來是怎麼說的。

「崔子弒齊君，陳文子有馬十乘，棄而違之。至於他邦，則曰：『猶吾大夫崔子也。』違之。之一邦，則又曰：『猶吾大夫崔子也。』違之。何如？」子曰：「清矣。」

曰：「仁矣乎？」曰：「未知；焉得仁？」

話說有一個人叫崔杼（按：音同「柱」），是齊國的大夫，為人飛揚跋扈，居然殺了齊莊公。當時崔杼要齊國的史官把這件事記錄下來，史官很有節操，記下「崔杼弒莊公」。崔杼一看「弒」這個字（封建時代臣殺君、子殺父母，都用弒，是以下犯上，以臣殺君的專用詞），非常生氣，就把史官給殺了。史官的弟弟繼任，還是寫「崔杼弒莊公」，崔杼又把史官的弟弟殺了。史官還有一個小弟弟，寫的依然是「崔杼弒莊公」，崔杼沒有辦法，只能選擇妥協。這件事在歷史上非常有名。

中國歷史上因為有史官這樣的角色存在，所以在位者多少都有所忌憚，而史官正是因為永遠遵從真實事件的態度，從而贏得了人們的尊敬，他們也是家族的榮耀。史官通常都是家族繼任的，這支血脈的人就有家族基因的底氣——堅持把真實的歷史寫在紙上。

後來有一個人叫陳文子，他對所在的國家有崔杼這樣的人，感到非常不滿。陳文子是一個很有錢的人，有很多匹馬（那時家裡有一匹馬就很了不起了），他居然「有馬十乘」——一乘是四匹馬，陳文子有四十匹馬），「棄而違之」——都不要了，覺得自己不能和這樣的人呼吸同樣的空氣，在同一個地方生活，於是跑到別的地方去了。

陳文子去了另一個國家後，發現那個國家也有像崔杼這樣飛揚跋扈、不守禮節的人，於是他又去了另一個地方，發現還是有這樣的人，覺得也不能待在這裡，再接著走……。

一個擁有大量錢財、別墅的大富豪，因為不願意與這些人生活在同一個地方，不想與他們同流合汙，甚至都不能接受與他們在同一個歷史背景的故事底色上生活，因此選擇了不斷的離開。像這樣的人，稱得上仁嗎？

孔子說：「未知；焉得仁？」意思大概是陳文子還算不上仁。我就更加困擾了，怎麼連這樣的人都沒有達到仁的境界呢？如果是這樣，我們是不是應該對自己的人生保持絕望？仁的標準怎麼那麼高，一個人什麼都不要了還稱不上仁？

仁只是一個方向，而不是一個終點

歷史上關於這兩段的討論，都圍繞著到底什麼是仁。為什麼孔子對仁的要求那麼高？他到底在說什麼？……這大概就是學習的樂趣吧——沒人告訴你一個可以讓自己信服的理由。為什麼會這樣呢？我查了一些資料，發現孔子對陳文子不願與世俗同流合汙，不斷逃離的狀況，充其量評價為清白的「清」，但還不能稱為仁。

對這些文字的學習，都不斷的逼迫我們去討論、追問：「到底什麼是仁？怎麼做才能達到仁的境界？」

後來我突然明白，可能孔子也不能完全確定自己是不是達到了仁的狀態。比如我們說一個人不行，並不代表認為自己行，對吧？也許孔子就是用這兩種已經非常接近仁的狀態，告訴我們，仁只是一個方向，而不是一個終點。

不是說你做了多少好事，捐了多少錢，達到了什麼樣的呼吸的境地，入定到了什麼程度……就會法喜充滿，證得菩薩道、佛道、三藐三菩提。其實不是這樣的。在孔子心中，他用以上兩個故事告訴我們，仁可能是一個可以無限接近、但永遠無法達到的方向。

為什麼孔子只給我們一個方向，而不確立一個可達到的標準呢？也許這就是孔子內心對仁這種狀態之神聖的理解。就像我認為一位有自知之明的嚴肅的科學家也不會說：「我是科學的終點，我代表了絕對真理。」

科學總是無限的逼近真理，是一個不斷的讓以前的科學家顯得不那麼科學的過程。比如愛因斯坦用他的方法證明了，牛頓堅如磐石的經典力學在超出某個時空範圍時，就不能稱之為真理了。而愛因斯坦自己也說，他的科學是短命的，他也在等待著後來的科學家超越自己。這可能就是真正的科學——沒有終點，只有方向。

當我們以面對科學的態度面對孔子對仁的態度時，或許就能逐漸理解孔子對仁的要求：原來，仁從來都不是終點。如是，我們就會獲得一種解脫感——這輩子永遠都在奔向仁的路上，永遠很真誠的做這件事。

至於達不達得到，受很多外在因素的限制。結合「盡人事，聽天命」的描述，再結合國學大師梁漱溟先生所說，真正的儒家，每天的行動，每天的起心動念，都是在路上的。梁先生知道自己永遠都做不到完美，也知道自己永遠都只能在路上，所以他對自己認真的走在這條道路上的每個時刻，都是心滿意足的，因為他走在這條路上，可以隨時停止，便可以無怨無悔。

終點是當下沒開始、沒結束的狀態。很多人都說，在宇宙大爆炸之前，是誰把爆炸之前的粒子放在那裡讓它爆炸的呢？爆炸的粒子膨脹之前，是什麼呢？

我們總是活在一種慣性思維裡，這種慣性思維讓我們覺得一件事既然有時間點，那麼其發生之前一定有相關的事情發生，其發生之後一定也有相關的事情發生。也許在時間的最開始，因為一切都沒有，所以連時間也是沒有的，一切的「有」，都是從「沒有」來的，最後也會到空性中去。這些想法極大的挑戰和顛覆了我們的時間觀念。

「過去心不可得，現在心不可得，未來心不可得。」原來這句話和孔子講的仁是一樣的道理——不要討論仁的終極狀態，因為根本追求不到，我們只能在不斷接近仁的路上前進。仁的起始點在哪裡？是什麼導致它來的呢？……也不要討論這些問題，因為我們只能在過程中體會它的意味。

明白這個有什麼用？其實很有用。因為當我們看到《論語》裡這兩位已經非常了不起的人物的狀態，仍然被孔子定義為「不知道算不算仁」時，就會獲得一種解脫感——不再追求終極真理，不再追求基本原因。那些所謂的終極真理的解決方案來自未來、通向未來，基本原因來自過去，可能這些都只是假設而已，也許壓根兒沒有過去，這才是真正的「不生不滅，不垢不淨，不增不減」。

當我們理解了這一點，就會**享受每天追求一件事的意義的過程，體會認真做事的細節，而不去想自己得到還是得不到，結果是好還是壞**，不再去討論為什麼要這樣，為什麼原生家庭給自己帶來了這些，為什麼原生家庭會延續這些……當我們花時間對過去的終極原因、未來的終極結果錨定一種專屬狀態時，就遠離了當下的狀態。

我突然有種無法言喻的快樂，因為當我明白這一點後，就對把兒子培養成一個什麼樣的人這件事不再困擾了。我只需要盡可能的陪他，如果陪不了，那就盡可能的想念他，盡可能的在心裡愛他。哪怕晚上有飯局，回不了家，但我知道當我想他時，我是溫暖的，這就夠了。至於未來他會不會成為一位科學家、藝術家……會不會賺很多錢，會不會成為一個孝子，都不是我們當下應該討論和煩惱的事，因為那個起心動念就遠離了當下的狀態。換句話說，它已經不能稱為仁了。因此，也不用再去討論到底為什麼以前兒子沒有培養出好的學習習慣，是不是應該讀那所學校而不是這所學校等。

原來孔子用這兩個故事告訴我們，未來從來都僅僅是一個方向，現在就已經是所有的全部了。

21 這一招，專治思前想後、下不了決心

原典
季文子三思而後行。子聞之，曰：「再，斯可矣。」

隨著這些年的學習、研究，小梁越來越覺得呼吸是非常重要的。曾經有位老先生告訴我：「呼吸的祕訣就在『呼吸』兩字上。」大部分人在做呼吸調理時都會先吸一口氣，然後深長勻緩的呼出來。可那位老先生告訴我：「**呼吸時應該先呼，呼到呼不出去了，然後慢慢放鬆，讓整個身體去吸氣。這才是正確的呼吸。**」

就好比你要喝茶，如果杯子裡還有上次殘留的一點茶，是把杯子裡的茶倒掉，再換新茶；還是往杯子裡加新茶，加水之後再喝呢？就因為這殘留的半口茶，差別就非常大。所以，在入睡前請跟著小梁呼氣，再吸氣。您可以多做幾次練習，盡可能讓自己的每次呼吸都比上次更綿長。如果這時您還覺得不能入睡，可以想像在自己腳底長出了兩隻耳朵（眼

睛），這兩隻耳朵（眼睛）在聽（看）《讀論語，做一個大家願意追隨的人》，這時您可能就會睡好覺了。因為我們的意識在哪裡，氣血就會去哪裡。

有一天，正安的李洪淵大夫（李可老師很得意的弟子，也是我的師兄）跟我說：「當我們把注意力放在腳底時，氣血下行，就很容易入睡。」

於是有一次在睡前，我跟兒子分享了這個方法：「你想想現在腳底有一個暖洋洋的風火輪，當所有能量都從你的腳底融入身體，你感覺怎麼樣？……」我還沒講完，他就已經睡著了。為什麼我要和大家講睡覺這件事，是為了說明許多事，我們只要了解它的來龍去脈，就能了解它到底是什麼意思。

接下來，我們看看《論語》裡講的這個故事——季文子三思而後行。子聞之，曰：「再，斯可矣。」

季文子是魯國的大夫，凡事都三思而行。在魯國執國政三十三年期間，輔佐魯宣公、魯成公、魯襄公三代君主，大權在握，一心為了社稷。為人忠貞守節，克勤於邦，克儉於家，相當厲害。

孔子聽說他是一個三思而行的人（在中國傳統文化中，「三」不是簡單的數字，「道生一，一生二，二生三，三生萬物」），說「再，斯可矣」，言下之意是，凡事思考兩次就可以了，不要反覆思考。

我們常說三思而行，似乎在鼓勵一個人做事要反覆思考，好像很謹慎的樣子，但孔子卻說：「凡事不用多思考，想兩次足矣。」

為什麼孔子建議大家不要反覆思考？因為第一次思考，是基於當下的決定，很可能和自己的業力有關。如思考今天吃什麼——番茄炒蛋。但可能第一個反映出來後，你還會告訴自己「到了冬天，可以喝當歸羊肉湯以補充陽氣」。當你想到這一點時，足矣。因為第一次思考吃番茄炒蛋，是你的習性使然；第二次思考喝當歸羊肉湯，是你的理性使然。

這時如果你繼續想：「喝當歸羊肉湯會不會太熱？不如吃清蒸魚或白斬雞，那到底是吃魚還是吃雞好呢？吃魚會不會殺生呢？冬天吃雞會不會引起肝風內動呢？……」當我們想到這一層時，就一定要提醒自己了。因此，孔子認為做一件事沒有必要反覆思考。

對現代人來說，一定要學會快速決策

為什麼孔子會把這件小事拿出來單獨講，而且他的後人也把這句話放入《論語》中呢？我揣度，可能是孔子發現許多人在做決定時，都輾轉反側，難以決斷。

智者千慮，必有一失。如今大家都受到知識經濟時代的衝擊，各種門派、思潮、理念都影響著我們，所以當我們在做決策時，很容易對它進行前後左右的反覆思量。而每次思量，都會建構在前一次思考的某些判斷上。

我前文說了，許多人對一件事的第一反應是心智模式的習慣使然，第二反應是最常用的、最直接的邏輯判斷。一件事到這個層面，也許離我們的初心還不太遠；但如果我們反覆思考，這件事的本質就遠離了我們的初心，可能會產生異化。

有一天，我們團隊討論一個課程要怎麼做，我的第一個念頭是，從以前我們最習慣的方式入手——從經典開始做。跟大家討論之後，得出了第二個結論——應該把經典與大家關心的話題結合。但如果這時繼續討論下去，大家就會討論到底什麼是經典，講什麼經典，為什麼不能從事實開始尋找經典作注解……後來在爭論的過程中，又開始討論如何在技術層面搭建平臺……經過了七嘴八舌的討論後，大家已經全然忘記了到底開始是在討論什麼，而只是在捍衛自己的某種判斷和立場。

其他人在講一件事時對我的否定，我在回應時也隱隱的包含了一種我慢——彼此都會感覺到這種微妙的情緒反應。討論過幾個來回，通常這件事就會離我們的初心越來越遠。所以每個人都要不斷的問自己：「**最開始做這件事是為了什麼？要幹什麼事？」不斷的回到原點，也許是我們做出判斷的一個很重要的依據。**

孔子說：「**如果一個人經常對一件事一而再、再而三，乃至三而四、四而五的反覆思量，會產生兩個副作用——忘記初心，忘記行動。**」這個世界上，哪兒有那麼多百分之百正確、完全思考清楚才去做事的可能呢？保持初心，遵循方法論，一邊做事，一邊解決問題，一邊改良，也許就足夠了。

思考太多的人，很容易脾虛。懂中醫常識的朋友都知道，思慮傷脾。我認為，這可能是古人的經驗所得，所以我曾經開玩笑：「聰明的人都容易得痛風。」因為自詡聰明的人，總喜歡反覆思考一件事，最後導致氣血運行不暢。

現實生活中，一個得了痛風的人，除了喜歡吃肥腸（按：豬大腸）、吃火鍋、喝酒外，還有一個很重要的思維模式特徵——思前想後，得隴望蜀。所以，孔子講的「再，斯可矣」——凡事考慮到第二次，就應該去行動了，也是知行合一的另外一個版本。

知行合一的基礎，就在於不要做太多的分析。

在現實生活中，我們常常會對一件事過多的思考，如果你的朋友跟你諮詢「我到底應不應該和這個男人在一起」，你可以跟她做個簡單的遊戲：「來，看著我的眼睛，回答妳想不想和他在一起？」她說：「想。」接著你問她第二句話：「如果妳不跟他在一起，妳會怎麼樣？」等她回答完，答案就很清楚了。不要讓她繼續說下去，比如在一起後還會有什麼樣的負面作用，那這個問題的答案就遙遙無期了，甚至最後會讓她得相思病。

要不要參加奧林匹克數學培訓？要不要移民？要不要把現在的股票賣掉停損？要不要換一份工作？要不要接受這樣的男朋友（女朋友）？要不要買這款車？……諸如此類的問

題，其實都是我們在日常生活中常常會遇到的。

對現代人來說，一定要學會快速決策——凡事都在考慮正反兩方面結果後迅速得出結論，這是一種在現代生活中值得養成的心智模式。我們的能量常常損耗在「要不要做這件事」、「如果當時做了這件事會怎麼樣」、「如果當時不做這件事會怎麼樣」等無用的思考上。

中國文化有一個特點，任何一件事，從它的反面來講似乎都是成立的，比如有人說「聚精會神」，就有人說「形散神聚」；有人說「花團錦簇」，就有人說「留白更好」……其實，中國文化裡的每樣東西都能找到它的反方向，這是中國文化一種非常普遍的思維模式。而中國知識分子往往會感染到這樣一種思維模式的病毒，從而影響自己的行動力和決策力。這恰好是孔子認為一個通天道的人、一個超越普通知識分子的人最需要修練的關鍵節點。

以前我也常常會為很多大事小事而煩惱，就是做不了決定，就算決定了也不去做。很多公司的組織也是這樣，凡事議而不決，決而不推。其實只要決定了、做了，並且一直堅持改良，你會發現這樣做的結果往往都不會太差。

「再，斯可矣」——凡事思考兩遍就行了，不需要反覆思量。這是孔子給每個中國知識分子的忠告。

22 比別人聰明很難，比別人愚更難

原典

子曰：「甯武子邦有道則知，邦無道則愚。其知可及也，其愚不可及也。」

我們常常聽人說：「這個人愚不可及，實在蠢得沒樣了。」什麼是愚不可及？我們來看看《論語》裡是怎麼說的。

子曰：「甯武子邦有道則知，邦無道則愚。其知可及也，其愚不可及也。」

甯武子是衛國的大夫，有一天孔子很感慨的說：「甯武子真是有覺知，他可以給自己身上裝兩個『開關』，隨時切換——當國家政治清明，國君允許大家做事時，他就積極發揮才幹，建功立業；當國君昏庸，整個系統崩塌時，他就馬上裝聾作啞，裝瘋賣傻，什麼也不幹，甚至讓人覺得他完全是一個可有可無的、平凡的魯蛇。他的智慧，別人趕得上；他的愚笨，別人真是趕不上。」

這段話非常深刻的揭示了孔子作為一個世界級的人情練達「老司機」的智慧。

在古代，孔子活了七十多歲，孟子活得更長——八十四歲。對一位真正的「老司機」來說，需要明白一件事——長生才能久視，六十歲以後收徒，到七、八十歲時，可以收一大票四、五十歲，乃至二、三十歲的極其優秀的年輕人；等到「離開」時，正好花團錦簇、枝繁葉茂。

對哲學家來說，長壽是一件非常重要的事；其實對資本家來說，也是一樣。巴菲特的錢主要是他六十歲以後賺來的，因為他的錢是複利增長的。他年輕時賺的錢並不是特別多，但一直保持「長跑」——複利增長，所以到七、八十歲快九十歲時，資產每增加一個點，就是幾十億的金額——百分之一就是幾十億，因為他的盤子足夠大。

這件事告訴我們，要有足夠長的坡道才能滾出足夠大的雪球，慢慢賺，長久賺，才能長生久視，這是孔子向諸多有智慧的人傳遞的一個很重要的觀念。

「老乾媽」之所以能成為「老乾媽」（按：中國油辣椒品牌），是因為她很多年只堅持做一件事。她不需要高科技，不需要一開始時搞O2O，也不需要做很多類似倒賣房地產的特別賺錢的事，對她而言這些都不需要。她只需要在貴州——一個距離政治、經濟、文化中心都很遠的地方，認真的、幾十年如一日的保持品質，最後把產品賣到了全世界，就是因為專注的時間夠長。

有時**活得很長的人並不是因為足夠聰明，而是在時機不對時懂得隱藏自己**。《三體》裡有一個很重要的法則——你不可以在黑暗的宇宙森林中暴露自己，如果暴露就會被消滅，尤其在混亂的時刻。

之前，有位朋友跟我講：「民國時期的大家璀璨如星河，但有多少人的影響能比一九八〇、一九九〇年代還健在的老先生更大呢？不具體指誰，只要你能在二、三十歲時得到真傳，然後用各種方法熬到八、九十歲，正好時間允許你綻放思想光芒，就可以成為一代大家。」這樣講似乎有點兒功利主義，但事實就是這樣。

有一天，我聽到幾位中年女性的討論，她們對老公在外面做某件事，早已無可奈何。其中有一位安慰姊妹說：「別生氣，氣死自己後他還能娶小的，咱們一定要修身養性、頤養天年、持盈保泰，說不定哪天他先掛了，咱們還可以找『小鮮肉』……。」

我聽得心驚膽戰，這個例子真不適宜放在講《論語》中，但它只是一個不高級的、偏庸俗的小例子而已。如果把這個例子反過來講，換一種表述方式——你只要堅持一段感情，也許到七、八十歲時，孩子們都有了自己的生活，老伴兒發現「哎呀，還是這個老伴好」，然後一起牽著手逛公園，彼此還能相互照應，一笑泯恩仇，心裡感激對方「謝謝你這麼多年對我的照顧，對我的包容，咱們一起變老」。

或者其中一位先走了，留下的另一位心懷感恩，常常思念對方（當然也不耽誤後來在老年公寓、街道、樓下的某個興趣小組認識了一位聊得來的同齡人，可能還會有「夕陽紅」），生命以一種持久而溫暖的方式延續著，何樂而不為？

我有時讀《論語》，隱約的有種「小人之心」——其實孔子懂得很深刻的道理，甚至明白如果這樣做也許能賺更多的錢，做更大的官，獲得更大的名望……但他沒有，因為他知道，保存實力、持續耐久力，往往以犧牲一時的爆發力和痛快為代價。

蹲下是為了跳得更高

孔子生活的年代也有不少人很有名，他們也有很多弟子，但往往活得不夠長；還有的人活得很長，但沒有學生，或者學生很少，兩三代以後就失傳了。

孔子選擇了一條正確的人生策略，也許不能很好的施展自己的政治智慧，但可以培養傑出的政治家、經營者、藝術家……他有很多學生，可能是中國歷史上第一位開辦大規模教育平臺的人，並且能幫助每位同學準確的尋找自己的人生定位，打磨他們的根性，從而發展出一個龐大的思想體系，最後成為萬聖師表。

你想想看，這難道不是一種很有意義的人生策略嗎——一個是長久，另一個是懂得在合適的時候隱蔽。

在中國人的世界觀裡，對時間有種「圓」的態度——時間不是線性的，它會像圓環一樣周而復始的產生某種週期性規律（比如六十甲子就是一個圓環）。因此，如果你理解了這種週期性，就會在大家都很瘋狂、很興奮時看見危險。如果現在是最差的時候，所有人都很焦慮、很徬徨，而你了解時間的週期性，就不會有什麼情緒波動，因為你知道有一天世界也會變得好點兒。

一個人沒有表現得很樂觀，同時也沒有表現得很悲觀，這叫達觀——一種保持中道的方法。

一個人有了中道的達觀後，勝不驕，敗不餒，可以很堅定而安靜的走在自己正在走的路上，甚至對階段性的停滯也不以為意，因為他看事情的角度不是站在自己的腳下丈量土地，而是站在地球之外看著整個宇宙的滄桑變化，看著地球自轉、看著地球公轉、看著宇宙膨脹……使用一種我們稱之為「顯得很傻」的狀態保持與時間週期的同步。

只要你還在，只要和時間保持同步，就有可能成就未來。

我常常想跟很多朋友分享一個去日本看到的事實，一棟房子價值幾億日圓，大家說日圓太便宜了，但日圓也是一點一點漲起來的。

松下幸之助剛開始工作時，一個月才十錢的收入（按：當時一個包子要一錢）。因此，只要堅持做自己應該做的事，終有一天，你會發現月入百萬不是夢，只要那時你還在。換句話說，對時間週期的把握，採取事實的表達顯得有點兒傻，這是很難得的超然物外的智慧。因此，孔子說甯武子「愚不可及」，實際上說的是他的笨很少有人比得上。

如果你覺得現在選擇聰明的策略不對，那麼你敢選擇一種比較笨的面對嗎？時間終將給你完美的答案。

23 活得比競爭對手長，你就贏了

原典

子在陳曰：「歸與！歸與！吾黨之小子狂簡，斐然成章，不知所以裁之。」

本篇和人生歸宿有很大關係。如果你正在思考將來要做什麼，也許本篇會對你有所幫助。

子在陳曰：「歸與！歸與！吾黨之小子狂簡，斐然成章，不知所以裁之。」

據《史記》記載，孔子有個學生叫冉求，有一天，魯國派人徵召冉求，要他去做官。當時，孔子在陳國逗留了好久，教的學生一個個滿腹經綸，許多國家都想請他們去做官，隨便一個學生過去就是宰相。孔子說：「你看我的學生志向都很遠大，雖然經驗略有不足，做事還很不成熟，依然能做到成績斐然。」

顏回、冉求，還有其他諸位弟子，都被「挖」到了全國各地做宰相之類的高階官員。

對老師來說，自己一輩子不能實現的夢想，學生比自己做得好時，他會怎麼想？孔子只能感慨：「這是你們的時代，我回去了，回去做私塾教師。」

孔子看著他的學生們成績斐然，就像一匹匹已經織好的布，隨便剪剪就能成為很好看的衣服。而自己作為一位「老裁縫」，最後的歸宿可能還是去做老師。

當我們讀到這一段時，會發現中國知識分子的人生宿命大概也只能是這樣吧。孔子自認為還沒有完全施展出自己人生的才華，但實際上他當時也算是人中龍鳳，有很高的地位，而且門生廣布。這意味著絕大部分中國知識分子，到四、五十歲時，都會有種壯志未酬的感覺。

你問問如今互聯網公司的大佬，乃至過去三十年風雲際會的企業家、政府官員，他們是不是覺得實現了自我呢？我採訪過很多前輩，他們都隱隱的感覺很遺憾。

沉住氣，時間會幫助你成就一切

一個歷經世事，又滿腹經綸，在別人眼中已經相當不錯的人，卻在內心隱隱的抱持著對自己壯志未酬的遺憾，那麼他這輩子最好的歸宿，其實就是去做一個老師。

為什麼這麼說呢？第一，你可以在做老師的過程中，重新整理自己的知識體系，把年輕時學過的東西「溫故而知新」——知識是舊的，體會可以全新。同時推陳出新——在已有的知識框架下發展出全新的理論體系；同時在即將老去的生命中，推展出弟子們新的生命力量。因此，一個人能在老時混成老師，已經是最好的狀態了。

其實在國外也是一樣，素有「金融巨鱷」之稱的索羅斯（George Soros）常常感嘆：「我不是一個資本家，而是哲學家，但我要跟你們講我的思想，你們都不聽，你們都喜歡聽有錢人說的話。為了讓你們學習我的思想，我只能先去賺錢，然後告訴你們——『你看，我的思想還可以吧？』」

有一次我參加波克夏・海瑟威（Berkshire Hathaway）的股東大會，看見臺上巴菲特和查理・蒙格（Charles Thomas Munger）兩位老先生非常享受與大家分享人生經驗的過程。他們坐在一個巨大的籃球場中間，所有的座席上都坐著他們的股東，排著隊向他們提問。兩人的年齡加在一起，都有一百八、九十歲了，還能堅持說一天話，左手端著可樂，右手拿著時思糖果（See's Candies），恨不得把他們投資的吉列刀片也握在手上。

我看見他們對人生成就的態度，僅僅是為了老了與人分享時顯得底氣很足，就覺得很是羨慕，這真是完美的人生啊。

我常採訪八、九十歲以上的老先生，有時跟他們熟了，就會打趣問：「師父，能不能告訴我，您現在能給我的最重要忠告是什麼？」你知道大部分老年人會跟我說什麼嗎？每位老先生臉上的表情會立刻幻化出一代宗師的樣子——可能每個人的內在都有成為一代宗師的潛質，然後跟我說：「**年輕人莫著急，慢慢來，時間會幫助你成就一切。你的競爭對手不是你能消滅的，消滅他們的是時間，你只要活得比他們長，你就贏了。**」

我聽見他們很真誠的告訴我這些既深刻又直接的道理時，真的很感動。一個人得有多愛你，才會用這麼直接的話告訴你人生的真相啊。就像我以前常常和大家分享的故事，有一次我陪我的師父張至順老道長去看另一位九十幾歲的修行者，老道長一百多歲了，在冰天雪地裡從停車場走過去，看完了回來說：「才九十出頭，就躺在床上了，看來還是方法不對……。」

你要知道這句話從一位一百多歲的老先生嘴裡說出來，是多麼有力量。他說的方法對不對都不重要了，重要的是，他能走著去看躺在床上的九十幾歲的朋友。

不用想像過去，讓我們展望一下未來，也是一件愉快的事。相信你也陷入了對未來的展望，你開始為自己成為一位老師做準備了嗎？無論你曾經做過什麼，也許都可以做一位老師。如果運氣好，老婆允許你待在家裡，你可以成為傳道授業的「員外」；如果運氣不好，被老婆趕出來，你可以在深山結廬，做一個傳道授業的「方外」，無外乎就是「方」、「員」之間的老師。

24 事實很重要，但看待事實的觀點更重要

原典

子曰：「伯夷、叔齊不念舊惡，怨是用希。」

子曰：「孰謂微生高直？或乞醯焉，乞諸其鄰而與之。」

很多我們耳熟能詳的古代故事，哪怕今天聽來，仍然能感受到中國古人是有原則的，有趣得多。這其中，有兩個人可以稱為中國儒家經典故事的「原型人物」，一位叫伯夷，一位叫叔齊。

話說，伯夷和叔齊是兄弟，他們是孤竹國（在今天河北秦皇島一帶）國君的兒子，家有兄弟三人，伯夷是老大，叔齊是老三。國君很喜歡小兒子叔齊，於是想立他為太子，以後繼承江山。但叔齊認為老爸這樣做不對，王位應該給哥哥。而哥哥認為老爸既然選擇了叔齊繼承王位，自然有他的道理。兩人推來推去，都不肯就位，於是兄弟二人「私奔」

了，把王位留給了老二。

他們一起去投奔周王，因為據說周文王是一個很仁義的人，超級有人格魅力。但他們到了周的時候，正好碰上周文王過世，周武王繼位，開始攻打商紂王。

當時，周屬於殷商的部屬國，地位是臣子，而武王伐紂就是以下犯上，以臣弒君。於是，伯夷和叔齊就攔在周武王的馬前諫言，勸周武王不要這麼做。當時周武王很生氣，要把他們砍了。這時周武王的重臣姜子牙說：「這兩人很有意思，境界很高，他們攔著您，只是不讓您去做這件事，他們心中沒有惡念，也沒有因此而恨你。」周武王就沒有殺這哥倆。後來，周武王滅了殷商，國家改朝換代，由商變成了周，兩兄弟跑到山上說：「現在周王朝給我們飯吃，我們是不能吃的，因為他違背了我們內在的原則。」於是雙雙餓死。

孔子覺得他們特別有意思，《論語》中記載，子曰：「伯夷、叔齊不念舊惡，怨是用希。」這句話的意思是，他們兩個人堅持自己的原則，雖然用不吃飯這件事來要求自己，但並沒有對某個人產生怨恨，只是為自己心中的正義感而採取了相應的行動——絕食，但在情緒上是淡然的，對事不對人，所以後世對他們也沒有什麼抱怨。

與此相對應的是另外一個故事——子曰：「孰謂微生高直？或乞醯（按：音同「希」）焉，乞諸其鄰而與之。」

孔子在評價完伯夷和叔齊後，又評價了微生高——有人向微生高借醋，微生高沒有，但他並沒有說「我沒有」，而是把鄰居家的醋拿過來給了借醋的人。

但微生高好像挺有節操的，比如他跟女孩子約會，約定的時間到了，卻下起了大雨，結果女孩子沒來。由於當時沒有行動電話，微生高就信守承諾不離開，最後活生生的被洪水沖走了。

表面上看，伯夷和叔齊為了堅持自己的原則死了，微生高也為了自己的原則死了。但孔子對他們的判斷卻全然不同——伯夷、叔齊死的時候是沒有惡念的，他們只是在做一件自己喜歡的事，哪怕最後死了，也是值得稱道的；但微生高的死卻有種沽名釣譽的感覺。何以見得？別人向他借醋時，他不說自己沒有，而是把鄰居家的醋拿來給借醋的人，可見這個人很想讓自己流芳百世。

當下每一刻，都要盡可能的活在充盈和快樂中

有時**事實很重要**，**但比事實更重要的是內在的情緒和心智模式**。伯夷和叔齊在赴死的過程中，你可以感覺到那種淡淡的坦然。因為他們真的是不要權位的人，真的是為自己的理想而活的人，而微生高讓人感覺是為了自己的名聲而活。

很多人讀書讀得不錯，怎麼評判高下？這中間的區別就在於，你是為了自己讀書，還

是為了出名？還是為了光宗耀祖？……為自己讀書的人，是為了讀書的快樂而讀書，是為了讓自己明道而讀書，是為了在讀書的過程中感受到自己內在的生命動力源泉，對種種事物的體會，感受到與一紙相隔的作者產生了某種共鳴——原來我並不孤獨，在這個世界上還有一個人曾經也有過類似的體會。這種由「有朋自遠方來」的共振而得來的快樂是高級的。如果讀書很痛苦，但成績卻很好，父母覺得很有面子，自己也因此博得了功名，甚至賺了錢，流芳百世。這樣的人，在孔子眼中是略遜一籌的。

這兩個故事放在一起講，特別清楚的說明了一件事——在孔子心中到底認為什麼是高級的？你今天砌磚，是在享受砌磚的過程，還是想像自己砌完磚後領到錢出去玩的快樂，還是用自己砌的每塊磚向寺廟（教堂）致敬（你砌的磚可能是它們的一部分），並且內心充滿某種崇敬感——心裡的情緒和感受決定這件事本身所處的境界與段位。

在儒家文化裡，隱隱的包含著一種分野——**只是境界的差異，而不是事情的分別**。事情沒有大小，做一個大官和做一個讀書人，沒有區別，區別在於你做這件事的心態是否處在全然、坦然和與道同氣的共振快樂中。如果你是後者，其實做什麼事都不影響你悟道，都不影響你當下的、全然的、法喜充滿的快樂。

所以，比事實更重要的是內在的情緒與感受，是內在念茲在茲的狀態。而這種狀態無人可說，卻也騙不了人。當我們理解了這點後，就會理解儒家一直講的「盡人事，安天命」。梁漱溟先生反覆講，儒家有生命的方向，但他當下的每一刻都盡可能的活在充盈和快樂中。這才是一位儒生的追求。

一切的追求都不在外面，既不在高高的佛堂上，也不是遙遠的，或者馬上要成功的，也不是光輝歲月的懷想，它僅僅是你當下的情緒和念頭。比如你在給孩子輔導功課時也許都在發脾氣，罵小朋友做事不認真；但你在罵他時，是為了向內在已然失敗的自己致敬，還是出於對他未來變成一個不可靠的人的恐懼？還是只為了表演一個憤怒的樣子，讓他提起精神，專注於當下？

一樣是責罵孩子，孩子會感受到你對他的責罵批評，但孩子可以隱約的知道你內在的情緒狀態。有一天，當孩子長大時，他會不會抱怨你，其實在當下這一刻就註定了。

我越來越覺得，孔子非常珍惜一樣東西——把你的念頭無限推進當下這一刻的正念、正知、正覺的狀態。竊以為，這種狀態就叫仁。你只需忘記情緒，忘記自己的形體，安靜的體會當下，似乎一切都會變得順利。

之前，我採訪過一位特別有意思的軍事科學專家，他專門研究腸道菌群。他說：「其實我們的很多情緒，只不過是腸道的菌群向我們的腸壁釋放的信號；當它們影響了迷走神經、交感神經、副交感神經時，我們對情緒就會有種超然物外的鎮定感。」

這種鎮定感，我覺得隱約接近於孔子所說的那種狀態——**你做什麼事不那麼重要，你**

沒做什麼事也不那麼重要，重要的是你在做一件事或者沒有做一件事時，處在一種自在、平和、喜樂、怡然自得的狀態。

本篇我把《論語》中的這兩段話放在一起講，其實在某種程度上，是和當年把這兩段編在一起的孔門弟子產生了一種遙遙的共鳴。也許是對的，也許是錯的，但這都不重要，我不指望這點兒道理能對自己的未來有什麼影響，我只是覺得，這一刻很有意思。

25 如何與貴人相處？就用你最真的樣子

原典

子曰：「巧言、令色、足恭，左丘明恥之，丘亦恥之。匿怨而友其人，左丘明恥之，丘亦恥之。」

本篇要跟大家分享的是《論語》裡的職場表情指南。

孔子說：「一個人為了達到內心的某種目的，對待上級、客戶花言巧語，眼神看上去很歡喜，然後身體微微前傾。如果領導坐著，他一般都站著，就算坐也只坐凳子的六分之一。左丘明認為這樣的人活得很沒勁，我也認為這很可恥。還有一種人叫『匿怨而友其人』——明明對別人有抱怨，但表面上卻裝得不動聲色，甚至看上去一副『塑膠姊妹花』（按：形容女生之間的友誼看起來像塑膠花永不凋謝、美麗鮮豔，但其實是虛假的）的樣子。左丘明認為這很可恥，我也認為這很可恥。」

這些年，拜中國源遠流長的文化所賜，再加上廣大婦女和男性朋友的追捧，看宮鬥劇不僅是一項娛樂活動，甚至變成了一種另類的職場教育——在公司如何用身體語言（巧言令色、積極學習、歡欣鼓舞等狀態）去搞定主管和客戶；看到自己不喜歡的競爭對手，就在背後捅刀，表面上「白毛浮綠水」，臺下「紅掌撥清波」，看上去優雅得很。

對這兩種人，左丘明和孔子都認為不真誠。當我讀到這裡時，瞬間閃過一種不知所措的感覺。好不容易學會了不抱怨，好不容易學會了歡喜隨順，結果又發現不把抱怨寫在臉上、歡喜隨順是可恥的。

活著真不容易，剛學會用紙擦屁股，你們又用紙擦嘴了；剛剛住進空調房，你們又跑去晒太陽了；剛剛知道要保養得白點，你們又去美黑了……。

我認為自己有點落半步的感覺。我們到底應該歡喜點，還是對客戶和上級淡漠點兒？我們到底應該把自己的情緒收起來，甚至不斷提醒自己：「人不知，而不慍，不亦君子乎？」還是：「匿怨而友其人，無恥之？」……個中的分寸在哪裡？

其實，外在形象不重要，重要的可能是我們內在的歡喜，或者對別人做得不夠好的包容等背後的那個當下的發心。

你的歡喜是基於利益而巧言令色，還是基於想要內在自然而然的修練自己，讓自己變得自在隨喜？你不把情緒寫在臉上，是基於利益想要在別人背後捅一刀，還是希望藉由同情感知他人的不易，而真正呈現出一種息怒、淡然的狀態？

不要企圖用外在的樣子，去掩藏內在的動機

我之前看到一張視覺陷阱圖，上面展示的是一次性塑膠軋膜成型的碟子，有凹凸兩面。你看著好像大部分碟子都是背朝上的，但當你看見其中一隻碟子是正面朝上時，你會瞬間發現其他碟子似乎也是正面朝上的。

還有一張圖，上面是一個女孩子單腳轉身的影子。如果你看左邊，會覺得女孩子是順時針旋轉的；如果你看右邊，會覺得女孩子是逆時針旋轉的。

我舉上述兩個例子是想說明，其實，大部分在我們看來是這樣或是那樣的事，可能都是一個虛像。你可以很真誠，表現為歡喜；你可以很功利，表現為歡喜；你可以腹黑，表現出平靜、淡漠的表情；你可以藉由提升自己的包容力，而呈現出類似平靜的表情……所以，差別不在相上，而在發心上。

很多人說：「這有什麼用，表面看起來不都是一樣的嗎？」你拿著一部長得像蘋果手機的手機，點開後卻發現是安卓系統，會不會覺得很違和？你一定會覺得不是安卓系統裝錯了，就是手機有問題。通常，你的第一反應是，這肯定是假蘋果手機，是一部裝了蘋果

殼的山寨手機。

人們不一定能精準的描述出你的發心，但請相信，其實**大部分人都可以很直接的、隱隱的感受到你當下真實的情緒狀態**。

面對更高層面的人，不要企圖用形式、表情等外在的樣子去掩藏內在的動機。就像大人看小孩犯錯一樣，看一眼就知道誰對誰錯，有沒有撒謊。我小時候沒做完作業，然後跟我爸說：「我做完作業了。」他看我一眼，馬上就能知道我到底是不是在撒謊。小孩在大人面前的樣子，就是我們在比自己段位更高的人面前的樣子，所以我們說什麼、做什麼、表達什麼的時候，內在的情緒是很容易被人看到的。

回到之前舉的手機例子，如果你掏出一部手機，明明是蘋果手機的殼，人家一看執行的是安卓系統，有很大機率，人家會認為你在用一款山寨手機，所以會覺得你是個虛偽、虛榮的人。也許這個殼本身不錯，也許安卓系統執行得很流暢，但這一切都被忽視了。

所以，孔子講的並不是表面上的歡喜和淡定，而是你在做這一切的時候，有沒有清楚的覺察自己懷著什麼樣的動機。

我發現，跟比自己優秀得多的人打交道，有一個非常簡單的法門，或者說我們與貴人相處，最好的方式就是把真實的狀態呈現在他面前。

有一天，我碰見一位朋友，他跟我說自己融資並不是很順利。我說：「為什麼不順利呢？」他說：「我深刻的反省了一下，我們把ＰＰＴ和商業模式講得太好了。有經驗的投資人，看著我們的ＰＰＴ，然後對照我們的團隊、過往的成績，就會迅速推測出我們請高人修改過ＰＰＴ。你千萬不要把那些投資人當作笨蛋，他們真的是太聰明了。」

在職場中也是一樣，一個人能做你的老闆，是因為他能在更高的位置俯瞰部屬。有時老闆其實很清楚你們在下面的種種小動作，只是他不想戳穿，只是享受這個過程而已；他覺得一切還好，沒有大礙，也同情、理解大家往上爬的過程中很不容易，但其實這些小動作他都知道。

孔子突然有一天這麼感慨，我想他一定是受過類似的傷害。你想想看，他說：「我羞恥於這樣的狀況。」背後一定有當年他在官場上發現別人這樣做，讓他很難過的某些情形——曾經受過的傷害全部形成了你現在的價值觀。

有時我也會跟朋友們討論這個問題，如果把自己的神態包裝起來，獲得了某個階段的成功，但其實你的內心知道這樣做是不真誠的——我們應該階段性的採取這樣的策略嗎？

經過若干輪討論，我們得出了一個結論——在職場上，隱藏自己的情緒，偽裝出更有利於自己生存的表情，也許可以幫助一個人在職場上獲得他想要的東西，無論是對主管、客戶，還是對同事，也許在短期內能獲得好處。

但我問過很多職場上的「老傢伙」，他們多數都會告訴我，老了之後很後悔，覺得這輩子應該早點讓自己成為一個真誠的人。這倒不是為了別人，而是自己會因此發展出一種怡然自得的狀態，你的臉部肌肉會放鬆，因為你沒有裝。但沒有裝和不禮貌是兩回事，一個有教養的人和裝的人是不一樣的。

現在很多年輕人都想當網紅，我曾經在電視臺做節目就跟現在很多網紅做的事很像。在二十年前，就一個電視人而言，其實我算是成功的。但在今天，我卻隱隱的感到了深深的自責和後悔。那個當年在電視臺聲色犬馬的講著笑話的我，其實並不快樂，因為那時在為到底要不要結婚、要不要買房等很多事煩惱，卻裝作很快樂的樣子；為了職業，扭曲了自己的內心，到現在還常常在夢裡發現原來曾經受到的傷害一直停留到現在。

站在中老年朋友的角度，我倒是很願意跟大家分享一種態度——小時候不要太過扭曲自己內心的情緒，因為這些最後都會沉澱成你四、五十歲時夢裡的種種糾結。

如果你現在開始做一些讓自己不開心的夢，你一定要感恩，因為夢在某種程度上提醒你曾經受到的傷害，提醒你要正視這些情形。正視以後，這些夢就會消失，這是我們人生的功課之一。

26 一句話專治各種焦慮：「你沒那麼重要」

原典

顏淵、季路侍。子曰：「盍各言爾志？」子路曰：「願車馬、衣輕裘，與朋友共。敝之而無憾。」顏淵曰：「願無伐善，無施勞。」子路曰：「願聞子之志。」子曰：「老者安之，朋友信之，少者懷之。」

有一天，孔子的兩個學生顏淵和季路站在老師旁邊垂手而立。孔子問：「你們能不能講講自己的志向是什麼？」季路（子路）是一個性格很豪爽、很直接的人，他說：「我希望有寶馬、有貂……朋友們隨便拿去用，用壞了也無所謂。我的就是你的，你的還是你的，用我的你不用心疼，我也不會惦記你用了我的。如果有一天我能成為這樣的人，第一說明我有，第二說明我能分享。」

顏淵的能力與胸懷並重，他的性格比較慢，他說：「如果可以，我希望自己成為一個做了好事也沒有很多人來吹捧、報導、強化的人。雖然我很辛苦，但也不會感覺自己很悲催。我的所有努力、成果，都是自然而然得來的。我好像與這個世界處在一種平行的狀態，一起前進的狀態，因此，我沒有特別突出。」

其實，這已經是一種很高的境界了。一個人要如何做到既有功勞，又不被人發現，而且還發自內心的希望，這一切只不過是自己與整個大道同行的過程中，自然而然顯現出的狀態。

孔子微笑的看著這兩個學生。子路說：「請問老師的志向是什麼？」（師徒之間建立親密關係後，就有來有往了，你問我的志向，我也問你的志向。）孔子說：「老者安之，朋友信之，少者懷之。」這句話的意思是，我的理想是老年人可以安享晚年，朋友之間可以彼此尊重、互相信任，年輕人可以得到關懷、茁壯成長。

他們三個志向的區別是什麼？是維度。

不管是子路還是顏淵，他們的理想都是個人達到一種狀態後，希望以什麼樣的方式展示在世人面前。無論如何，他們討論的還是「我」——我執、我慢、我嗔、我謙虛、我與大道同在、我隱藏在世間的這個「我」。而孔子提升了一個維度，他關心的是老年人、中年人、小孩，也就是說他關心的是別人，是大眾。見自我，見天地，見眾生。

其實，有時作為一名兩、三千年後的末學，看到這樣的對話，覺得還是很有趣的，因為你看到了老師與學生在一個簡單的對話中呈現出的不同焦點。

我沒有覺得子路和顏淵有什麼不好，其實他們都非常了不起。我連有寶馬、有貂的能力都沒有，更不要說隨意與他人分享，我還到不了顏淵的境界。

為什麼孔子會有這樣的胸懷與境界呢？我想其中一個很重要的原因，是他的年紀比較大。一個人老到一定程度，就會突然發現一個真相——我們在世間的努力，獲得的許多功名利祿、金銀財寶、香車美女，其實都是荷爾蒙驅使的產物。而且混到一定年歲，你就會發現能不能得到這些，得到之後能不能與別人低調的分享……都不再重要了，因為你的內心對自己獲得的多和少，都會覺得沒有那麼大差別。

保持自己不那麼重要的心態，是獲得解脫的唯一方法

為什麼一個人活到一定程度就不再以自己的得失為意了呢？只有一個原因——得到過，也失去過，而且發現得到與失去，對自己並沒有本質的影響。如果一個人的焦點從自己的得失（無論是多麼高級的得失）移向別人，就會產生一個附帶的小福利——不再被自己的得失影響情緒。

世界上有很多人在老的時候都不會安然，很多人都沒有朋友可以信任，很多小孩都沒

有得到應有的關懷。過去是這樣，現在是這樣，未來也將是這樣。

當我們把焦點投向永遠都沒有盡頭的漫漫長路的方向時，就不會焦慮了，因為自己做的每件事反正都要在路上一步步的解決，這反而是一種獲得解脫的方法。

之前，有位朋友問了我一個問題：「怎麼才能獲得快樂？」我相信他是真誠的問這個問題的。其實，我也不快樂，但也曾經快樂過。我發現到了一定年齡，你曾經的快樂和不快樂，都沒那麼重要。比如，請你馬上說出生命中最快樂的三個場景，我相信大部分人是說不出來的；請你馬上說出生命中最痛苦的三個場景，你頂多能記住最近讓自己痛苦的三個場景。而曾經真正讓你最痛苦的三個場景，似乎也就慢慢淡然了。

所以，當一個人到了一定年齡後，就會逐漸發現一件事——原來**保持自己不那麼重要的心態，是獲得解脫的唯一方法**。而自己不那麼重要這件事，是經過許許多多在當時非常激動的快樂和非常難堪的不幸，後來都隱隱約約的忘記後，自然而然產生的感覺。

當一個人把焦點建立在別人快不快樂，別人是不是建立了一種公平、正義的秩序，別人的小孩有沒有得到關懷上時，他一定會釋然。就像之前說的，它只是一個方向，永遠都不會馬上變好，但也不會馬上變得很壞。

這就是我為什麼要建議大家買基金而不買股票的原因，因為基金混合了很多好與壞的股票，所以它的波幅變化比較小，漲和跌都不太重要，於是你買了基金就能睡好覺。

所以，當我們不再關心一個人快不快樂，而是關心很多人快不快樂時，就像買了相當於很多檔股票的基金一樣，它的起伏會變得比較小——努力也不會好很多，不努力也不會壞太多。如是，你就有長時間保持淡然的可能了。

這也是一個人最終能否活出一臉從容的最重要的原因。一個人活得從容有什麼用？可能是血壓可以沒那麼高，睡眠可以好點，朋友可以多點，老了有人來看望，年輕的時候有貴人相助……除此之外，幾乎沒什麼好處。

你還要怎樣，你都獲得這些了還要怎樣？是的，儒家的心法是超越不管顯得多麼高級的有得失心的自我；**超越的唯一方法，就是體驗過得失後承認一個基本事實——一切都過去了，而且都沒有那麼重要**。

27 得了吧，沒有人會真正的自責

原典

子曰：「已矣乎！吾未見能見其過而內自訟者也。」

本篇要和大家分享的是孔子對人性特別有趣的洞察，也許對我們很有幫助。

孔子說：「得了吧，我就沒有見過發現自己做錯了，而在內心真正產生自責的人。」「已矣」（得了吧），這是多麼帶有表情包特性的兩個字啊。從孔子的口中說出這句話，很有力量。孔子閱人無數，弟子都是超級聰明的人，德行也夠，他還經常去拜見各位老師，好為人師，更好為人徒。這樣的人竟然說自己見了那麼多人，就沒見過一個發自內心覺得自己做錯了的人。

我們有時會有一種幻想：「哼，當年那個不珍惜我的男人（女人），他（她）現在知道錯了吧？」千萬不要這樣想，他（她）是不會後悔的，人們總會發現更好的。反過來你也一樣，你有過真正的懊惱嗎？其實就算有過，也是對得失的懊惱，而不是在靈魂深處對自己的修行進行反省。

這兩者有什麼區別？區別就在於，只要得失關係改變，你的懊惱就改變了。比如你曾經非常自責「我怎麼沒有買那套房子」、「我怎麼沒有買比特幣」……後來房價跌了，比特幣也跌了，你當時的懊惱瞬間就不存在了，所以那時的自責是假的。

因此，這個看似簡單，實則對人性非常深刻的洞察，可以幫助我們得出一個結論——**自己都做不到，就別要求別人反省，沒人會承認自己做錯了**。

在人類漫長的進化過程中，大腦發展出了一種強大的機制——為自己的一切行為尋找合理化的解釋，哪怕真的做錯了，也會在心裡說：「這是情非得已，不是我的錯，是時代的錯、是社會的錯、是別人的錯……哪怕我真的有錯，我也不是主犯，頂多算是從犯，主要責任不在我……。」

當我們意識到這一點後，可能就會放下要求別人深刻承認錯誤的痛苦。這一點體現在父母教育兒女的過程中，就是總要求孩子深刻的反省自我，如果他真的做錯了，還要寫檢討報告（小時候我們都寫過檢討報告，後來能力越來越強，可以在內心絲毫不起波瀾，沒有一點兒自責的情況下，寫得聲淚俱下，沉痛反思錯誤）。其實這種越是深刻、真誠的反思，越傷害了我們自己，因為那都是假的。當我們放過別人以後，才能真正放過自己。

沒人管你是不是真的在乎

許多人的痛苦，都來自不能承認這是自己的錯。當你指責別人為什麼不承認錯誤時，有沒有想過自己的錯？如果這是一種很難改變的人性，我們應該怎麼辦？如果我們接受這樣的不可抗力，這樣一個無法改變的人類共有的心智模式，就會在內心充滿一種堅定的、真誠的、不帶汙染的、沒有功利的自責，就像孔子作為人世間的「老司機」，閱人無數後所說——「得了吧，我就沒見過一個自己犯了錯會深深自責的人。」

似乎人生就從這時開啟了一種解脫的可能，因為我們不再起妄念，不再要求別人意識到他錯了。這不是為了別人，而是為了讓自己明白一個道理，因為人家才不管你是不是真的在乎，每個人都是如此。

當我們意識到這一點後，世界瞬間清涼了許多。這種清涼，就是從今天開始，不再要求別人去深刻的承認他的錯，同時也不那麼強求自己承認做錯了什麼。

假如我們從道理上逐漸發展到習慣上，再發展到自然而然的尊重上，理解了不會責怪自己是人類共同的習性後，就開始進入了一段全新的情緒管理模式。如果父母這輩子能淡然的接受孩子不夠優秀，就像接受自己不那麼優秀一樣，家庭關係就會和諧很多。

很多父母都會由於孩子寫作業不認真，注意力不集中，動作很慢，總是拖沓……而心生憎恨。其實這種憎恨，表達的都是一種自責。當然，也包含了對孩子父親（母親）的不堪的指責。

許多人對孩子的種種表現不滿，本質是對孩子表現出他父親（母親）的特徵而不滿，其實他們對孩子像自己的缺點的那部分，並沒有什麼不滿。

經過一系列的討論就會發現，自從我們知道了沒有人會認為自己真的錯了之後，這個世界似乎不僅給我們開啟了一扇窗，而且開啟了一條永遠的「殺毒軟體」之路。

我越來越覺得，《論語》的前三句話是多麼重要的人生開示。「有朋自遠方來」、「學而時習之」講的是如何獲得快樂；「人不知，而不慍」講的是如何避免不快樂。這三句話指向的都是孔子非常關注的一件事——一個人如何才能真正做到此生的法喜充滿。

這種熟能生巧，基於道德做的事，是一件多麼愉快的事。就像一位炒菜師傅，在經過加少許鹽、少許油、少許醬油、少許豬油等一系列加料後，炒出來的菜連自己都搖頭稱讚：「這盤乾鍋肥腸，外焦裡嫩，帶著菌群的芬芳，和我內在的菌群暗自相合⋯⋯。」

「學而時習之」——藉由熟練達到與道同齊；「有朋自遠方來」——兩個人沒經過交流，卻能如此有默契的達到共振，並且都知道對方絕對理解一個真相，就是不可能相互理解；「人不知，而不慍」——知道沒有人同情你，也沒有人能真正的理解你，才能獲得大解脫。這三點的核心都指向「法喜充滿」四個字。

原來孔子終其一生，都在追求一種更高級的快樂，這是我們開啟儒家思想一個很重要的法門。我們都誤解了儒家，以為儒家是苦哈哈的，是眉頭緊鎖的，是大義凜然的。全然沒有意識到，孔子最在乎的是一個人可以透過對意義的無意義消解，對人們根本不可能發自內心自責的深刻洞察與理解，獲得自我解脫。

自我解脫最後指向什麼？它指向了孔子的暗示——您完全可以透過對真相的理解，達到在人生三萬多天裡的一種比較接近真實的合乎於道統的快樂（道統，不是我們理解的道德，不是「仁義禮智信」，也不是合乎社會規範，而是被道統治的快樂）。

當我們懷著一種理解——不僅理解別人，也理解自己與生俱來的、歷久彌新的、堅固無比的習性時，就會擴展為對人群的寬容。

作家房龍說：「寬容是人類文明進步的重要標誌。」當今社會，人們很容易在網路上看到網友對許多事貿然的進行指責，誰又家暴了，誰又偷稅漏稅了，誰又劈腿了等。每個憤怒的發出指責的人，都一定是自帶痛苦流量的過往的靈魂。

我特別喜歡太安私塾的一位同學，他這樣形容人生的狀況——他喜歡淡淡的濃。這不是一種裝腔作勢的狀態，而是當一個人僅僅理解了人性裡諸多穩定的特性後，既不會很迫切的與人爭論，也不會很迫切的與人相愛，而是既淡淡的，又濃濃的與他人相處。這是一個君子可以活出的比較好的狀態。

當我們理解這一點後，再看一下身邊的人，或許你對他的厭惡越少，對自己的愛護就會越多。不是嗎？當我們每次對別人說「你怎麼能這樣」的時候，被身體分泌的毒素所殘害的，其實都是自己。

所以，請大家再溫習一下《論語》中的這句話——得了吧，就沒有一個會真正自責、知道自己做錯了的人。要理解這一點，我們也是所有人中的那一個。

28 當代人需要重新學習的三種能力

原典

子曰：「十室之邑，必有忠信如丘者焉，不如丘之好學也。」

一個人應該如何看待自己的天分，了解自己真正的核心優勢？其實，每個人都需要花點時間自問：「什麼東西對我來說是真正有價值的？」

孔子認為自己最核心的能力是什麼？

有一天，孔子發出一個感慨——子曰：「十室之邑，必有忠信如丘者焉，不如丘之好學也。」

這句話的意思是，孔子說：「有十戶人家的小邑，在這個範圍內，肯定有在忠和信上比我更厲害的。但我敢保證，他們都不如我好學。」所謂「三人行，必有我師焉」，孔子一生以學和習作為最大的快樂，當然他也認為這是自己的核心能力，所以才會有自信說：

「我認為我最大的價值就是我比別人更熱愛學習」。就像文學家魯迅先生說的：「哪有什麼天才，我只不過是把別人喝咖啡的時間用在了學習與工作上而已。」

孔子的這句話多麼具有深遠價值，兩千年前是這樣，今天還是這樣，我不知道未來是否還是這樣，但起碼在可見的三十年內，如果一個人擁有喜歡學習的心智模式乃至習慣，應該不會過得太差——無論你活在什麼時代，總能學到一些東西，並且每日重複的練習。

曾經有位朋友告訴我，他在法國上大學時，當時住的樓下有一家煎餅果子店。他在法國讀完書後，回到中國創業、結婚、離婚、創業失敗、再創業……過了二十年，當他回到曾經讀書的地方，發現那家店還在，那個人每天還在做煎餅果子。他覺得那個在法國街頭，二十年如一日的做煎餅果子的人，其實已經成為一位行為藝術家了。

只要你重複做一件事五年、十年、十五年、二十年……就會產生超越這件尋常事的非凡之處。時間的偉大在於它像魔法師，把宇宙中最神奇的事變得平凡，也把最平凡的事變得神奇。

溫習舊的知識，完全可以有新的體悟。我相信再過三、五年，重讀《莊子》、《論語》，一定會有很有意思的體悟、發現——原來當年沒有留意過的地方才是真正的寶貝。

如果一個人這輩子唯讀一本書，他的成就可能比讀很多書但都沒有讀透的人要大得多。把一本書反覆讀透，再用它來貫穿其他知識，說不定也是有力量的。

我們該學什麼？

我在想，在互聯網如此發達的時代，什麼是當代人需要重新學習的呢？什麼學習能力對我們來說是重要的呢？

第一個就是提問的能力。儘管很多人已經有這樣的習慣，但任何一件事如果透過Google搜索引擎或入口網站去了解，便會迅速了解這件事的各種面向。比如公司來了一位剛畢業的新同事，你對他說：「給我做一份公司的人力考核績效表。」——他都沒有聽過，更別說做了。但凡他有使用搜尋引擎的習慣，並且熱愛鑽研，第二天早上，他應該就能做出一份起碼看上去還算合理的人力考核績效表。

當今社會，答案已經越來越容易獲得。如何提問，是否知道使用搜尋引擎，以及打開一個搜尋引擎或像Yahoo奇摩知識＋這類網站時問什麼樣的問題，就變得更加重要。因為在你提問的時候，已經暗含了對這件事的種種猜測，別人看到的都是你問題的延伸。因此，獲得提問的能力，並且學會終身提問，就是學問的本質。

第二個就是學會定期放下手機，重新學會與人交流。在可見的將來，會有越來越多人善於與網路交流、善於透過網路與網友交流、善於透過網路與人工智慧交流……但當你沒有手機時，會不會和現實生活中的人交流呢？

我發現，當你在網路上跟一些「小」朋友交流時，他會回覆你各種段子、表情包，精彩紛呈。但當你和他面對面站在一起時，便會發現他是如此乏味，不是他不想呈現出有趣的一面，而是他不會。就像那些習慣了敲鍵盤寫文章的人，你給他一張紙、一枝筆，他可能寫不出同樣的文字——習慣了用口述的方式表達思想的人，也未必能寫得出來。

所以我想講的是，我們所處的場景，我們表達的工具，同樣影響了我們的思考。雖然我們學會了和電腦交流，但不可以因此而忘記如何與人交流。

第三個需要學習的東西，可能更有意思，我到今天都沒有學會。我非常崇拜的一位同事，他擅長在大自然裡聽風的聲音，看光線的影像。每次我被他用SUV（按：Sport Utility Vehicle，運動型多用途車）帶到大自然中，看見天空、看見土壤、看見溪流……充其量說：「哇，好美呀。」當然也可以在搜尋引擎上找詞語形容當時的情景，但那僅僅是語言，而不是超語言、超文字、全身心的與大自然的連接。

你帶小朋友去公園玩，其實他們還活在手機裡。對他們來說，就是換了一個地方上網而已——身處一座具有三千年歷史的古堡，他在打「王者榮耀」（按：一款多人線上競技遊戲）；身處一座一望無際的鬱金香花園，他還在打「王者榮耀」……所以，對現代人來說，可能**需要學習如何與大自然更好的連接**。

為什麼我們需要這種能力？道理很簡單，因為我們的身體是一個以碳為基礎的存儲和運算「設備」，手機是以矽為基礎的運算設備。碳基和矽基有很大的不同，碳基和自然界的樹木、陽光、水分有種隱祕的連接，可以稱之為文化密碼，或語言暗號。這就是我們用語言說不出的東西。你覺得大自然美好的那部分，就像外語真正的精髓——你翻譯了一首外語詩，其被遺漏的那部分內容，就是外語的精華。

「你不等老子，就給老子等著。」——You don't wait me, you wait me. 你看，這句話就沒法用英語翻譯，只有真正理解這句話的人，才進入了漢語言文化體系。

因此，對孔子來說，一個人需要擁有的核心能力就是 keep learning ——終身學習。我們需要問自己，終身學什麼，怎麼學，跟誰學，什麼時候學……都有非常深的奧祕。

在我看來，也許某一天你會突然意識到，還有一門需要學習的、永遠不會過時的學問——學習自己。你在多大程度上捕捉過自己的內在意識呢？朋友沒有叫你吃飯，你瞬間幻化出諸多悲情的內心戲，也許人家僅僅是沒想起來，或者認為不便打擾你，結果你的內心卻因此演了不少戲。

我們要學什麼？學習捕捉自己的欲望和恐懼的源泉，看見自己為什麼會受傷；傷害自己的往往不是這件事，而是這件事引發的內在隱隱的聯想。這些聯想是你過往的許多業力和心智模式，乃至因此而產生的想像的綜合結果。如果你學會觀察自己，就不會被自己傷害。

第二部

原則是拿來要求自己，不是用來要求別人

〈雍也篇〉

01 要舒服，內鬆外鬆；要成就，內緊外鬆

原典

子曰：「雍也可使南面。」

仲弓問子桑伯子。子曰：「可也簡。」仲弓曰：「居敬而行簡，以臨其民，不亦可乎？居簡而行簡，無乃大簡乎？」子曰：「雍之言然。」

從《莊子》學到《論語》，我時常會問自己，莊子這樣的隱士和孔子這樣的君子，他們到底有什麼區別？為什麼我讀《莊子》時渾身自在，讀《論語》時渾身不自在？一直讀到本篇要講的《論語》這一段，我終於有了答案。您也可以藉由這段對照自己，看看內在的自我到底是一個什麼樣的人。

子曰：「雍也可使南面。」孔子說：「冉雍這個人，可以朝南而坐。」這句話是什麼意思呢？在古代，只有帝王能坐北朝南。孔子對冉雍的評價，意思是以冉雍之德行可以做

一國之君。

為什麼呢？因為冉雍可以「居敬而行簡」——在自處時，讀書、祭祀、尊師……做任何事內心都懷揣著一個「敬」字，總是懷著一種認為對方很重要的心態（這非常值得我學習，我必須隨時保持謙卑的心智模式）。同時冉雍還「行簡」——做事很簡單，標準也很簡單，如是，別人和他相處時就感到很自在。孔子認為，這是君王應該擁有的品質。

後來，有個大家族聘請冉雍做家宰（全家最大的管家，因為這些家族都是豪門，所以冉雍不是簡單的管家，而是家族代理人，從政治到理財、社會關係、教育等，全部由他一個人管），可見冉雍是有這樣的能力的。不過冉雍還是覺得很難推動一些變革，於是後來又回到了老師身邊，覺得一輩子做學問也很開心。

在孔子的諸多弟子中，孔子對冉雍的評價可以說是最高的，就是冉雍自己說的「居敬而行簡」——對內有一股繩子綳著，嚴格要求自己；但對外的要求很寬鬆，讓別人感到很自在。

有一天，冉雍問老師：「請問子桑伯子這個人怎麼樣？」孔子回答：「他簡單得很。」後來，冉雍又問他的老師：「既然您覺得子桑伯子夠簡單了，請問您怎麼看他？」孔子說：「這個人太簡了。」

隱士與君子有什麼區別呢？隱士對自己和對別人的要求都很寬鬆，對自己沒要求，對別人也沒要求；君子盡量做到對別人沒要求，但對自己的要求很高。由此可見，儒家的核心是一個人一定不可以放棄對自己的要求。

說到這，我明白了莊子和孔子的區別——莊子認為，一個人既然對自己沒有足夠的約束，也不應該對別人有約束；反過來，既然我對別人都沒有要求，我也不該對自己有太多的要求。而孔子及孔門後代的儒生，卻遵從著另一種原則——可以對別人放鬆要求，但對自己要隨時有要求，隨時保持「敬」的狀態，敬天、敬地、敬人、敬祖先、敬尊師……。

一個人做到內緊外鬆，可以成為君子，甚至可以成為相當不錯的官員、企業領袖；而一個人內鬆外鬆，可以做社會閒雜人等，日子過得舒舒服服。

平時內鬆外鬆，但在關鍵時刻要做一、兩件正確的事

一位做投資的朋友曾經告訴我：「如果我投資一家企業，我會投資那些工作很認真、很辛苦，有錢沒錢都背著電腦，一天二十四小時中有二十個小時在工作、在開會、在討論、在融資、在不斷精進的人。」我覺得，基本上他想投資的是一個像孔子這樣的人。

是不是像莊子這樣的人，就不能成就一番事業呢？大部分時候是這樣的，這種人不太可能在事業上有所成就。但如果他們超越簡單的內鬆外鬆狀態，在某些關鍵時刻，稍微緊

一下再鬆，說不定是另一種成就事業的方法。

我認識一些人，這輩子大概只需要做對一、兩件事，比如一個男人找到一個好女人做老婆，或者一個女人嫁給一個肯一輩子給她「打工」的男人，又或者在某些關鍵時刻買了幾套房，買了一些可長線持有的股票……那麼他這輩子可能什麼都不用做，僅僅讀書、喝茶、打坐……也會成就相當不錯的人生。

這意味著什麼？意味著在孔子的內緊外鬆和莊子的內鬆外鬆之間，我最欣賞的人是大部分時候內鬆外鬆，但在關鍵時刻做一、兩件正確的事，並且能長期堅持。

其實，巴菲特就是這樣的人，他買的股票都持有很長時間，你知道巴菲特現在在幹什麼嗎？他仍然在大筆買進蘋果公司的股票。道理很簡單，當大家都認為蘋果公司沒有前途時，你怎麼知道過兩天，許多靠行銷手段生產的手機，不得不以一個極低的價格賣給蘋果？說不定蘋果有一天又重新擁有了巨大的市場份額。

目力所及，在中國除了華為外，絕大部分手機公司在未來都不見得能獨立生存。如果我們關注一下與智慧手機相關的專利和授權方面的種種裁決，就會發現，這個世界上絕大部分作業系統、硬體、軟體的專利，都在「蘋果系」和「三星系」手裡，安卓系統在Google那裡。如果是這樣，也許有一天蘋果會以另一種方式重回王者地位，當下只是個插曲。我想說的是，巴菲特就能在關鍵時刻做一些非常有價值的決定，並且長期持有，其他時刻可以安靜的享受可樂。儘管大部分時間他穿著一件帶有破洞的毛衣，坐在一張有洞的皮沙發上，在幽暗的燈光下，讀著別家的財報。但我相信他是真正做到了偶爾緊，大多時候對自己和別人的要求都很鬆的狀態。

我在讀《論語》時，時常會提醒自己，一方面，要充分體會《論語》中的角色與情景；另一方面，要保持某種清醒。孔子以及他的學生提供給我們的知識，非常有價值，但我們不可以完全陷入其中。

有一天，一位研究教育幾十年，在中美教育領域都有非常深度的浸淫的朋友告訴我：「一個人不可以光靠讀書，甚至靠聽別人講書就可以學到東西。」

我說：「為什麼？」他說：「一旦知識被寫成文字，其實就已經老了，你看到的文字也許本身是對的，但它不全然。寫字的人的身心狀態是什麼，你能感受到嗎？如果你看不到文字之外市井的、世俗的一面，可能永遠也不可能真正接近聖人的狀態。」

是的，如果我們完全相信書本，如果我們不透過讀書去讀人，如果我們對不同的知識不有系統的思考，進而尋找自己的理解，也許這輩子都會被聖賢左右，乃至被限制。

也許我這樣說略顯狂妄，我只是時常提醒自己，我們在讀《論語》和《莊子》時，最終都要問自己：「這些像鏡子一樣的聖賢讀物，幫我們找到了內在的什麼東西？」

如果你因為讀書而更加了解自己，並且因此超越自己，就能成為一個更愛自己的人。

02 不遷怒，因為這都是自己的選擇

原典

哀公問：「弟子孰為好學？」孔子對曰：「有顏回者好學，不遷怒，不貳過。不幸短命死矣！今也則亡，未聞好學者也。」

本篇要分享的是《論語》中孔子對顏回的讚嘆，我看完有一個很深的感悟——原來很多老人家，包括父母在內，在教育孩子的過程中有一件事錯得離譜。此話怎講？

回到《論語》原文——哀公問：「弟子孰為好學？」孔子對曰：「有顏回者好學，不遷怒，不貳過。不幸短命死矣！今也則亡，未聞好學者也。」

有一次，魯哀公問孔子：「在您的學生中，誰比較好學呢？」我們知道，孔子認為好學是人的第一美德。學包括學和習，既包括學知識，也包括不斷的砥礪自己的性格、打磨自己的性情、覺察自己的成長……孔子回應魯哀公：「以前有個叫顏回的學生，他有兩個非常重要的特質：第一，不遷怒；第二，不貳過。只可惜短命，去世了。現在沒有這樣的人了，我再也沒聽過好學的人了。」他說著說著就哽咽了。

一位老師，在上了年紀還靠那麼多學生供養著他的時候，在那麼多優秀的學生聽著他說話時——後來學生還將老師說的話編成了《論語》，還可以不違心的說：「我認為顏回就是好學，他去世後，我再也沒聽過有好學的人了。」所有同學聽到老師這樣說，既不妒嫉，也不生氣，而是把這段話老實的記了下來，可見孔子的真誠，也可見學生的真誠。

孔子說：「顏回有兩個特質，一個叫『不遷怒』——自己受到了傷害，從不尋找替代物出氣。」這是我們常常會犯的一個錯誤。

有一天，我看見一位長輩帶著小孩，小孩不小心摔倒了，長輩就使勁的捶小孩摔倒的那塊地，邊捶邊說：「打它，打它，這個地太討厭了，磕疼了我的孫子……。」很多小孩都是這樣長大的，我們習慣了這種教育方式，自然也就覺得這沒什麼問題。

在這些司空見慣的細節中，我們被隱隱的植入了一種觀念——這是別人的錯。這個「別人的錯」可以是一塊無法反抗的地板的錯，可以是時代的錯，也可以是別人的錯，甚至可以是父母的錯，反正都不是自己的錯，自己是受害者，這就叫遷怒。這種心智模式隨著我們的成長，會產生一種自我保護機制，我們會覺得自己成了一個不幸的、應該得到同情的人，而不是一個應該為錯誤承擔責任的人。

三、四十年前，大家都沒書可讀，沒辦法學習，有的人就把時間蹉跎了。但還有人在沒有書可讀的時候，仍然在找書讀；沒有別的書讀，就讀《資本論》、《毛澤東選集》……在這個過程中仍然持續學習。春風化雨，過了若干年，忽然有一天恢復了高考（按：相當於臺灣的大學聯考）制度，那些之前沒有放棄學習的人，成為第一批參加高考的人，他們比同齡人掌握了更多的時代先機。如果你不願意學習，會有無數理由說「我沒有機會學習」；如果你願意學習，沒有任何人能阻擋你。

還有很多人在婚姻中不快樂，凡事都認為是對方的錯。我認識很多這樣的人，甚至我自己也常常會犯這樣的錯。其實，這都是自己的選擇，大家是一個生命共同體，所有的事情，你都是其中一個主要的策劃者、參與者、傳播者，甚至是發心者。有人抱怨房價上漲，「房價太高，我沒有買，所以導致了社會階層分化」；還有人抱怨房價下跌，「好不容易用六個錢包買了一間房子，現在房價又跌了」，全然忘記了當年不買房，後來又買了房的自己。其實，這都是自己做的決定。

還有很多人抱怨父母沒有給自己一個好的基礎，在與其他人的競爭中，讓自己輸在了起跑線上，甚至還遺傳了一堆疾病。將來基因檢測變得越來越普及，每個人都可以在自己的基因檢測報告裡看到遺傳的高血壓、糖尿病等疾病的基因，你會回去把他們殺了嗎？你全然沒有想到，他們起碼給了你一條生命，讓你有機會學習《論語》。

當然，學習《論語》沒有什麼了不起的，關鍵是讓你可以有自我選擇的意志和能力。這是他們給你的最大的好處，你為什麼不感謝他們呢？就此而言，我們由於有遷怒的思維模式，就有了一個替代者，認為都是別人的錯。於是，我們看不見自己可以改進的地方，最終的結果就是沒法進步。而且因為遷怒養成的受害者人格，最終會讓我們深深的不喜歡自己。

誰會喜歡一個受害者呢？你會喜歡一個受害者嗎？也許你會在道義上對他表示同情，但不會喜歡他。你只會發自內心的喜歡一種人——比你更像想像中的自己、更有魅力的人，不是嗎？這就是「不遷怒」。

要做到「不貳過」，必須學會「不遷怒」

顏回還有另外一個特質——「不貳過」。同樣的錯誤，不重複犯第二次。第一次犯錯是因為知識、見地、能力、習性、機緣不夠，但他會很認真的分析在這個過程中自己到底錯在哪裡，爭取下次不再犯同樣的錯，這就是「不貳過」。

同樣的錯誤不可以犯第二次，要做到這一點太難了，大部分人都是一遍又一遍的犯同樣低級的錯誤。就像很多人炒股失敗後很生氣，轉戰比特幣市場，又失敗了，又轉戰其他投資市場，你怎麼知道第三次投資就會成功呢？

表面上看這都是別人的問題，如果我們花點時間研究自己在投資上的匆忙、魯莽、率性，斬倉時的不堅定，對所投標的不學習……知道這些都是自己的問題時，就不會犯這樣的錯誤了。

這話說起來很容易，但做起來很難，反正我是沒有做到。這也是為什麼我讀《論語》每每心生愧疚和不安的原因——每篇《論語》都像一把尖刀，戳中了我靈魂中最不堪的一面；也像一面鏡子，照出了我面相裡不優的部分。

這讓我想起了網路上的一個段子，劉備、關羽、張飛桃園三結義的時候，關羽對劉備說：「從今往後，關某之命即是劉兄之命，關某之軀即是劉兄之軀，但憑驅使，絕無二心。」張飛在旁邊說：「俺也一樣。」關羽每次表示從此以後你我他兄弟三人同甘共苦、赴湯蹈火時，張飛都說：「俺也一樣。」這就是讀書與不讀書的區別。

我在講到自己的種種不堪、窘迫、困境和無奈時，都說：「不優」；碰到身心嚮往的生命狀態，激動起來，也只能說：「哇，好棒啊，深刻、深刻。」

文學，就是把好換個方法說得更好的藝術吧。因此，對是一方面，比對更重要的，是如何把對演繹得漂亮，讓人有更多的共鳴。

有多少家長在教育孩子的過程中真正幫助他樹立起了「不遷怒」和「不貳過」的心智

模式呢？其實，要做到「不貳過」，必須學會「不遷怒」（在每個錯誤中反省，首先問自己犯了什麼錯誤，要承擔什麼責任）。如果沒有「不遷怒」這個基礎，是永遠做不到「不貳過」。

所以，在「不遷怒」和「不貳過」這兩種偉大的特質裡，關鍵在於「不遷怒」。長輩不要在小孩摔倒時，指著地板說：「壞地板，髒地板，討厭地板，打地板……」不然小孩就會在這樣的暗示中，發展出一種「不是我的錯，都是別人的錯」的心性。

為什麼我們需要學習？為什麼我們需要覺察？因為這一切都可能是我們生命輪迴的基礎。我們一遍又一遍的從自己的外在環境中，被教育和感染了這樣或者那樣的習性，這都是不得已的。但從現在開始，我們要覺察這些都不是問題，要做到不再抱怨。

孔子在這段話裡一個很有意思的重點在於，他對自己曾經有過這樣的一名學生，最後失去的那種哀傷，整段文章只有「不幸」、「短命」幾個字來表述，聽起來真讓人難過。一個老師如此愛自己的學生，在某種程度上來說，他認為顏回是他生命的延展，是他生命的提升。但顏回的結局卻很不幸，我想這也是孔子一輩子的痛吧。

03 給錢的藝術：給需要的人，給匹配的人

原典

子華使於齊，冉子為其母請粟。子曰：「與之釜。」請益。曰：「與之庾。」冉子與之粟五秉。子曰：「赤之適齊也，乘肥馬，衣輕裘。吾聞之也，君子周急不繼富。」

原思為之宰，與之粟九百，辭。子曰：「毋！以與爾鄰里鄉黨乎！」

本篇跟大家分享的是孔子如何使用錢的故事。

關於給錢這件事，我們應該如何處理呢？比如你給員工加薪，應該加多少？如果你要發紅包，應該發多少？從表面上看，這是一個發多少錢的問題，其實，背後所含道理甚深。《論語》裡有個故事就充分說明了這一點。

子華使於齊，冉子為其母請粟。子曰：「與之釜。」請益。曰：「與之庾。」冉子與

之粟五秉。子曰：「赤之適齊也，乘肥馬，衣輕裘。吾聞之也，君子周急不繼富。」

話說有個人叫子華，就是公西赤，也是孔子的學生。孔子曾這樣評價他：「赤也，束帶立於朝，可使與賓客言也。」孔子認為，公西赤的言談舉止很有風度，適合做外交官，所以孔子派公西赤出使齊國。

公西赤出門前想：「如果我出去工作了，家裡的老母親，在家吃什麼呀？」於是他就向老師申請經費，用來保障母親平時的生活。當時孔子正在魯國做官，大概在五十二歲到五十六歲那幾年，官運還不錯，據說職位最高時做到了司法部長，所以孔子才有資格委派公西赤出使齊國。

據說孔子在魯國時，俸祿是六萬斗，很有錢，用廣東話來說就是很有「米」——這句話其實是有出處的。在古代的時候，發薪水給人都不發錢，發的是米。一直到今天，廣東人還稱一個人有錢為有米。

但子華沒有直接找老師要米，而是向冉子要（冉子相當於孔子的一個大管家，總之冉子是幫孔子管錢的）。孔子說：「既然他為母親要，那就給他一釜吧。」一釜大概是六斗四升，相當於一個人一個月的口糧。

冉子一聽，老師給一個出差的學生的母親這麼點口糧，就說：「太少了吧，再加點。」老師又加了點，但還是很少。冉子看老師這麼吝嗇，覺得老師不像也不應該是這麼吝嗇的人，於是自作主張給了公西赤五秉米，大約八百斗。這是很大的一筆錢，足以讓公西赤在外面很舒服的工作，不用擔心家裡的老母親被餓死。

後來，孔子批評了冉子，但他沒有批評冉子給公西赤那麼多米這件事，他不是一個吝嗇的人，而是藉由這件事說明一個道理——「赤之適齊也，乘肥馬，衣輕裘。吾聞之也，君子周急不繼富。」

這句話的意思是，公西華去齊國做大使，乘著很肥的馬，穿著又輕又暖和的皮袍，這麼大排場，由此可見他的家裡根本就不缺錢。他為什麼要為母親要飯吃呢？他只是想多要點吧。

細緻，誰有沒有料，誰適合做什麼，誰家裡有多少錢……他一眼就能看出來。你想想看，在金庸的武俠小說裡，一位大俠看見一個人走過來，看他的太陽穴往外凸著，就知道這個人內力有多少；一個人走過去，看地上的腳印，就知道他的功力在什麼程度；一匹馬拖著一輛車過去，觀察輪子軋過的痕跡，就知道車裡有多少黃金……在古代，很多人都有這種望而知之的本事。

現在，一位有經驗的中醫大夫，看見病人來看病，瞧他的眼睛凸出來的樣子，然後聽他說話的聲音，觀察他的言談舉止，呼吸的輕重緩急，伸出手來，看手上油膩的程度，大概已經知道他有什麼病，大概是什麼狀況了——診脈，只是最後確認一下而已。所以，孔子知道公西赤家裡有錢，絕對不會缺錢。

在這樣的背景下，公西赤向孔子要米，說是給老母親用，可能有很多原因，也許是為了哭窮，也許是內心覺得米還不夠，也許是覺得自己奉命出使，國家或老師應該給點補貼……不管出於什麼原因，都不是因為家裡真正需要這麼多米。

因此，孔子只是象徵性的給公西赤一個月的口糧。不是孔子不仁慈，而是「君子周急而不繼富」──這是孔子很有意思的一個生活細節，幫助別人，重要的不是他向你要多少，而是他需要多少。

把東西給最需要的人

有一次，我們向一位老奶奶請教，據說老奶奶很有德行，是民間教育家王鳳儀的弟子，她八十多歲時創辦了一家療養院，我見她的時候她都九十多歲了。我問老奶奶：「奶奶，請問您對我們有什麼建議嗎？」老奶奶說：「我問你們，如果有一杯水，這時旁邊有你爸、你媽，一個很有錢的人，還有一個很窮的人，你會把這杯水給誰喝？」

有人說：「當然是給父母喝了。」有人說：「當然是給窮人喝了。」還有人心裡默默在想：「當然是給有錢的人喝了。」老奶奶說：「都不是，應該給最口渴的人喝，誰最需要你就給誰，一個很窮的人口不渴，你沒有必要給他喝；父母口不渴，你也沒有必要給他們喝。」

這個故事給了我很大的啟發——有時我們在決定把一個東西給誰時，其實立場是「我」，是施予者根據內在的價值判斷作出的選擇：給誰對自己的好處更大，不管是給父母，顯得自己是孝子；還是給窮人，顯得自己是一個仁義道德的人；或者是給有錢人，作為一種關鍵時刻的投資；也許還有老闆，作為自己向老闆效忠的一種方法。

在孔子那裡，他認為應該給最需要的人。

看完這個故事後，我們來看看《論語》中孔子給錢的另一個完全不同版本的故事，看看兩者有什麼區別。

原思為之宰，與之粟九百，辭。子曰：「毋！以與爾鄰里鄉黨乎！」

原思也是孔子的弟子，有一天，孔子任命他為家裡的大管家，給他的俸祿是小米九百，原思不肯接受（辭是推辭的意思）。而孔子卻說：「你把這些米領回去，分給你的鄉黨，讓全村人一起幫你吃。」

孔子為什麼要這麼做？因為原思的級別配得上這麼多的俸祿。如果原思拿了一半，或者拿得更少，請問他的副手怎麼辦？對他來說，倒是覺得自己挺對得起老師的，但他有沒有考慮過，他少拿錢，對他的部屬來說，也就是孔子部屬的部屬來說，其實是一個災難。

孔子在把錢給出去的過程中，遵循兩個原則——第一，給需要的人；第二，給匹配的人。不管是哪個原則，應不同的場景，都不是從他的角度去思索和考量的，這叫無我。我們很多時候在做一個決策時，都會有意無意的，甚至以某種仁愛、慈悲、善良的方式去做，最後都不一定是正確的。

因為做事的參照事和本質不應該以自己的好惡為原則，而應該以恰當的接收者應該獲得的份額為考量。這就是「以終為始」——以受力者的角色看待施力者應該做的。我們很多時候只看見自己「能不能給」、「願不願給」，這叫相；如果你能看見接收這一切的人「需不需要」、「應不應該」，才叫非相。所以，「若見諸相非相，即見如來」。

《論語》把孔子給錢的這兩個故事放在一起，是很有深意的。錢，只是我們用來幫助別人，用來完成人與人之間的信任、能量交換的工具，錢本身是獨立的，我們只是暫為保管。但如何讓這股力量得以恰當的分配，立意點應該不在施予者這裡，因為這很容易讓錢不能發揮它應有的效能。錢不僅流動著錢的能量，更流動著承載的資訊與價值取向。

在《論語》裡，這兩個故事充分說明了這一點。如果你覺得自己和錢的關係不恰當，如果你相信錢本身有它的氣質和精神需求，請你想起這兩個故事。對錢來說，它可能更關心的是你把它放到哪裡去，而不是你以什麼樣的心態把它放出去。

04 比拚爹更重要的是，相信自己可以超越爹

原典

子謂仲弓曰：「犁牛之子騂且角，雖欲勿用，山川其舍諸？」

我們學習《論語》，常常會看見一個對源遠流長的人際關係，對人性中的善良、嫉妒，對家族傳承，對人世間諸多問題都有深深體悟的人。這其實來源於孔子許許多多有趣的觀察。

上一篇講到如何把錢花出去的問題，孔子的態度是，把錢給需要的人，給匹配的人；給多少不重要，重要的是他應該得到多少。因為對孔子來說，錢是一種傳遞價值的工具。如果我們能理解這一點，也許和錢的關係會變得更加融洽。

本篇要討論的是《論語》中關於出身的話題。你有沒有意識到，不僅在現在，歷朝歷代，比出身都是一件很重要的事，父母對孩子的影響是很大的。

《論語》裡是怎麼說的呢？

子謂仲弓曰：「犁牛之子騂（按：音同「星」）且角，雖欲勿用，山川其舍諸？」

仲弓就是冉雍，他是孔子一名相當了不起的學生。犁牛是指毛色不純、只能用來耕地的牛，不值得用作高貴的用途——祭奉天地。這是莊子不屑的，他說：「你對我再好，給我綁上紅絲帶，把我餵得飽飽的，結果卻要宰了我做供品。那我寧可拖著髒髒的尾巴，在爛泥潭裡頤養天年。」

對孔子來說，他認為不完全是這樣，萬物本身都有很重要的意義。牛固有一死，或重於泰山，或輕於鴻毛，能成為祭祀天地的供品，也算是死得其所。但一頭毛色不純的耕牛，連作為供品的可能性都不大。如果這頭毛色不純的犁牛的兒子「騂且角」——毛色很漂亮，牛角長得很對稱，即使不想用牠來祭祀，山川大地也不會甘休的。

那麼，這頭牛和冉雍有什麼關係呢？之前說了，孔子評價冉雍：「雍也，可使南面。」意思是冉雍有坐北朝南的格局，就是說他命裡的格局是帝王之相，起碼是一個當大官的相，可以作為一個團隊的領導。

為什麼孔子評價冉雍時會說這句話呢？其實，冉雍的父親是一個很普通的人，出身不算很高貴，也就是所謂的賤人（古人說的「賤人」不像今天，只是說一個人的出身不是很好）。孔子說：「冉雍，雖然你爹不是貴族，但奇了怪了，你身上卻有股雍容華貴之氣，能做大事。如果你不被重用，山川大地都不會答應。」

這句話的背後流露出一個很有意思的資訊，套用今天的話來說，在家族系統排列裡，孔子覺得冉雍缺乏做大官的基因，他爹不是一個高貴的人，但他的靈魂是有獨立價值的。

你不能決定出身，但可以選擇人生

我往往會在一些小城市出來的人身上看到一種大氣的格局，這個現象很有意思。我就是從小城市出來的，混得一般，但我常常在一些同齡人的身上，看到一種放在哪裡都很耀眼，都有將軍之德的氣象，甚至很多人有藝術特質，像一個獨立的靈魂，完全不屬於他出身的階級。孔子對這一點也有非常深刻的認知。

一個人的生命路線來自家族的傳承，還是來自獨立靈魂的張揚？在中國古代，人們非常強調家族傳承，因為一個人從小開始，周遭的朋友、DNA裡攜帶的種種，就已經給他帶來了很多影響。

直到今天我們還可以看到，很多時候一些人之所以能做成一件事，與他的父母，乃至其爺爺奶奶的許多隱祕訊息有關。但孔子認為，就算是這樣，一個人獨立的靈魂裡高貴的氣質仍然是不可磨滅的。正因為有了這樣的判斷，孔子才能在中國開拓教育先河，廣收門徒，不同階級出身、不同性格的人，都可以成為他的學生。

這件事放在今天好像沒什麼，但把它放在古代來看，那是一個創舉。因為古代的中國社會階層劃分得非常清楚，人和人之間在出生之前，就已經確定了彼此的差異，而孔子相信以人為本，相信獨立的靈魂自然有其高貴之處。

這也是我特別喜歡顧長衛老師的電影的原因，他的《立春》、《孔雀》都講述了那些在中國非常偏僻的工業化小城市，那些本來沒有多少文藝氛圍的地方，卻出現了一些文藝青年。《立春》尤其如此，那些愛詩歌的、愛美聲的、愛搖滾樂的青年，都出生在一個特別不起眼的小縣城，但他們認為自己應該衝出所在的圈子，邁向一個更大的國際舞臺。

雖然說絕大部分人有點兒浮誇，但你還是會在很小一部分人身上看到那種高貴的追求，他們對道、藝術、理想的追求，都讓人非常讚嘆。這就是孔子的洞察——人的出身固然重要，但獨立的精神與意志更加重要。你有可能超越你的階級，有可能成為一個你都不能想像的、更好的自己。

有了這個態度，我們再來對照自己，便會發現，也許阻礙我們成為一個在精神上更高尚的人的主要桎梏，其實來自一種我們隱隱的覺得自己不配、不應該、不適合、不可以的成見。

孔子對冉雍身上的華貴之氣給予了高度評價，並且說：「你完全超越了你父親的階層，就像一頭耕地的牛，牠的孩子毛色很正，角長得很周正，堪以大用。」因此，不要擔心自己的出身，因為出身早已成為過去，「王侯將相寧有種乎」。

中國人正是在這種不相信出身可以決定一切，頑強的認為就算沒有高貴的家族傳承，仍然可以透過後天的努力成就自己的精神裡，源源不斷的創造出生命的精彩。

本篇想跟大家分享的一個很重要的觀念是，拚爹是很重要的；但比拚爹更重要的是，相信自己可以超越爹。拚爹是接受自己的生命源泉；超越自己的爹，則是超越自己的命運。如果你相信這一點，就能做到這一切。

有一天，我遇見顧長衛老師，我很親切的握著他的手說：「我真的很喜歡你的電影。」後來我就在想，我為什麼如此激動甚至有點失態的表達了自己對顧老師的喜歡呢？也許是顧老師深刻的洞察到許多出身並不是很好的年輕人，他們堅持自己的夢想，超越自己的這些故事，是促使國家持續進步的一種動力。

因此，不要擔心孩子會受到自己的影響，不用焦慮他的未來，你只要告訴他：「你可以比爸爸、媽媽優秀得多。」只要堅定的給他這個信念，他就會成為一個讓你感到光榮的孩子。

05 做人最重要的，是學會制心一處

原典

子曰：「回也，其心三月不違仁，其餘則日月至焉而已矣。」

孔子說：「像顏回這樣的學生，可以處在仁的狀態裡長達三個月。其他的人頂多持續一、兩天，僅此而已。」

孔子認為，如果一個人能連續三個月把自己的心放在透澈的光明中與萬物連接，與所有事物同頻共振，那是非常了不起的。從某種程度上來說，這可能已達到聖人的境地了。

《黃帝陰符經》裡有這樣一句話：「絕利一源，用師十倍。三返晝夜，用師萬倍。」這句話的意思是，把力量放在一個點上，能量會放大十倍。如果連續三個晝夜都這樣做，能量會放大萬倍。如果連續三個月呢？我想用這句話，回應孔子說的「回也，其心三月不違仁」。

我們常說：「做人最重要的是學會制心一處。」吃飯時，品嘗澱粉經由唾液澱粉酶的分解與消化，感受那股甘甜的味道；走路時，感受自己的左腳踩在地面，右腳跟抬起再落地，然後腳掌再落地……。如果你在吃飯時專注於感受飯的味道，走路時專注於腳踩在地上的感覺，就會慢慢的把一個點的真實感受擴展到對不同時間裡不同事的專注上。

我的老師蔡志忠先生說：「所謂的禪，就是對生活無限的 zoom in，也就是鏡頭推進去，再推進去的狀態。如果你能把這個狀態持續很長時間，那它的複利效應是呈指數級增長的。」

顏回把心調到仁的頻段，並且不雜，能長達三個月，這是一種什麼樣的「致虛極，守靜篤」的狀態。這就涉及什麼是仁，我認為，仁就是把自己的頻段調到與萬物同頻，要麼你的頻段極寬，成為萬物頻段的最大公約數；要麼你的頻段極窄，就能成為萬物頻段的最小公倍數。

如果你看見一棵樹，能感受到它在風中接納陽光，體會到它的孤獨、它的堅韌、它對陽光的渴望，也能體會到它表面看上去很安靜，底下卻慢慢的把根扎到更深的土裡那種感覺；如果你看見一朵雲，能把自己的心放在雲上，體會雲的空性，體會雲俯瞰大地的視角……如果你能在很長一段時間裡隨時隨地與所有願意連接的人、事、物進行調頻，我個人竊以為，這種狀態就叫仁。

試想，如果一個女孩子坐在你面前，當你因為股票狂跌，過去三年的薪水在短短的一週內被消滅殆盡時感受絕望，她能全然的感受到你的絕望和痛苦，她的眼睛裡散發著和你一樣的悲傷；當你看見股票回漲的時候，變得欣喜若狂，這個女孩子伴隨著你的頻率，眼角和嘴角微微上揚，這時的她還需要多漂亮嗎？還需要多性感嗎？都不需要了。

反之，如果一個男孩子能真心的感受到女孩子的痛苦，當女孩子痛經的時候還強顏歡笑的跟大家吃飯、喝酒、做ＰＰＴ，這時男孩子應該體會到她的痛，而不是說：「喝口熱茶就好了。」這樣的男人，女孩子是多麼願意和他待在一起呀。

這種狀態就叫仁，顏回是能把這種狀態持續三個月的人。如果一個人能在這種狀態裡持續三個月，那麼他的能量就像共振一樣，會隨著時間的累積指數性的加強頻段，最終一定是法喜充滿的。孔子評價顏回：「顏回可以三個月不違背仁，一直處在這種頻段裡。」我都能隱隱的感受到孔子對他的欣賞，甚至是羨慕，因為這是聖人的狀態。

執著是一種負擔，放下是一種解脫

有一個禪宗公案叫頑石點頭，我不懂什麼叫頑石點頭，但現在慢慢的隱約感受到，可能當你充滿歡樂的時候，周圍的石頭也能體會到你的歡樂。

很多人都說：「這似乎是一種非常不可思議的境況。」試一試，也許有一天你在思念一位朋友時，突然接到他的電話，或者你正在寫文章時想起這位朋友，還發現居然在他發表的一篇文章中也提到了你，這時你會有什麼樣的快樂？

如果能像顏回那樣，在長達三個月的時間裡與周遭的樹木、房屋在一起，那是一種什麼樣的快樂？如果我們能理解這種境況，就能理解古人為什麼喜歡臥遊——在床前掛幅《富春山居圖》或其他山水畫，側身躺臥在床榻之上，看著這幅畫，整個人的精神似乎像航拍的空拍機一樣，已經飄逸在畫裡的松林、泉水和山坳之間……。

反之，如果兩個朋友看見同一件事，比如藉由同一朵花，感受到了共同的快樂，彼此之間心心相印，拈花一笑，這大概就是孔子羨慕的一種人生境況吧。

「致虛極，守靜篤。」只有當我們放下對「我是誰」、「我在哪裡」、「我處於哪個時間段」、「我處於什麼境況」等這些所謂內在對自己的執著，也許就能體會到物我兩忘的境況了。

我有過一次類似的體會，在喝酒喝到微醺還沒有感覺天旋地轉時，覺得好像自己可以隨時融入旁邊的那杯酒裡，也可以同時坐在這張桌子的不同角度，讓自己的身體穿過桌子。當然那是精神體驗，但那種狀態恰好非常接近物我兩忘。

我曾聽一位朋友把喝酒喝到最舒服的境況形容成形虛而神全——感覺自己的身體是虛

無的，可以穿透一切，那時你的精神不再被束縛在小小的腔子裡，可以隨時與周遭的一切調頻成一體。

也許你覺得這種想法有點兒玄，但凡談過戀愛的人，在愛意最濃時，會產生一種很奇妙的錯覺。當你看見心愛的女生在圖書館的那頭，哪怕隔著整個圖書館，都感覺自己好像就坐在她身邊一樣，你可以感受到她的呼吸，甚至都能聞到她臉上香香的味道。你有過這樣的感覺嗎？如果有過，恭喜你，愛情的荷爾蒙就像茅台酒在我的身體裡一樣，產生了類似的狀態。

只不過對顏回來說，他不需要借助酒精，也不需要借助愛情，他只需要讓自己啟動一個開關，就可以成為具有那種狀態的人。這種狀態很像將睡未睡時的狀態，也就是腦波在θ波的狀態。

顏回經過長期的練習，也許找到了一種「致虛極、守靜篤」的齋心方法，找到了隨時把自己切到與萬物互聯的狀態，與喝了酒，或者在愛情最甜蜜的時刻差不多的連接感。把這種狀態幻化為對整個宇宙的態度，就叫仁。在道家，這種狀態叫虛；在佛家，這種狀態叫法喜。

以上僅是我的猜測，其實這是一個開放的猜測，每個人對這種狀態都有不同的理解，也許它很荒謬，也許它很可笑，但也許它是一個笨拙的中年人在談過戀愛後，在喝過酒後，在看到一段特別有意思的文章後，在與人進行一段非常有意思的交談後，曾體會過的隱隱的、會心的默契和微笑，這也許就是孔子追求的仁——可怕的是，他那可愛的學生顏回居然可以連續三個月處在這種狀態裡。

一位好朋友曾對我說了他的體驗，說有一天，他讀《六祖壇經》時，突然找到了那種感覺，整個人就像漂浮在水上，看見誰都覺得很美，恨不得在街上遇到向他招手的人，然後就把車停在路邊，牽著那個人的手，帶他走到想去的地方。

如果你從沒有過這種體驗，起碼應該知道，有人曾處在這樣的狀態裡。

06 領導力，就是有人願意跟隨你的能力

原典

季康子問：「仲由可使從政也與？」子曰：「由也果，於從政乎何有？」曰：「賜也，可使從政也與？」曰：「賜也達，於從政乎何有？」曰：「求也，可使從政也與？」曰：「求也藝，於從政乎何有？」

有一天，魯國的大夫季康子問孔子：「仲由這個人，可以讓他管理政事嗎？」孔子說：「仲由最大的特點是果斷，遇事當行則行，當止則止，該花錢時花錢，該罰時就罰，做事不拖泥帶水，這是做官的一個必要條件。讓他治理政事有什麼困難呢？」

季康子又問孔子：「端木賜這個人，可以讓他管理政事嗎？」孔子說：「端木賜做事通達，能由此及彼、舉一反三，安排一件事能立刻想到可能還會出現的另外幾種情況，並逐一做好安排。讓他治理政事有什麼困難呢？」

季康子接著問孔子：「冉求這個人，可以讓他管理政事嗎？」孔子說：「冉求多才多藝，同時處理許多事能絲毫不慌亂。你見過那種可以嘴巴吹笛子、左手打鼓、右手彈琴、腳下打節拍的人嗎？冉求就是這樣的人。讓他治理政事有什麼困難呢？」

做領導需要具備這三種素質——果、達、藝，也就是行事果斷，懂得變通，知道如何同時處理若干事。

現在很多家長都在想辦法培養小朋友的領導力。領導力是什麼？我在中歐國際工商管理學院（按：總部位在中國上海，二〇一九年在英國金融時報〔*Financial Times*〕上的MBA排名為全球第五，亞洲第一）聽到一位老師這樣形容：「領導力的本質就是有人願意跟隨你的能力。」

為什麼人家願意跟隨你呢？孔子認為，這三種心智模式是**構成領導力的重要支撐，第一個是決斷，遇事不亂；第二個是變通，知道目標在那裡，用不同的方法，組織不同的人達成目標；第三個是並行處理事情的能力，因為一位領導不可能只管一件事，要通盤考慮，很多問題同時湧現時不能急躁**。

如何培養一個人這三方面的能力呢？我個人認為，第一，碰見某些可以讓小朋友做決定的事，就讓他決定，不要他還沒有決定你就幫他決定。比如到底是吃炸雞，還是吃薯條、還是吃回鍋肉、還是吃肥腸……只要沒有太違反原則，小朋友想吃什麼，就讓他做決定，不要喝斥他，不要否定他。從小沒有做過決策的人，你要他長大了有決斷力，這是不可能的。

第二，遇到困難時，要鼓勵他嘗試多種方法去解決，此路不通，那就繞過去，換個方法再來一次。

第三，訓練他在同時面對幾件事時不慌亂、不恐懼。許多父母這輩子自己的功課都沒有做完，還試圖把孩子培養成這樣的人，多少有點兒匪夷所思。

孔子認為，不是每個人都能擁有這三方面的能力，能有其中一項已經很好了。如果你有孩子，應該觀察他有可能培養出果斷的能力，還是通達的能力，還是並行處理事物的能力，結合他的星座，結合他的情緒反應模式——總有一款適合小朋友成長。

我讀古書發現，還聽一些老人家說：「在古代，一位太太之所以能把老公培養得相當優秀，也是因材施教的結果。」這就是相夫教子，也是一種核心能力，這種能力從哪裡來？從爸爸那裡來，爸爸教了，女兒懂了，就知道將來有一天如何幫助先生、孩子展開他們的勇敢、堅毅，邁向成功的人生。

所以，男人選女人，本質上是選她的父母。你想娶一個什麼樣的女人，就看她的媽媽是什麼樣的；你想成為一個什麼樣的男人，就看她的爸爸是什麼樣的。如果你認為自己很尊重一個女孩子的爸爸，很願意親近她的媽媽，那這個女人可以娶。

反過來，一個女孩子應該嫁給什麼樣的男人呢？女孩子得看這個男人的爸爸是不是獲得他的尊敬，是不是讓他有種想成為他爸爸，甚至超越其的可能性。同時，你要看到男孩子和他媽媽相處過程中的關係，從小怕媽媽的男孩子，長大了怕老婆；從小懂得怎麼哄媽媽高興的男孩子，長大了知道怎麼哄老婆高興。這都是原生家庭的投影。

領導力，歸根結柢為三種模式——果、達、藝。

少指令、多培育，倍增你的影響力

後來，孔子的這三位學生果然都相當優秀，成為歷史上著名的領導者。我們不由得想，孔子真是偉大的教育家，盡管他未必實現了自己的政治理想，完成政治抱負，但透過另一種方式——教育學生，因材施教，延伸了他的政治生命。

現代人在四十歲以前（古人在三十歲以前），主要學的是如何從師；過了四十歲，就要知道如何帶徒，或者找到一群將來註定會超越你的、比你更優秀的小朋友，在力所能及的時候幫助他們成長。等你老了，這些小朋友獨當一面，逢年過節還會跟你打招呼。

當然了，做老師不一定要那麼功利，等著學生向你表達尊重，現在的學生都很忙，尤其是成功的學生，自己的微信消息都回不完——逢年過節每條微信都回覆，也是一件很辛苦的事。其實，培養出了優秀的學生，也算是一個人此生最大的成就之一。

為什麼在某種程度上，一個人過了一定年齡後，要開始學會尋找學生呢？道理很簡單，因為你的孩子很少，現代人不可能生很多孩子，而且你的孩子也未必足夠優秀，有時孩子跟著媽媽學得非常優秀，但未必能學到你的優秀，對吧？

孔子與季康子對話時呈現出他最了不起的一種特徵——用一個字概括一個人，這就像一位偉大的漫畫家，畫成龍，就是成龍的樣子；畫劉德華，就是劉德華的樣子，為什麼？因為他抓住了這個人的主要特徵。

孔子也是一樣，能用一個字抓住一個人的主要特徵，是因為他的內在有許多情感模式。只有當他的內心果敢、通達、多才多藝時，才能看見別人的果敢、通達、多才多藝，這就是仁。只有你的內在有足夠多的頻段，才能與不同的頻段建立連接。當然這些不同的頻段最後可以歸結為一種頻段——敏而好學，孔子一定是在很多時候揣摩過每位學生與生俱來的天然頻段。

有一天，我在雲南與研究音聲法門的黃敏男老師聊天。他告訴我，其實每個人都有自己固有的振動頻率，如果你活在這個振動頻率裡，就會很自然、很和諧。

黃敏男老師是一位很著名的音樂製作人，他講了一個故事給我聽，有一天他幫一位歌唱家做聲音指導，這位歌唱家以前唱的是中低音，很好聽，而且他很享受唱歌的過程。

最近幾年，他唱高音時總唱不上去，感到很累，而且身體也出現了問題，甚至感覺自己有點憂鬱症。

於是，黃敏男老師就問這位歌唱家：「為什麼要唱這麼高？」後來得知是因為參加選秀節目的歌手都喜歡飆高音，很多聽眾也喜歡這種感覺。於是黃敏男老師跟這位歌唱家說：「你知道嗎，其實你應該回歸唱歌的初心，不是為了選秀節目，也不是為了聽眾，僅僅是因為這樣唱你會感到舒服、開心，你能感到與所有的人、事、物都充分的、和諧的連接，對不對？」歌唱家說：「是啊。」「所以，你應該回到自己的頻率裡去。」

所謂的根本上師，可能在某種程度上來說，就是你的頻段，不同的上師是不同頻段的品牌標籤，它只是一個名相。尋找根本上師，就是找到和你同氣相求的老師。

每個人都應該回歸與生俱來的，讓自己舒服，也讓別人舒服的頻段上，這個頻段就是你的根本上師。所謂佛祖心中求，祂不在外面，而在我們與生俱來的頻段裡。

如何知道自己的頻段在哪裡？有一個很好的方法——找一間錄音室，唸誦不同主題的內容，聽著聽著，你會發現某些內容和某種說話的節奏，是自己聽起來感覺特別舒服的，這就是你的根本頻段。

07 不做，常常是一種很高級的作為

原典

季氏使閔子騫為費宰。閔子騫曰：「善為我辭焉。如有復我者，則吾必在汶上矣。」

我以前聽說「半部論語治天下」，但總是不懂其中的原委。自從開始學習《論語》，才發現原來幾句話真的可以點撥一個人行走江湖。

本篇學習的《論語》中的這句話，給後世帶來了很多啟發——季氏使閔子騫為費宰。閔子騫曰：「善為我辭焉。如有復我者，則吾必在汶上矣。」

季氏是季康子，就是前文提到的，問孔子要學生到自己手下做大官的人。他是魯國的大夫，是魯國的權臣，把持朝政。當時的魯國君弱臣強，季氏是一個大家族的掌門人，他控制了一個很大的官僚體系，表面上尊魯國的君主為國君，實際上在自己的領地內為所欲為。他招了很多人去幫忙，有人說：「魯國的國君都不知道原來有那麼多優秀的學生，而季康子卻知道。」遂可見，權臣也有權臣的過人之處。

這次季康子又向孔子要人，要的是一個叫閔子騫的弟子，想讓閔子騫去做費宰（費邑的縣長）。閔子騫回答：「請幫我推掉吧！如果再要我去，我會逃去汶上。」汶是汶水，是齊國和魯國的交界，齊在上，魯在下，所以汶上指的是汶水之北，也就是齊國。

後世關於閔子騫為什麼拒絕季康子的邀請，有很多猜測，有人說：「閔子騫已經看到了季氏不守君臣之道，所以不願意為他服務。」在清朝有位叫毛奇齡的大學者，寫了本書叫《四書改錯》，專門針對朱熹的《四書集注》。毛奇齡經過很多考究，認為閔子騫不願出任費宰是因為那個地方很混亂，有反叛，他決定不蹚這趟渾水，反正去了也會受辱。

有時環境很複雜，過於剛則容易斷，過於柔則容易受辱，不如退而結廬，好好修養自己的德行。

毛奇齡的解釋很好的注解了一個有智慧的人做的事——不做。就像二〇一八年最優秀的投資經理，只要能做到一件事——什麼都不投，不買A股、不買港股、不買美股、不買比特幣、不買房子……就已經躺著贏。

不做，可能是諸多策略中最有意思的、往往被我們忽略的一種做，這叫無為之為。僅僅是因為你拒絕，也許已經可以保證不失去面子了。

巴菲特說：「投資的要領，第一，不要虧錢；第二，記住第一條。」他不講如何賺錢，只要你不虧，保證手上有現金，當風浪來時，別人都虧得不行了，你便可以去撿很便宜的資產。很多人都不理解，為什麼巴菲特現在還買蘋果的股票——「看看看，笨了吧，老頭老了吧，不懂高科技了吧，你看蘋果的股價跌成『狗』了吧……」。

其實，他們完全不了解，今天的蘋果才九倍PE（Price-to-Earning Ratio，本益比），A股跌成這個樣子，還幾十倍PE，很多龍頭績優股，都是三、四十倍PE。相比之下，蘋果才九倍，手上握著幾千億美金的現金，如果短期內公司不會倒閉，蘋果哪怕變成一家投資公司，什麼都不做，把硬體部門全賣了，就像當年IBM把它的硬體部門全部賣了一樣，只做作業系統，收專利費，然後拿錢去做理財，理論上來說都不只九倍PE。如果蘋果的股價再往下掉，我真的覺得這是這個時代給予的契機，拿著那麼大一筆錢，可以做很多事。

如果特斯拉的股價跌得不行了，蘋果把特斯拉買了呢？如果特斯拉用的所有系統都是蘋果的呢？你可以想像這意味著什麼嗎？很多人都說：「蘋果的產品價格那麼高，這是掙盡了最後一塊銅板，沒天理啊，跌死它……」你又怎麼知道蘋果沒有在另一個維度上看到了一種可能性呢？

我不是為蘋果拉抬，作為一個旁觀者，有時會表揚它，有時也會批評它的策略。但我覺得現在人們匆忙的對蘋果的業務進行判斷，對巴菲特投資它進行判斷，都是很危險的，因為我們沒有看到蘋果具有的一樣東西的價值——帳上有很多現金，沒有過度投資，沒有大撒錢，這就叫無為。

不做是為了更好的做

假如全球股市往下探底，到時會湧現出非常多優秀的、可以白菜價（按：指一件物品現在的價格，相對本身價值或者曾經的價格而言十分便宜）收購的公司，估計那時唯有蘋果這樣的公司，才有足夠多的現金。巴菲特買蘋果的股票哪裡是在買一家高科技公司，而是在買一堆錢，買一堆可以用來放大自己投資能力的錢，就像他買銀行、保險公司的股票一樣，他現在買的是錢，再用買回來的錢，在市場低迷的時候收割過去幾十年來最優質的資產，這就叫不做是為了更好的做，無為而有大為。

閔子騫深深懂得這個道理，他能退守一旁，絕不去多事的地方做官，本質上已經贏了半步，甚至已經贏了一步。如果他當時去了，也許連命都沒了，還談什麼後來的政治發展？「君子不立於危牆之下」，不做，常常是一種很高級的做。因為你不是為了突顯自己在做什麼，而是你知道想要的結果，也知道用不做的策略更好。

以前我讀不懂《論語》，直到四十幾歲終於發現，怪不得孔子後來成為萬聖師表，因為他的學生中太多人當官。當官的人就會培養出更多當官的人，一步一步，後來每個朝代當官的人中都有他的徒子徒孫，你覺得孔子怎麼可能不成為「萬王之王」呢？有時一些事一開始，結果就已經註定了。

我常常在想，要是在小時候就有人跟我講過《論語》，我能少走多少彎路啊。後來才想起來，歷朝歷代的年輕人都是讀著《論語》長大的，蘇東坡、王安石、張居正……哪個不是讀完四書五經後出來做大官，做到行雲流水，當斷則斷，左手寫詩，右手理政，左右逢源。尤其在宋明時期，唐宋八大家都被認為是相當了得的人物。

後來人們把儒學讀傻了，倒也沒有辦法。每當我想到自己四十幾歲時還有機會學習《論語》，就感到很慶幸。也許我讀的書未必能入你的法眼，不過你看到我已經是四十五歲的人了，還在從頭學習《論語》，也應該相信一個人是真的可以活到老學到老的。

08 疾病是科學，跟一個人的性格與品德無關

原典

伯牛有疾，子問之，自牖執其手，曰：「亡之，命矣夫！斯人也而有斯疾也！斯人也而有斯疾也！」

有段時間，網路上流傳著一些我十年前接受訪談時提到的觀點——心性對一個人的健康很重要。那時我認為一個人的性格、品德……可以凌駕於物質之上，因此如果一個人生病，本質上一定跟他的心理有很深的關係，而一個品格高尚的人就應該長壽。

現在看來，當時有那種想法是因為我讀書不精、根基不深。因為我在學《論語》的過程中，發現在孔子生活的時代，已經在面臨這個問題了——我們的疾病和品格到底有什麼關係呢？

伯牛有疾，子問之，自牖（按：音同「有」）執其手，曰：「亡之，命矣夫！斯人

也而有斯疾也！斯人也而有斯疾也！」

有一天，孔子很悲傷的去看一名叫伯牛的學生，伯牛就是冉耕，孔門十哲之一。孔子從窗外伸手進去，握著伯牛的手看他。

為什麼孔子要站在窗外？有很多種解釋，其中一個版本說冉耕得了一種很嚴重的疾病，可能會傳染，所以孔子只能隔著窗戶遠遠的看一眼，但內心還是很悲傷，於是冒著生命危險握了一下他的手，說：「亡之，命矣夫！斯人也而有斯疾也！斯人也而有斯疾也！」這句話的意思是，像你這樣優秀的人，那麼高尚、那麼淡然、那麼通天理、那麼聰明、那麼具有廣泛的同情心、那麼助人為樂，怎麼會得這樣的病？傳言伯牛得的是痲瘋病。

這件事有一個很有意思的討論，不知從何時開始，在儒家這種正統學科裡，很少提及自然科學。從某種程度上來說，那是為了道統服務的，沒有學派認為自然科學是一門獨立的學科。也許我的判斷不對，總之科學家李約瑟（Joseph Needham）也提出了一個問題：「為什麼科學和工業革命沒有在近代的中國發生？」這就是著名的李約瑟難題。

結合我之前講的，在很長一段時間裡，我都認為一個品格高尚的人是不應該生病的，生病是因為心理原因，歸根結柢，要不是自己的內心出現了問題，要不就是做了壞事，受到了來自上蒼的詛咒與懲罰。現在看來，我們的確應該修正這種態度。

很多「佛裡佛氣」、「道裡道氣」的朋友得病後，不去看病，而是跑去找「神仙」畫符。這樣的人我這些年見得太多了，其實真正有效的並不多。我觀察大部分人，其實都是心理暗示起了作用，類似於催眠術的技法，再加上一些醫療行為。

因此，我們對此應該有一個清晰的洞察——對大部分人而言，品格遠沒有敗壞到身體變差，或者高尚到不生病的地步。我們不可以輕易的把疾病與一個人的性格、品德，乃至心性直接畫等號，一旦你有了這樣的想法，其實非常危險。它最大的危險是，我們遇事時大都尋找主觀原因，而沒有看到客觀世界的變化對我們的影響。

儘管從終極智慧上來說，主觀和客觀也許是一體的，套用一句似懂非懂的話，物質和能量總是可以對接的。我覺得，這也許有一定的道理。但在學習了這篇後，我想鄭重而認真的對大部分朋友說：「不要太過『佛裡佛氣』、『道裡道氣』，佛家智慧、道家智慧都不是這麼簡單的。在我們大部分人的俗世生活中，還是應該按照俗世的遊戲規則做事，還是應該尊重整個技術世界的變革給人類帶來的變化。」

不管信什麼，一定要知道信仰都和當代的科技同在

在《冬吳同學會》節目裡，我也提出了這個問題，我說：「這幾年我最大的一個反思

就是，我已經是四十幾歲的人了，才更加堅定的確信——以前我們相信有一個終極真理，人們只要不斷的接近它，並臣服於它，就可以解決一切問題，但其實這樣做阻礙了我們拓展自己邊界的可能。」

哈拉瑞在《人類大命運》（*Homo Deus The Brief History of Tomorrow*）裡舉了一個例子，古時候，無論哪個民族都有巫師，會舉辦向上蒼祈雨的儀式，無論是東方國家還是西方國家，都有類似的儀式。也許有時巫師的祈禱是有效的，但如果你了解一些最簡單的空氣動力，還有物理和化學的知識（比如人工降雨），就會知道不用祈雨，僅用這些方法就可以達到降雨的目的。

以前我也跟大家分享過，一家以色列的公司發明出一種直接插上電以後，就能把空氣中的水變成純淨水輸出的裝置。理論上來說，家裡只要有電源，插上那臺機器，不需要接水管，就可以把空氣中的水全部變成可以飲用的純淨水。你想想看這意味著什麼？意味著你們家生活中需要的淡水只要空氣中有就行了，這樣減少了多少成本。

你可以藉由拜佛、修行做到這些嗎？也許可以，但我還沒見過哪個修行之人，站在那裡五分鐘手上就能滴出一大杯可以飲用的純淨水。換句話說，之所以有那麼多人容易被所謂的大師騙，究其原因，第一是對科學的不相信，第二是心中充滿了一種超級幻想。

孔子說：「這樣品格的人怎麼會有這樣的病呢？」這句話隱含著一種判斷——一個人

品格高尚，就不應該得這樣的病，但更深層的含義是，品格與疾病有某種等號關係。

對這一連串的暗示、假設、可能，也許孔子並沒有那麼強烈的指標性，但對後世來說，許多人卻在不知不覺中學偏了，學到凡事都不講客觀世界，凡事都落在心性上，落在品格上，落在主觀世界上……。

有個著名的笑話，有一次，一個人在水裡快被淹死了，經過的一艘船要救他，他說：「不，我是上帝的信徒，我要上帝來救我，你走吧。」後來又經過了一艘船，又來救他，他還是不給救，等著上帝來救他……最後他死了，到天堂時，他指責上帝：「我一輩子如此虔誠的相信你，你為什麼不來救我？」上帝說：「我派了那麼多船經過，你都不上船，我有什麼辦法？」

本篇我們學習的這段話很簡單，說的是古人在面對傳染病時，只能很傷感，而今天人類透過簡單的牛痘接種，基本上已經在地球上消滅了天花。

人類在整個醫療保險、社會保險和科技體系裡活得越來越長了，連撒哈拉沙漠等很多地方的人均年齡都超過了六十歲，中國霧霾比較嚴重的地區，平均壽命也八十幾歲了。從大數據樣本來說，科技的進步、中醫和西醫的共同努力，提升了大家的健康水準，起碼是延長了平均壽命。

當然還有很多朋友說：「這是戰爭減少導致的。」但你有沒有想過為什麼戰爭會變少？其中一個很重要的原因，就是科技發展到一定程度，加強了全球化的貿易，大家都在做生意，貿然打仗對雙方都不好，這就是墨子崇尚的觀點——「交相利」——互相有利益交換時，對和平是有幫助的。

曾經有位佛學修為很深的老師跟我說：「如果有菩薩，如果菩薩真是我們理解的無所不在的，那為什麼科學不是祂帶給我們的恩賜呢？」

想想也是，你為什麼要把這一切排除在外呢？

09 享受清貧和追求財富，都要有一個度

原典

子曰：「賢哉回也！一簞食，一瓢飲，在陋巷。人不堪其憂，回也不改其樂。賢哉回也！」

本篇我們學習《論語》中非常著名的一段話，相信幾乎所有朋友都聽過。

子曰：「賢哉回也！一簞食，一瓢飲，在陋巷。人不堪其憂，回也不改其樂。賢哉回也！」在孔子心中，顏回在某些時候是一個超越了自己的人，孔子甚至認為，他的仁德不在自己之下，他非常愛這個學生。

孔子說：「顏回真的是太好了！他可以一天只吃一簞飯（簞是一種盛飯的竹器），喝一瓢冷水，住在很簡陋的小巷子裡，房間也很小，但顏回仍然能保持內心的平靜與快樂，堅持他的志向，真是賢人啊！」

可以想像當時沒有暖氣、沒有空調、沒有自來水、沒有抽水馬桶……在什麼都沒有的情況下，顏回生活得很窘迫的場景嗎？

安貧樂道，是儒家提倡的價值觀。現在日本也在流行一種清貧美學——年輕人宅在家，過著最簡單的、要求最低的生活。有的日本人認為這是具有某種美學意味的生命狀態，為此，不工作、不努力似乎也擁有了某種精神上的清高感。

《論語》中的這段話放在顏回生活的年代是有價值的，因為並不是顏回想過那樣的生活，而是他在不得不成為一個在物質上窘迫的人時，仍然有一顆強大的內心，沒有因此讓自己不快樂。

我們應該怎麼看待這件事？在我看來，一個人的貧窮和富足，的確不完全是自己能左右的。生活在某些年代、某些地方，一個人可能真的只能以一種很拮据的方式生活。

在這樣的情況下，如果你要脫離這種貧困的生活，就要改變你的志向、趣味、性格，甚至違背內在的價值標準，這麼做也許是不值得的。但從另一個維度看，我們在讀《論語》中的這段話時，很多人，包括我年輕時，都會把它當作一種絕對的現象——好像只能這樣，你就應該窮著，然後保持內在的歡喜。但如果在現代社會，一個人要想每天吃得飽、穿得暖，如果身體還算健康，沒有重大疾病，他完全可以做一份不太損害內心的工作，來保證稍微溫飽的生活。

人為什麼一定要把自己放在很窘迫的情況下過著快樂的生活呢？我倒沒有提倡一定要過上非常奢靡、富足的生活，但當我四十幾歲時，如果我的學生處在這樣的狀況，我大概還是會勸他：「應該去找一份工作，起碼能讓你活在溫飽的狀況下，不至於讓父母擔心。如果你有家庭，也不至於讓妻兒跟你一樣，活在吃不飽飯、冷得要死的狀況裡。」

我想講的是，時代的確不一樣了，現代社會和孔子所處的年代是不一樣的。一個人完全有可能在當今社會，不用太過分的努力，就能過上吃得飽、穿得暖的生活。

所以，重點不是對貧窮的追求，而是不管在什麼樣的狀況下，都不要改變自己快樂的心性，在以此為條件的基礎上，略微對自己好點兒，不至於活得太窘迫。

不要為了追求財富而忘了初心

某種程度上來說，我相信孔子也不是一個鼓勵大家追求貧窮的人，只不過對追求財富這件事，我們在內心的確要保持一種清醒——一個人賺再多錢，也不一定能達到完全的財務自由。就算實現了財務自由，如果你不能因此獲得快樂，很多人仍然會由於擔心怎麼保留錢：過兩天是不是要被課稅，子女會不會因為爭家產而把自己折騰得夠嗆，有沒有可能被人搶劫……活在這樣的惶惶不可終日的擔憂中，痛苦就會隨之而來，這是沒有必要的。

我相信孔子的重點，是在提醒我們，**不要為了追求財富，而忘了初心**。中間的度在哪裡？相信在一個基準的溫飽線，不至於讓自己又冷又餓，四十歲左右就由於營養不良導致身體太差，過早結束了生命，這也是一件很悲傷的事。

在顏回和孔子過往的故事裡我們看到，顏回的生活真的很窘迫、很苦，四十多歲時就過世了，他那麼有知識，那麼敦厚，有那麼愛他的老師，那麼熱愛生命，卻被迫早早的結束了一生，這不僅對他來說是一件不幸的事，對愛他的老師而言，也是一個巨大的打擊。

孔子在不同的篇幅裡，都表達了他最愛的學生過早離去給他帶來的傷痛。一位老先生做過宰相，門生遍天下，在世時名望已經很高了，食不厭精，膾不厭細，能編書，會彈琴，能拉開大弓，會下棋，會算命，精通《易經》……但他最愛的學生卻很早就離世了，這無論如何都是一個人生悲劇。

我二、三十歲時讀這段話，隱隱的會產生一種對顏回的生命狀態的羨慕，覺得他的精神是很高級的；到四十來歲時才發現，我對這件事的理解太簡單了。人不應該活成這樣，而應該用一些簡單的方法，讓自己獲得基本的營養攝入，維持基本的飽暖，否則，最後的結局並不會讓人感到愉快。

有一天，我參加一家保險公司的年會，我突然很感慨，許多人年輕的時候不做規畫，到了老的時候，就會活得很被動。

想起我之前看的一部電影，是北野武先生導的《極道老男孩》。這部電影很好看，講的是一群黑社會成員年輕時飆過車，泡過妞，放浪形骸，快意恩仇，老了之後活得很窘迫，還被兒孫奚落，有的甚至在街上騙吃騙喝……看起來真是讓人傷感，他們年輕時都在做什麼呀？

我以前做記者時採訪過很多老藝人，他們年輕時也紅過，就跟現在很多網紅一樣，有過屬於他們的風光歲月。他們年輕時去吃宵夜、打牌，一晚上能輸十幾二十萬，那時尖沙咀的一間商鋪才二十萬，現在大概值兩、三個億。

那時的很多藝人後來晚景淒涼，身體不好，孩子也不管他們，就像《極道老男孩》裡的那些黑社會成員，老了之後活得很慘。其實他們的問題都不是追求快樂——因為每個人對快樂的追求都有自己的指標，不能統一——而是對自己的人生沒有規畫。

你是否有某種程度上的長期規畫、基於自律的規畫上的安排？

人為什麼不能像貧窮版巴菲特那樣，比如只有巴菲特億分之一的財富。但過的人生不浪費、不放棄學習、不放棄賺錢、不放棄投資、不放棄規畫自己的人生……所以巴菲特成了今天的巴菲特。

想來，我們在讀古書時，一定要保持一顆明定的心。

《論語》中的這段話不是提倡貧窮，也不是提倡吃不飽飯，住在陋巷，而是如果實在沒有辦法要過一種貧困的生活，你也應該保持一種快樂的心態。尤其在當今社會，哪怕你保持快樂的心態，也不妨礙你過得稍微好點兒。這是我讀書時的一個感慨，想和大家做一個坦誠的分享。

不要為了追求貧窮帶來的清貧的高級感，而真的把自己推到了生活窘迫的角落。

10 別人的生活真相，不要去拆穿

原典

冉求曰：「非不說子之道，力不足也。」子曰：「力不足者，中道而廢。今女畫。」

在上一篇裡，孔子表揚了顏回，接著就批評冉求。顏回和冉求都是孔子最優秀的學生，顏回安貧樂道，英年早逝；冉求是實用主義者，非常聰明，後來做了魯國季氏的家宰。季氏是一個大門閥，執掌魯國的國柄，所以冉求做了季氏的家宰，其實已經執掌了魯國的財務。

在這個過程中，季氏做了一些不合禮的事，比如祭泰山，泰山哪是一般家臣能祭祀的，那是天子祭祀的地方；後來季氏又做了一件事——改田賦聚民財，就是透過收稅手段的改變，聚斂了很多民間財富，冉求不僅不勸阻，反而為其出謀劃策。

孔子對這些事深惡痛絕，甚至說冉求「非吾徒也。小子鳴鼓而攻之，可也。」——冉求不是我的學生，同學們，如果你們要敲起鼓去打他，我認為也是可以的。這時深深愛著老師的冉求，跑來跟孔子說：「非不說子之道，力不足也。」——不是我不支持、不信奉老師說的這些道理，我是迫不得已的，拿人錢財，替人消災，我現在給別人打工，老闆要求這樣，我只是做打工仔應該做的事而已，老師您就原諒我吧，我是不得已的。

子曰：「力不足者，中道而廢。今女畫。」關於「中道而廢」有很多版本的解釋，有一個版本說：你不是說你力有不足嗎？如果力有不足，那就死在半路上了，顏回就是力有不足，走一半就歇那兒了。

如果你還好好活著，說明你不夠真誠，是你在內心給自己畫了一個圈，說：「這件事我能做，那件事我不能做……」所以，這不是你迫不得已、被迫無奈要做的事，就是你自己想做。

雖然冉求被老師劈頭蓋臉的罵了一頓，但絲毫沒有妨礙他對老師的愛——後來出人、出錢，努力傳播老師的思想，盡可能達到老師提倡的仁的境界，追求大道。

這件事很有意思，孔子一邊表揚他最愛的學生顏回安貧樂道，一邊痛心疾首的批評這些事業成功但並不完全合道的學生。與此同時，他也沒有拒絕這些學生傳播他的思想。

這也是孔子的無可奈何吧，這種無可奈何，也是對學生多元化的接納。有些學生就是主張殉道；有些學生就是不可靠、不成器，沒有達到精神上的最高境界，卻在世上獲得了成功，獲得了成功之後，還回來幫助老師傳播思想。

試想，如果孔子的學生都是顏回，我們還有機會聽到他的理論嗎？如果沒有那些事業成功的、會賺錢的、會武功的、在朝中辦事的學生，我估計老師都餓死了。孔子又何嘗不知道這種尷尬呢？這就是所謂真實的人生吧。

生活的真相，也許真的不需要被戳穿

當我們讀《論語》時，跳出這句話，把自己還原到那個時空中，你可以感受到什麼是真實的世界嗎？

如果我們把自己投射到那個時空中，會看到另一種無可奈何——一方面，老師在內心真正喜歡的、認同的是顏回那樣安貧樂道的學生；另一方面，其實老師也真的需要像冉求這樣，不那麼遵循他遵循的真理，卻在現實生活中生活得很好，並且還幫他傳播思想的人。孔子就有這樣的學生，而且還真需要他們，這該如何是好呢？這才是人間的真相啊。

有人借此攻擊儒家虛偽，但我認為，這恰好是孔子的偉大之處。說得好聽點兒，他能相容並蓄、有教無類，無論什麼根器，無論什麼段位的學生，都能包容；說得現實點，那就是為我所用——有的學生我用來彰顯自己對道的熱愛，有的學生我用來成就一段機緣。也許他幫我傳播思想的錢，是用我批評的方式得來的，但沒有辦法，因為這些錢最後可以用來傳播正能量。

你如何看待這種人生的無奈呢？如果你認為這是一種權宜，就會因此充滿沮喪；如果你接受這種複雜而無奈的狀況，並視它為生活的本質，就會擁有某種坦然感。

生活的真相，也許真的不需要被戳穿。

有部電影叫《來電狂響》，講的是七個人吃飯時，都把手機交出來，很多人都覺得自己的電話裡沒什麼，但在吃飯的短短兩個小時內，簡訊、電話，只要把內容念出來，都帶出了每個人的種種不堪……。

很多朋友看完這部電影後，都感到絕望——生活怎麼是這樣的，是不是我旁邊最信賴的親人，也是這樣呢？

後來，有位朋友跟我說：「其實，作為一個成熟的人，首先得知道，這就是生活，再喜歡你、認同你的人，也許在某些生命片段也有背叛你的時刻，就有如無論你認同誰，也會不經意的做出一些傷害他的事。但我們一定要把他揭穿嗎？一定要把他看清楚嗎？我們為什麼不選擇只看見好的部分，只看見能接受的部分，而刻意忽略一些不好的呢？」

借假修真，就是藉由一些片段的假，修對生活真誠的嚮往，這可能就是我們在此生能做到的最積極的努力。從表面上看，這樣的態度顯得有點兒悲觀，但其實它可能才是真正的終極樂觀，或者是謹慎的、有品質的，並且導向良好結果的樂觀。

我感覺自己已經能漸漸理解孔子超越無奈之上的坦然，他可以很坦然的批評冉求，甚至說：「我跟你不是師徒關係了，小的們，打他！」但他也可以很坦然的接受冉求的資助，繼續把他的學問發揚光大，這些都不能讓孔子產生任何矛盾和焦慮，這是超越二元對立、超越自我情緒價值認同、超越好壞的一種不二心法。我相信孔子對這種做法沒有違和感，儘管他知道很矛盾，但他不違和。

讀《論語》真是一件很愉快的事，尤其當我們讀到孔子的狀態，當我們讀到他超越這些痛苦和矛盾之後，還能坦然的那種語氣，就能慢慢的對周遭種種不合理、可行性低的事採取一種該罵就罵、該用就用的態度。這才是真正的儒家精神。

也許你會認為我把這段解讀得庸俗化了，但它恰好成為中國實用精神的源泉。也許你認為由於實用主義精神缺乏對理想的追逐，而顯得沒有精神、宗教、哲學的況味，但恰好是這種和光同塵的揉捏在一起的實用精神，令這個國家可以在短短的三、四十年內，從一窮二白成為今天的泱泱大國。

我們該如何評價這一切呢？了解它並明白它，可能是唯一的法門。

11 動機不純正，做什麼都覺得苦

原典

子謂子夏曰：「女為君子儒，無為小人儒。」

我們都知道，孔子是學霸。學霸不僅學得好，而且善於學習、享受學習的樂趣，還知道怎麼指導別人學習。這一系列的背後是什麼呢？

有一天，孔子要他的學生子夏來接受批評，其實也不是批評，就是長輩對孩子既愛又憐，所以有時會直接告訴他應該怎樣做，而不是像蘇格拉底那樣，透過一系列的追問得出答案。

子謂子夏曰：「女為君子儒，無為小人儒。」

孔子對子夏說：「子夏同學，請你記住，要做君子儒，不要做小人儒。」儒，這裡指讀書人。讀書，還分君子和小人嗎？作為孔子的學生，子夏讀的也一定是聖賢書，他不會隨便找各個版本的《金瓶梅》做訓詁，也不會研究貨幣、國際貿易對房價的影響，到底應不應該搞P2P……子夏肯定不會做這種事，為什麼孔子還要很直接的告訴子夏，你要做君子型學者，而不是小人學者呢？

假設兩個人都學一樣的內容，那還有君子和小人之分嗎？也許有。我有個感悟，讀書最大的樂趣是，一個人經過讀書赫然發現，原來自己並不是孤獨的，你以為自己明白的道理，原來早有人比你更有系統、更深刻、更完整的表達了出來。你隔著時間、空間與作者形成了默默的契合，也就是默契，心裡有種因為共振而被電到的舒爽感，這種快樂本身也許就是讀書最大的樂趣。

或許讀書不僅是讀書，而是藉由語言這個媒介，讓我們意識到可能真的有超越每個人之外的獨立世界的運行體系，否則怎麼會有兩個原本不認識的人，講出差不多的話，得出差不多的感悟呢？雖然彼此不認識，但共鳴的快樂是真快樂，「有朋自遠方來，不亦樂乎」的「朋」，一定是同道中人。

曾經有位朋友告訴我一件有意思的事，有一天他在鋼琴上彈奏了一段自己創作的樂曲，他覺得旋律特別好，結果過了一年，他在聽一位非常冷門的、以前沒有聽過的音樂家的作品時，居然聽到了這段旋律，他確定這不是藉由某種回憶而來，而是他的內在宣發出來的。隔著國家、隔著時代，他居然跟一位陌生人演奏出一段同樣的旋律，你會不會覺得跟不認識的陌生人是熟悉的呢？熟悉的陌生人，這種感覺很微妙。

動機不純，做事就會苦哈哈

「君子儒」——一個為了自己的快樂，為了明道而讀書的人，讀書時快樂的主要內容，來自和作者形成的共振。

什麼是「小人儒」呢？我個人認為，就是一個人讀書時，很清楚的覺得要用它來光宗耀祖，拿它來做知識付費節目，要證明自己，甚至在寫文章時要去搜一些名人名言，然後把這段話拷貝過來……。

總之，當我們讀書時，懷著另一個夢想，就不在當下了。我們常常說，仁者，全然的活在當下，並與宇宙萬物連接。就讀書這件事的比喻，幾乎可以擴展到很多其他方面，比如談戀愛就是談戀愛，談戀愛是因為在這個當下，你和這個女子聊得開心，願意牽著手，彼此保持著安靜的沉默。

如果這場戀愛是為了某個目的，哪怕這個目的可能是很高尚的，比如生小孩，或者不買房，又或者是為了什麼……也不是說這些目的不好，而是我們在談戀愛時，想的全是未來，或者過去，卻忘了當下一起吃肥腸，一起用一個盆洗腳的快樂。其實這種快樂的真實感是不一樣的，也許以後你會忘了這時到底在幹什麼，只想到了當時你們在展望未來。讀書是這樣，談戀愛是這樣，做事也是這樣。

有一次，我和老吳在《冬吳同學會》節目裡聊到一個話題，為什麼不建議大家去看那些創業很成功的人的故事，或者他們拍的電影。比如你看一部講述臉書或蘋果創業史的電影，也許電影是很真實的，但它畢竟是有時長的，所以只會把一些具有衝突意味的時刻呈現出來，無論是善惡美醜，所以我們在看時，以為經營公司就是這樣。

其實，如果真的經營公司，你會發現，做得最多的事就是開會、討論預算、討論產品、與消費者聊天、解決投訴、稅務籌畫……每天的工作都是周而復始的、類似的事，不同的崗位有不同的事。如果我們把做公司這件事拍成了電影，註定會讓人覺得無聊，甚至不真實。

推而廣之，**生活本身就是生活，而不是為生活做準備；讀書，本身就是讀書，而不是為了把書讀好以後幹點兒別的**。這就是生活，這就是君子儒與小人儒。

孔子跟子夏聊到讀書這件事時，反覆強調：「你要把書讀到與自己的感悟同齊的狀態，而不是想著讀書有什麼用，將來要怎麼樣。」也許這是我狹隘的理解，我不反對做事的時候內心懷著目標、結果、導向，但如果每一時刻都活在對目標和結果的想像中，而忘了這件事本身，多少是對生命的浪費。

我相信，巴菲特在賺錢時，一定沒有想賺了錢後要買多少炸雞腿、炸雞翅、飛機……或者留給兒女花，甚至流芳百世。他賺錢，僅僅是覺得自己看見了一些像水一樣的動態平衡的東西在面前晃來晃去，當水晃到一定角度時，就出現了價值偏差——價值和價格之間出現了一條縫隙，一束光透了進來，他捕捉了那束光，然後下了單。我相信他可能是體會賺錢本身，或者買賣股票本身就是一切，而不是買賣完，賺了錢之後要怎麼樣。

12 是人才還是廢柴，怎麼選？

原典

子游為武城宰。子曰：「女得人焉爾乎？」曰：「有澹臺滅明者，行不由徑。非公事，未嘗至於偃之室也。」

學習《論語》的過程中，有時會讓我覺得很打臉，因為常常會在孔子對聖人、小人、君子的評價中，看見他隔著幾千年的時間，暖暖的批評你的眼神。但有時你又會覺得老先生太可愛了，他把許多真實的人世間的方法論、操作流程，透過他和學生對話的方式分享給你。也許明白其中的一句話，就足以在世界的某個角落成為一個很好的人了。所以孔子常常表揚他的學生：「有的學生，在我講完一句話後會說：『您不要再跟我講了，昨天講的我還沒做到，先不學新知識』。」

本篇要分享的這段是講如何選人。如果你是主管，要選什麼樣的人做同事；如果你是投資人，要選什麼樣的人的公司投資；如果妳是丈母娘，要選什麼樣的人做女婿（如果女兒願意聽妳的意見）……以下這段對話可以給予我們相應的啟示。

子游為武城宰。子曰：「女得人焉爾乎？」曰：「有澹臺滅明者，行不由徑。非公事，未嘗至於偃之室也。」子游是孔子非常有才華的弟子，二十多歲時就被任命為武城的長官。子游被委任為長官後，孔子問他：「你發掘人才是以什麼為標準的？」

作為一個領導，最重要的一件事就是發掘人才。子游說：「有個人叫澹臺滅明，他有兩個特點我覺得很好，第一，從不抄小路，該怎麼走就怎麼走，一步一個腳印，規規矩矩的率道而行；第二，不是因為公事，他從不找我，從不跟我談一些別的事。」

其實，這兩個特點代表了一個人一種樸直的狀態——樸素而率直。君子之能，不可人盡皆知；君子之心，不可不讓人知。你想要什麼，做事坦坦蕩蕩；你要做什麼，要怎麼做，青天白日之下無須掩藏，而且不標新立異，做事規規矩矩。

行銷無法讓產品出色，它只能讓人知道產品

這些年很多人都覺得應該搞創新，無論是產品創新、行銷創新，還是設計創新。創新形成了一種類似意識形態的東西，好像不創新，人就沒法活。但我們忘了一件事，創新有

基礎——本來的事做得好不好。

比如茅台，前些年，茅台的酒瓶各種奇形怪狀都有，那時我覺得茅台酒不好喝。直到最近七、八年，我才發現認認真真釀的茅台，喝完之後的確是不會上頭（按：喝後或者在醉酒時感到頭痛）的，第二天也沒那麼難受，打的嗝都顯得芳香化醇、清幽綿長。

我不是幫茅台做廣告，如果有一天，茅台又去搞亂七八糟的奇形怪狀的酒瓶，而不是做好酒，我也許會表達對它的失望。

後來有人找了早些年各種版本的茅台酒做比較，以我個人的體會而言，我覺得茅台真的在過去的十年裡花了很多時間去調它的菌群，不完全按照古法做，經過不斷的改良後的口感，是要好很多的。所以茅台才能和五糧液、西鳳等其他酒在酒市場脫穎而出。

大家都以為茅台是炒作品牌，所以才賣得好。此言差矣，在中國，我認識很多藝術家，還有很多真有見地的人，他們要麼不喝酒，要麼只喝茅台，絕對不是為了炫耀（對他們來說，也沒什麼好炫耀的，都是朋友之間喝），而是因為他們知道這種白酒喝在嘴裡，順著口腔與菌群交合後，彌散在整個身體裡那種醇正的感覺。

如果有一天茅台又出一堆奇形怪狀的酒瓶，因為價格不允許漲，但股民又要求它有利潤，它要多元化發展而忘記了把酒本身釀好，我一定會覺得非常遺憾。

同理，釀醬油把醬油釀好，做優酪乳的把優酪乳做好……自然而然會有很多粉絲。

我以前在大學就是學行銷的，後來也曾做過很多跟傳播和行銷相關的工作。我不得不承認，其實絕大部分公司的市場部可有可無。這句話聽起來很欠扁，其實它是有前提的——如果公司的產品不夠好，一個再優秀的市場部，充其量助紂為虐；如果產品很爛，無非就是搞點騙人的把戲；如果產品本來就無足輕重、可有可無，那行銷也許是最重要的。所以，率道而行的意思不是不講創新，而是**認真的先把屬於自己該走的路走好**。

如果你真的有本事，是不太需要跟領導、相關利益人做太深度的個人溝通的，當然你也不要弄得很桀驁不馴，讓人很討厭。君子溫潤如玉，安安靜靜的盡好本分，不管誰做領導，他總需要把事做好的人。

不拉幫結派，不站隊，把事做好，就足以讓你長期安全、穩定的發展，並且在這條正確的道路上累積複利效應，最後德藝雙馨。

我們該如何培養孩子呢？如果你有幾歲的孩子，你會讓他做什麼？我覺得很多父母都很焦慮，到底應該怎樣培養孩子。我們也面臨著家長群裡各種晒娃帶來的很多壓力，「看看人家孩子的英語都學到那樣的程度了」、「看看人家孩子的奧數都能做這樣的題目了」、「瞧瞧人家孩子的羽毛球……」。

因為那是很多個別人家的孩子，你不可以把孩子們的優點集成到一個孩子身上，這對孩子不公平，對你而言，也是不公平的。

其實，世界變化得很快，但總有些事是在大道上的。簡而言之，我們總希望孩子健康成長，將來無論成就大小，都是愛自己的，懂禮貌，知道感恩，與人溫和的相處……不管世界怎麼樣，我們也希望孩子們是知道如何學習的。

有一天晚上，我和兒子在飯桌上討論他的學習時，我很嚴肅的跟他講：「你知道學習是學什麼嗎？」他說：「學習不是學數學、學語文嗎？」我說：「要學的是學習的方法、學習的能力，這才是爸爸最希望你獲得的。」

王陽明說他落第時，不會因為沒考上而感到羞恥，只會為沒考上而「心動」——情緒動了，意念動了，為產生的憎恨之心感到羞恥。

人生不過三萬多天，在這三萬多天裡，盡量做自己喜歡做的事，愛自己愛的人，成為一個值得別人愛的人。寫字時，好好寫字；戀愛的時候，好好戀愛，這就夠了。

13 對方其實不傻，只是不說而已

原典

子曰：「孟之反不伐，奔而殿。將入門，策其馬，曰：『非敢後也，馬不進也。』」

有一天，孔子很感慨，仰天長嘆，「孟之反不伐」。孟之反是魯國的大夫，「伐」是自誇的意思。顏淵的志向就是「願無伐善，無施勞」。

孔子說：「孟之反不喜歡誇耀自己做了什麼豐功偉業，做了什麼了不起的事。」「奔而殿」的「殿」是殿後的意思。有一次齊國和魯國打仗，魯國敗了要撤退。衝鋒在前、撤退殿後的人是真英雄。當時魯國撤退，孟之反殿後，等所有人都進了城才進來，這時他策馬曰：「非敢後也，馬不進也。」他把安全給了別人，把危險留給自己。

所有人都知道孟之反做了一件了不起的事，是真英雄。但孟之反這時卻揮舞鞭子打著馬屁股說：「真倒楣，不是我不想逃跑，是馬不跑啊。」

你瞧，他做了這樣的事之後，仍然用這種方式來講他其實沒做什麼。這件事很有意思，向下是可以演的，如果你本身很有意識，有時藉由某些善緣，不用表現得那麼有文化，大家都知道你裝傻；但如果你不懂卻裝懂，就很危險了。

以前我恪守一個原則——如果你作為主持人去採訪專家，你的責任是代觀眾提問。倆人搞得空對空，都在很高的境界討論一些專業的「黑話（行業術語）」，而把觀眾撂在一邊，這樣做的確顯得很專業，卻不利於把專家的觀點真正分享給不了解這個領域的觀眾朋友們，這就不好。

我剛開始做主持人時，帶我的前輩跟我說：「永遠記住，一個好的主持人是要懂得替觀眾提問的。」如果你採訪的專家的所有東西都是消費者知道的，那就不值得說了；如果一位主持人不能把專家高深晦澀的東西轉化為老百姓的語言和話術，不能代表不了解這個領域的觀眾（聽眾）去提出一些貌似有點兒傻的問題，那就是失職。

所以這些年來，每次採訪專家時，我都會想起當年前輩跟我說的話——我的責任是要完成一個連接。

其實，孟之反算是人世間的「老司機」，他很清楚的知道，自己做了好事後要學會把功勞讓給別人，起碼自己不居功，不拘泥、不占據自己做的好事和功勞。實際上背後是一種相信——群眾的眼睛是雪亮的。**千萬不要以為別人不知道你做了什麼，其實所有人都知道，所以用低調的方式把自己做過的、有價值的事抹平滑，也算是一種自我保護。**

如果一個人只是殿了後，沒有刻意說自己有多厲害，也沒有刻意說：「我的馬不行，導致我不得不殿後」，殿完後進到城裡，該飲馬飲馬，該磨槍磨槍，該回家陪老婆孩子就回家，我倒覺得這種做法更符合我心中的素人之態——連這種機心（按：巧詐詭變的心）都沒有，或許更好。

有一天晚上錄節目時，我喝了一杯水（平時同事們都幫我泡茶），感覺真甜，發現前段時間一位學生送給我的這桶水真的很好喝。以前沒感受到，是因為把它沏成了茶。喝水的時候，什麼味道都沒有，留下的居然是一種滯後的甜，水沒有被添加任何東西，也沒有被汙染。

我一直覺得，如果你身邊有這樣一個好像沒什麼用的人，你只是覺得每次發生莫名其妙的事，在你需要時他就出現了，慶功時他也不喧嘩，好像不那麼奪目。但時間長了你才發現，他在你身邊是如此的讓你感到安全和信任，這是一個多好的朋友啊。

這對這個人人都想快速成功的時代而言，或許不是一個非常方便的法門。但如果你把做人、做事放在一個更長的時間週期裡，或許會慢慢的了解，原來做一個素直（樸素直接）的人，是一種最好的方式。

人一旦有機心，就會有詐

莊子常常批評那些很有機心的人，但也許站在政治角度上，一個人太傻、太痴是活不下來的。如果你覺得更想成為以後不需要告訴別人「我的馬不行」的人，更希望做完這一切就安安靜靜的做應該做的事，這樣的狀態是自己更喜歡的，也許不錯。但我要提醒你，這種狀態也許真的不適合做官。

所以，我們看見孔子表揚孟之反時說「孟之反不伐」，是因為孟之反本人是在官場上做事的，他不是一個普通人，不是一個做學問的人。如果把這段評價放在一個讀書人身上，也許就不適合了。想像一下，一個很有文化的讀書人，完成一副對聯後說：「哎呀，不是我聰明啦，是正好旁邊有本書這樣說啦（或者「這是○○告訴我的啦」）。」——告訴別人自己智商低、不聰明，來掩蓋自己的聰明，當然也沒有這個必要。

人一旦有機心，就會有詐。也許絕大部分時候別人不知道，也感受不出來，但有個問題——它會累積你對機心的閾值，第一次用了機心後，你覺得這樣很好，下次就會多用點，再下次時會再多用點……用著用著就偏離了你的初心。

就像網路上流傳的一個段子：「我的信鴿長途跋涉累死了，我心裡很難受，想要把牠火化了，把牠的灰撒向山川大地河流，結果烤著烤著越來越香，就買了兩瓶啤酒，配著酒把牠吃了。」烤乳鴿的過程才短短幾分鐘，我們已經改變了自己開始的想法。由此可見，事情是會異化的，我們在使用機心的這一刻，它的異化就會開始。

素直，就是保持一顆樸素的心一直往前走，提防自己的這顆機心。但孔子告訴我們：「如果你從政，必須保留這顆機心；如果你讀書、做學問，又要用一種讀書人的心態對自己有所要求。」

我個人認為，這是一種覺悟。一個人在身上內置了幾個按鈕，嘟，啟動政治家模式，「君子不立於危牆之下」；嘟，啟動讀書人模式，樸素正直的讀書；嘟，啟動父親模式；嘟，啟動兒子模式……隨時隨地告訴自己，在什麼樣的角色裡，做什麼樣的功課。這種自覺的狀態，是一種明德的狀態。也許我們在扮演好自己的角色的過程中，會不斷的體會世間的種種。

有一件特別有意思的事，有一天我請了一位老師講中醫課程，帶著學生們一起聽。於是我和學生們成了同學，我和我的同學們都對請來的老師發表了很多讚揚、感恩、隨喜讚嘆。我突然意識到：哦，原來平時我裝模作樣的做老師，學生跟我進行隨喜讚嘆的練習，只不過是他們在完成一個學生的角色而已，我可不能當真，否則會真以為我是他們形容的那樣。只有重新做學生，習慣性的讚嘆老師時，我才能清醒的覺察這種狀態。

覺察本身，就是我們了解生活本質最好的啟動開關。

14 想當小人，得要有點能耐

原典

子曰：「不有祝鮀之佞而有宋朝之美，難乎免於今之世矣！」

本篇要和大家聊點有關《論語》的八卦。子曰：「不有祝鮀（按：音同「陀」）之佞，而有宋朝之美，難乎免於今之世矣。」孔子的這句話是說，如果你沒有祝鮀的口齒伶俐，說話善巧，掌握傳播的真理、溝通的藝術，而僅有像宋朝（人名）這樣的小鮮肉的美男子之氣，可能很難混到今天，早就被人弄掛了。

祝鮀是管理宗廟的祭司，每次祭祀時都說：「感謝蒼天大地啊，感謝列祖列宗啊，你們的美德延續至今，令我們每個人都獲得了身心靈的成長。」這樣的人是有天分的，如果活到今天，最少做一個好好說話的節目，吸引幾千萬粉絲應該沒有問題。

一個人對著一、兩個人說話，能說服他們，並且讓人感到力量，已經很了不起了，而祝鮀可以隨意切換任何時空場景，跟任何人都能達成精神上的高度溝通，你不得不說他的口才極好。

另一個人叫宋朝，是真正意義上的小鮮肉，而不是那種沒文化的、弱智的，只有漂亮臉蛋的鮮肉。宋朝是宋國的公子，長得相當俊朗、漂亮，男女都喜歡他。有一次，宋朝跑到衛國做大夫，當時衛國的風氣相當開放，宋朝居然得到了衛靈公的寵幸，兩個男人相處得很愉快，但宋朝居然同時還和衛靈公的嫡母、夫人南子都有錯綜複雜的關係。可想這個人得多漂亮、多聰明，才可能同時跟國君本人、國君的媽、國君的老婆攪和在一起。

後來，事情的發展也很有意思，宋朝居然夥同幾個朋友一同作亂，把「男朋友」衛靈公趕出了衛國。後來衛靈公又殺了回來，重新復國，宋朝就逃到了晉。

結果可怕的事發生了，衛靈公最喜歡的女人南子很想念宋朝。衛靈公也是一個人才，他居然把宋朝召了回來，說：「兄弟，別折騰了，咱倆盡釋前嫌，大家都不容易，愛就愛了，我們都知道。」

可想而知，當時的宋朝是一個多麼厲害的「流浪藝人」，據《左傳．定公十四年》記載，他把衛國搞得天翻地覆之後，宋國的老百姓還說：「不行，你不能去滿足那隻母豬，你要留在本地，你是屬於人民的，人民需要你，我們的宋朝哥哥。」這就是春秋戰國時期的衛國。中國人生活在春秋戰國時期，真是豐富多彩呀（這並不代表我認同那種社會風氣）。總之連孔子都說：這真是一個了不起的時代呀。

但孔子又說：「如果混到現在，你只有像宋朝那樣的美貌而受人喜歡是不夠的，你還必須有祝鮀的口才、鎮得住場的能力，否則，很可能會在複雜的關係中，由於擺不平各方的訴求而遭受厄運。」

小人多半是溫、良、恭、儉、讓

做小人，也是一門技術活，口才要好，要懂得與人溝通，還要長得漂亮。而且不是簡單的長得漂亮，長得漂亮的人可多了，而是有那麼多人喜歡你，背後一定發生過什麼，一定有你都不能想像的超乎尋常人的能力。

遙望我們璀璨的文化，有《論語》這樣的書幫我們記錄了那時驚人的故事，現在想來，我們坐在某個幽暗的角落，既不能表揚，也無法批評；沒有羨慕，也沒有憎恨，它就是遙遠的中國歷史上的那段複雜的人的故事。

如果有一天，你經過河南、山東或者山西的某個縣城，看見像賈樟柯導演拍的《江湖兒女》中呈現出的那種有工地和礦山單位的感覺，在同一個地方，變成了今天的「萬達綜合體」——有辦公大樓、有電影院、有樓下的麻辣誘惑火鍋店，人們在排隊搶房子，過兩天又跑去大樓維權……。

當你經過一個類似這樣的地方時，或許曾經就走過英俊瀟灑得一塌糊塗的宋朝公子，人民群眾或是蓬頭垢面，或是梳妝打扮好，跟他說：「不要去餵那隻母豬，你屬於人民，我們愛你。」如果同時發生在你走過的這個地方，會不會有種時間和空間折疊的感覺？

有次，我去西雙版納時，見了一位修車非常厲害的老司機，我瞧他的長相親切，而且親切之中有威嚴。後來朋友告訴我：「他已經快七十歲了，他哥哥當年是西雙版納地區最後一位傣王（傣族的王）。新中國成立以後，大家都一視同仁，他們變成了人民群眾的一部分。」旁邊坐著他的妻子，乾乾淨淨、端莊文雅，雖然穿得很普通，但我隱隱約約的在她身上看到了某種非普通女子的氣象。

當我坐在這些曾經是王族的後代，但現在變得跟我們一樣，都是普通標準公民的人的身邊時，心裡有種說不出的感慨。時空真的是折疊的，我們相會在被折疊的時空裡，以一種很奇妙的方式與其他人進行交流，這本身就是生命的奇蹟。

孔子在想到祝鮀、宋朝時的感慨，一定也有某種代入感吧。我相信孔子在內心是不屑於做一個僅僅口才很好的人的，也是不屑於做一個僅僅長得帥的小鮮肉的。但他為什麼會感慨：哎呀，這兩個人要合體才行啊，光有一個人的力量，現在看來是不行的。

你看見了什麼？我看見了一位真實的老師在學生面前一定會適當的放鬆，把自己真正的心事表達出來。孔子在關心一個問題——口才好的人還得長得帥，長得帥的人還得口才好，如果這兩者都具備了，還只能做小人，怎麼辦？如果你有機會做這樣的小人，你做不做？如果你要超越口才和長相，還需要什麼？

這些都是一閃而過的念頭，我們可以腦補一萬句孔子心裡的話，他當時想什麼不重要，重要的是你為什麼認為孔子會那樣想。一切文本、故事、歷史……都是當下我們內在的欲望、恐懼的投影。

當我們意識到其實自己的外面沒有別人，我們讀《論語》時只是全然的、片面的在折射自己，或許就能放下到底書讀得對不對的這個包袱了。對我們來說，這是第二位的，在讀書時是不是讀到了自己，可能才是讀書的樂趣。

15 我們每天都想太多也做太多

原典

子曰：「誰能出不由戶？何莫由斯道也？」

有一天，主持人竇文濤在《圓桌派》節目問作家馬家輝博士：「怎麼判斷一個人已經成為中年人了呢？」馬博士說：「突然有一天你發現旁邊睡著一個老太婆，然後才意識到，那是我老婆。」這句話樸素得讓人震驚。

如果問我這個問題，我的回答是：「你突然發現跟一堆人坐在一起時，談論的話題都是小孩教育、考試這類自己以前鄙視的話題，那基本上就是一個中年朋友了。」所以「中老年朋友」在我看來不是一個年齡，而是你關注的東西的焦點轉移問題。

有小孩子之前，我們都在想未來怎麼創造一個自由、快樂的人生；家裡有了學齡兒童以後，你只會想一件事——怎麼對他進行適當的教育。這兩年，我也一直在想這個問題，直到讀到《論語》中的這句話，給了我很大啟發。

子曰：「誰能出不由戶？何莫由斯道也？」有一天，孔子站在窗戶上，看見門口那條康莊大道空無一人，孔子就在想，為什麼這麼平坦的一條路沒人走呢？走路的人去哪兒了？一看，原來好多人都想走捷徑，走更方便的小路。

其實這件事引發了一個很重要的反思——**簡單直接的事我們都忘了**。比如回到兒童教育這件事，我們在教育孩子時忘了一件很重要的事——孩子是你的孩子，首先把他培養成一個學霸，能考上九八五（按：一九九八年江澤民在北京大學百年校慶中，提出中國需要有具有世界水準的一流大學，「九八五工程」便因此產生。共有三十九所）、二一一（按：中國從各地挑選約一百所大學列為國家的培育重點，優先給予補助經費，即是所謂的「二一一工程」）、「常春藤」這類大學。

在考上這些好學校之前，我們要記住一個重要的、直接的、大路一樣坦白的事實——我們在進行一段兩個人關係的調整、培養，這比他成為一個什麼樣的人更直接、更重要、更坦然。但我們都忘了走這條最重要的路。

「自在睡覺」的微信公眾號上有一條短片，播放了賀嶺峰老師的訪談。賀老師講了一個故事，說他女兒考試考了五十九分，結果被老師拎過去請家長——我們大部分人都有過類似的恐懼，沒考好，老師發飆：「把家長叫來。」

結果賀老師就去了。去了以後，老師批評家長沒有盡到責任，沒有關注孩子的學習等。回來後，小朋友就很緊張的說：「爸爸，老師是不是跟你說什麼了？」賀老師輕描淡寫的帶過了學習的事，並且鼓勵孩子說：「那些考一百分的同學連發現錯誤的機會都沒有，而妳有發現四十一分錯誤的機會，真不錯。」

這件事聽起來很雞湯、很狗血，我倒不是鼓勵你這樣做，而是賀嶺峰老師後來講了一句話：「如果因為我批評孩子，恐嚇她、打罵她，導致她在內心怨恨我，或者不敢跟我講一些以後她可能會犯的錯誤，那我是不是很得不償失。重要的是，我要和女兒建立無縫連接的信任，她願意一輩子都把我視為她最好的朋友，我才犯不著為了一次考試不及格而傷害了我們之間最堅定的信任。」

兩個人之間最堅定的信任，在我看來就是孔子說的那條明明白白的大路。

想想我們在面對兒童教育時，是不是常常忘記了這件事呢？總想著他要成為一個什麼樣的人，暗示著要他代表我們成為一個什麼樣的人，彌補我們這輩子小小的遺憾，或者以一種愛他們、為他們好的方式，創造一些好條件，保證他們未來擁有在日漸殘酷的競爭環境下尋找生存可能的能力。

這樣要求孩子固然是不錯的，但如果因為這些傷害了父子、父女、母子、母女之間的信任、默契、愛、通達，那就是走了一條旁邊的小路。

行不由徑，孔子總是在慨嘆：「世間的人們啊，往往不願意走那條康莊的、正直的、**簡單而直白的路，可能因為它太簡單、太直接，以至於常常被我們忽略。**」

錢永遠都是會膨脹的

有一天，我跟兒子討論通貨膨脹的問題。小學三年級的兒子跟我講：「萬一美國帝國主義對我們進行了種種經濟上的侵略，導致我們的貨幣貶值，爸爸，有沒有什麼保值的方法呢？萬一過兩天一萬元變成了一千元，怎麼辦呢？購買金條是不是一個用來保值的好方法呢（金條是不是一個對沖）？是不是擁有金條就不用怕貨幣不值錢了呢？」

當時我開著車，心中好溫暖，我居然可以跟三年級的兒子討論購買力評價、通貨膨脹、貨幣戰爭的話題了。但我告訴他一件事：「兒子啊，你一定要記住，錢永遠都是會膨脹的，膨脹是人性和宇宙的本質，宇宙就是膨脹的。對你來說，了解這些事固然重要，但更重要的事你知道是什麼嗎？」

他說：「是什麼？」我說：「首先，你一定要永遠明白，你的健康、你的安全、我們能隨時聊天的氛圍才是爸爸最珍惜的東西。也許你這輩子會面臨很多意想不到的、不能控制的困難，比如辛苦的把你的零用錢放在一個書櫃的後面藏起來，十年後卻發現這些錢變得不值錢了；又或者你好不容易在學校成立了一個社團，但你的團員被其他社團挖走了，你變成了一個光桿司令……這些事都會發生，但有比這些事更重要的事。」

我兒子沉默了一會兒說：「爸，請問金條是不是最保值的？我還是想回到關於什麼東西是我認為最基本的討論上來。」

兩個人談戀愛可能也是這樣，本來男歡女愛、你情我願是兩個人在一起的基礎，正所謂藥補不如食補，食補不如人補。兩個同頻的人在一起，最為大補。但因為社會原因，因為種種教育的原因，所謂親密關係變成了一種特別複雜的，以至於被我們忽略的原因，比如兩個人因為共同買房子結了婚，或者因為買房子離了婚等種種原因，導致不能看見彼此的關係。

如果兩個人的關係出現了問題，其實還是應該回到頻率上來，回到以和為貴上來。互相承認自己的偏向，了解對方和自己不一樣才是正常……諸如此類。

有了這樣的基礎，兩個人的關係才會和諧，而不是捨本逐末，透過校正彼此的利益——你多拿點兒，我少拿點兒，或者講一些應該不應該——你應該這樣做，我應該那樣做的道理。邏輯、利益、權利等這些東西都是調頻之外的手段，都不是那條康莊大道。甚至讀書亦復如是。

我們讀書是為了什麼？對看本書的同學們來說，很大的機率是因為我們在讀書，是為了在經典裡體會自己早已明白的那些道理——正道。

如果我們能在別人的話裡印證之前隱隱約約感受到的某些趣味，就是一種和，這種和會帶來類似人與人之間同頻共振的快感。所以我們讀書的本質目的就是去印證，就像本篇學的這句話，它可以幫助我們反思做的這麼多事，那些事讓自己喚起了早已明白的道理，去做那些簡單、直接、長久的事，儘管這些事看起來不那麼性感。

做人、親密關係、兒童教育、看待自己生命的發展等，都值得我們問一個很簡單的問題：「我們現在這樣做、這樣想，是在走最筆直的那條道路嗎？是我們最原始的初心嗎？是我們對抗了種種想要走捷徑，想要把事情搞得很炫、很性感的努力之外的東西嗎？」

如果你開始覺醒出這種意識，就會發現一個很簡單的、需要我們每天去面對的問題——不管你是誰，不管你貧窮、富有，你都會老，所以現在做的事有助於自己將來成為一個優雅的老人嗎？不管你白天在處理什麼樣的人和事，在做什麼樣的判斷，以什麼樣的標準做事，到了晚上你都要睡覺。今天做的所有事，有利於你晚上睡個好覺嗎？

當我們把握這些特別簡單的原則之後，便會突然發現，原來我們每天想和做了太多多餘的事。

16 文質彬彬的重點不是「文」，而是質

原典

子曰：「質勝文則野，文勝質則史。文質彬彬，然後君子。」

本篇要和大家一起學習的這句話，很多人都非常熟悉——子曰：「質勝文則野，文勝質則史。文質彬彬，然後君子。」

質：本質、基本面；文：文才、口才、修養、表達力。如果一個人的本質很好，但不善於表達，說話多少顯得有點兒野蠻，這就是「質勝文則野」；如果一個人的口才非常好，卻沒有真正的見地，就像史官一樣只記載別人的事，沒有自己的內容，這就是「文勝質則史」。

孔子說：「你做到文質彬彬——既有自己的基本面、內涵，同時又善於表達，就可以成為領導者了。」這裡的「君子」不是指普通的中產階級，應該是領導人。

對照起來，我們發現的確在現實生活中也是如此。很多小鮮肉長得很漂亮，但如果沒有強壯的體魄，沒有在內在堅持一些正直的東西，不論男女，很容易淪為純粹的消費品。當然在很大機率情況下，我們都會在生活中扮演某種程度上的消費品，向消費者提供某種這樣那樣的能力和服務，這本來沒什麼，但如果過於商業化，則略顯可惜。這讓我同時想到了另一種情形——很多人懂得生產工作流程的相關事宜，自己也有堅定的判斷，但他不善於表達，說不出來，時間長了也是挺痛苦的。

我們都有過類似的體會，學校裡的某位老師，你明知道他是某個領域的專家，但他講起課來就是特別無聊——恨不得把自己寫的書在課堂上唸一遍，連眼睛都不抬，倒不是他不願意抬，而是他不敢抬，他不知道抬起來怎麼面對同學的眼光。

以前，在我讀書的大學就有這樣一位教授，一開始同學們都很不以為然，認為這位老師很迂腐。後來我認真讀了他寫的東西，發現他真的很有見地，但他在課堂上的表現就很讓人著急。所以對一個更高層次的君子而言，這兩者是要同時兼備的。

於是，在這個層面上我們才能理解什麼叫彬彬有禮——既要有內涵，能了解事物的基本面，又要知道什麼時候表達，什麼時候傾聽，呈現出一種綜合教養。教養有什麼用？有一個用——無論你面對什麼樣的人，都有一套非常熟練的能力應對他們。

由於種種原因，我有機會坐在一位風雲人物的身邊吃飯。當我面對這位在中國實業界萬眾敬仰的前輩時，居然有點惶恐，有意無意的在說話的時候注意自己是否進退得當。我吃完飯以後回家想：「唉，為什麼我不能好好的表達自己，也不能好好的體驗這場飯局呢？」

認真想來，是因為自己的教養還不夠，以至於到了這場非常重要的飯局上，會花一些時間想自己是否得體。但如果平常已然有了非常得體的訓練，能做到文質彬彬、進退得當，並且把它變成一種習慣，就不需要在這種時刻花很多意識去想應該怎麼做了。所有的大腦能量、自己的思維都去做當下可以表達的事，而言談舉止合乎長期以來自己經過訓練的狀態，這叫彬彬有禮。

現代人無論在偉大的人面前，還是在鄉野的餐廳，或者在廟堂之上，都能做到進退得當，那真是一件很了不起的事。

人與人之間的差異在哪裡

《世說新語》裡曾經說過一個故事，王坦之與謝安接到大將軍的邀請，去吃一頓鴻門宴——也許在飯局期間就有可能被砍頭。飯局進行時，小王一直在渾身發抖，完全無法表達自己；而小謝就能從容應對。王謝之分，立見高下。

《世說新語》裡常常有這樣的故事，它在講什麼？講人與人之間的差異在哪裡。其實這兩個人在才學上是差不多的，但在膽識、權變、彬彬有禮上，分野便出現了。

某日，我帶著兒子洗澡時，不小心把他好不容易洗乾淨並晾乾的衣服掉地上了，他就很抓狂，開始哭。我說：「你為什麼要哭？」他說：「你知道嗎？我媽現在搞軍事化管理，要自己洗衣服，還要在五分鐘內洗完，我是好不容易才洗乾淨的，你卻把它掉在了地上。」我看著他，既充滿了同情，又覺得如果兒子會為了一件衣服掉在地上哭，一定是需要我花點兒時間幫他的。

但那時他正沉浸在情緒中，我等他的情緒稍微舒緩點後問他：「你不是常常在聽《三國演義》嘛，你最喜歡的劉備、關羽、趙子龍，會不會因為一件衣服掉在地上哭成這樣？」他說：「他們當然不會哭，因為他們有奴婢。」我說：「奴婢如果把衣服掉在地上會不會哭？」我兒子說：「也不會哭，因為奴婢還有助手。」我說：「難道你把自己定位在等而下嗎？」他不說話了。

其實，我只不過是在用其他的故事情景帶他從情緒中出來，然後不斷的幫助他認清這個事實。但在此之後，我跟兒子說：「雖然平時我花了很多時間，希望你把英語、數學、語文這些智力層面的事解決好，但我告訴你，古人早就說了，作為一個男人，智力只是最低層次的要求，膽略、教養都是你的競爭力，都是你將來能成為一個更喜歡自己的人的基礎。**別人喜不喜歡你，那是別人的事，你會不會因此喜歡自己，才是最重要的。**你會喜歡一個因為衣服掉在地上需要重新洗而哭的孩子？」

他說：「不會。」我說：「那就對了，你必須學會在保持某種智力的情況下超越它，學會應對，學會表達。哭是一種最糟糕的表達方式，這不叫文。**你可以把這種感受寫成一篇文章，寫成你的週記，這就叫文。觀察自己情緒的起滅，這就叫智。**」

他聽完若有所思，我也在想，是不是有必要在這時就要求他文質彬彬？也許略早，也許現在就應該開始。正當我陷入對這個問題的沉思時，他媽說了一句：「你自己到現在都做不到，還要求兒子。」是啊，到現在自己都做不到，又怎麼要求孩子呢？

我在想孔子有沒有做到，他可能做到了，也可能沒做到。難道他做不到，就不能對他的學生提出這樣的期許嗎？當我想到孔子也常常做不到（當然標準不一樣），但他可以提出期許時，我就釋然了。

要在「文」和「質」兩者之間達到平衡，真是很難。文過於質的年輕人太多，文質恰好的人太少，這是我想跟大家討論的第二個話題——雖然我們追求文質彬彬，但其實現在整個大的時代環境下，質是少了很多的。

除了堅定的信念、意識，對某些基本事物的理解等這些稱為質的東西以外，其實質還應該包括一樣東西——強壯的體魄。

有一天，我跟一位媽媽聊天，她把高中三年級的孩子送到英國讀書，她跟我說的內容太有意思了。孩子的學校每天下午都有橄欖球比賽，學校操場上有大大小小五、六個小型橄欖球賽同時展開，整個學校有兩輛救護車在繞著操場走，因為每天都有人被撞骨折、流血等情況發生，這所高中就是以這樣的方式培養野蠻的年輕人。

我聽完之後很感慨，大部分學校應該都沒有這樣的狀態吧，如果每天都有學生受傷，家長不就把學校拆了？但我們培養出來的年輕人，如何面對激烈的競爭？

當然，我們也達不到這個要求。做一個文質彬彬的人，對當今大部分人來說，我們的質是偏弱的，要引以為戒。

17 對外不要騙人，對內不要騙自己

原典

子曰：「人之生也直，罔之生也幸而免。」

孔子有一天說了一句話：「人之生也直，罔之生也幸而免。」意思是，如果一個人以「直」的方式為人處世，那麼他是幸運的；而以「罔」的方式待人接物，哪怕他活得還可以，充其量只是有幸免於禍害而已。

什麼是直，什麼是罔呢？劉寶楠先生在《論語正義》裡說：「直者，誠也。誠者內不以自欺，外不以欺人。」這句話說得直白點，就是說一個人這輩子要本著一種外不欺人，內不自欺——對外不騙人，對內不騙自己的態度活著。如果一個人企圖用某種自欺欺人的方式待人接物，也許短期內活得還不錯，但時間長了總會露出老底，其實很多所謂活得還可以的狀態只能叫運氣好，免於倒楣而已。

這句話我讀得心驚膽戰，坦白說，在過去的很多時間裡，我覺得自己做了太多自欺欺人的事，騙自己，也騙別人，所以活得忐忑。實際上，一個人要做到不騙自己也不騙別人，真的很難。

這讓我想起了一部電影——《愛・欺》（*The Wife*），整部電影只有幾個演員。電影一開始，一對老夫妻躺在床上，這時突然來了一個電話，是諾貝爾頒獎機構打來的，對方說：「恭喜你獲得了諾貝爾文學獎。」老先生很高興，老太太也陪著他高興，本是一件皆大歡喜的事，結果隨著他們去瑞典領獎，在斯德哥爾摩碰到了一些人，於是老太太要求老先生在頒獎典禮上不要感謝這些年自己對他巨大的支持，對他的愛，不要說：「妳的存在是我所有靈感的源泉」這類的話。

故事情節慢慢展開，原來這麼多年來，主要文章都是老太太寫的，老先生拈花惹草，幾乎從來都沒有消停過。但在當時的年代，一位女性要寫作，並且獲得主流價值觀的認同是很難的，但老太太很有才華，而老先生有社會地位（當然老先生也是一個很偉大的作家，人也是非常善良的），於是倆人取長補短，多年來以這種方式發表文章。

這個故事並不複雜，但由於演員都是資深的老戲骨，演技非常到位，加上拍攝整個故事的手法張弛有度，所以十分引人入勝。

我看完之後很感慨，我們都說電影是哲學的實驗室，也許這部電影就是一間實驗室，把一些元素——女權主義、男人在社會上隱隱的優勢、雙方共同的努力、相愛相殺的故事，再加上從天而降的諾貝爾文學獎的頭銜扔了進去，這些就像實驗室的種種變數，被放進了一個叫作電影的器皿中，你便會看見它們彼此之間的化合反應，結果就是一輩子相安無事的愛情，會因為一個突如其來的榮譽而讓誠實和欺騙打架。

最後，老先生在頒獎典禮當晚和老太太爭吵的過程中，心臟病復發，掛了。老太太也終於意識到，不管是夫妻兩人聯合創作，還是她獨自創作，都是他們共同生命的一部分。在最後的結束語裡，老太太以某種方式表達了對先生的尊敬和愛。

待人以誠，做人以真

結合我們本篇學習的這句話，一個人一輩子總要以誠對待自己、對待別人、對待生活，否則哪怕獲得了諾貝爾文學獎，享受到一個極其廣大、榮耀的時刻；哪怕走到了人生晚年，甚至已經完全想好要退居到瑞典的某個小木屋裡，對著篝火安靜的度過餘生……哪怕是走到這樣的階段，年輕時的荒唐，做過的欺騙之事，還是會一一呈現——該掛的掛，該落寞的落寞。

曾經有人鼓勵人們誠實的說出自己的恐懼、擔憂……但現實社會真的沒有給人們太多這樣的機會。在西方，人們在做了錯事後可以找神父告解，神父是不需要「呈堂證供」的，也不會在道德上對你進行評價，神父最重要的事就是聽你把對自己的懺悔表達出來。

這也許是現代人得以避免自己瘋狂的一個很重要的機制。我們用什麼方法去釋放內心的種種悔恨呢？是坦然的說出來，還是透過其他方法呢？我想如果這個世界上有一個允許大家匿名表達的平臺，真誠的說出那些讓自己懺悔的事，也許這個世界會好很多。

有一天發生了一件很小的，但讓我很不安的事——某個北京的冬天，很冷，我突然發現禪堂裡多了一隻蝙蝠，我覺得挺嚇人的，於是把牠請了出去，但沒想到牠被凍死了。

這件事讓我很難過，我好像扮演了某種殺手的角色。其實每天我們不知道的也有許多這樣的動物在天寒地凍中死去，就像老子說的「天地不仁」，這就是天生、天養、天殺的過程。但那天牠飛了進來，而我又把牠請了出去，導致牠被凍死，我心裡很過意不去。

這還是一件很小的事，其實在我們的生命中做的惡比這個要多得多，但有的事沒法說，實在不知道該如何是好。也許現在真的需要這樣一個平臺，讓每個人都能放心的、全然的說出內心長期以來的猶豫、恐懼、懺悔與悲傷，這些情緒，都來自不誠（不誠就是「罔」，誠就是「直」）。

當我們理解這一切後，再從家族系統排列的角度看待這句話，便會突然發現我們的許多身心疾病、命運狀態都是自己曾經犯過的錯在當下的投影。

18

只有不斷學習，才能發現那些不夠好的自己

原典

子曰：「知之者不如好之者，好之者不如樂之者。」

我每學到一個階段，就越覺得自己淺薄。比如以前沒學過《論語》時，內心還隱隱覺得《論語》只不過是儒家的入門之作，甚至連學問都算不上。我覺得孔子傳給他最親密的人的終極心法（《大學》、《中庸》，乃至《孟子》都是有心法的）太不走心了，他主導編撰的《禮記》、《詩經》都很有學術水準，對《周易》進行的注解也是很深刻的，唯獨《論語》是閒話家常。

直到我開始學習《論語》，才發現其中蘊含了很多關於管理學的祕密。一言以蔽之，《論語》透過講述一個人如何成為一個超越自我的人，從而建立起一種領導力的方法繼

承。我在這個階段感悟的《莊子》和《論語》的區別是，也許道家更偏向於接受自己，並且接受一個與宇宙同頻的自己，從而與天地同齊的藝術；儒家更偏向於超越自己，從而成為一個更好的領導者的藝術。

孔子也勉勵我們，每個人都要持續學習，只有不斷學習，才能發現曾經在內心覺得不夠好的自己。學習，是《論語》中一個非常重要的主題，本篇我要講的這句話就跟學習有關——子曰：「知之者不如好之者，好之者不如樂之者。」

這句話是說，如果你知道它是一門學問，了解它在說什麼——這是一．〇境界，但這個境界不如因為喜歡、好奇而對它展開探索。也許你知道的不多，但因為好奇不斷追問，也許最後的結果比你簡單的知道它、學習它要好得多——這是二．〇境界。其實，你喜歡它，對它感到好奇，不如享受它，這是更高的境界。

學習最好的獎勵，是在學習的過程中獲得快樂

這個「它」到底是什麼？其實可以是任何東西，比如科學、藝術、做人、觀察人的能力，也可以是領導力、執行力等。無論如何，知之不如好之，好之不如樂之。

學習的快樂是我們持續學習的最重要的獎勵機制。現在有的學校為了讓小朋友們學

習，居然採積分制、KPI——多少朵小紅花可以換多少面錦旗，多少面錦旗可以換一張獎狀，多少張獎狀可以換在學校玩多少分鐘遊戲，可以換一次不用交作業，諸如此類。

有一天，我看《新週刊》上說有所學校發豬肉給同學，或者把學校池塘的魚打撈起來獎勵給考試成績好的同學。部分學霸對此並不滿足，有一名同學情真意切的跟老師說：「老師，我家裡的肉和魚都很多，也不用你獎勵我錢，你能不能當著全班同學的面打電話給我爸，表揚我五分鐘。」據說這名要求老師打五分鐘電話給爸爸的同學上了新聞。

一方面我們覺得這件事很好笑，但另一方面也很擔憂。現在很多父母為了要孩子把作業做完，都以允許孩子玩 iPad、玩遊戲、吃一些東西等作為作業做得好的獎勵。這樣做，在短期內也許馬上就有效果，但長期而言，會給孩子形成一種強烈的暗示——原來我學習的所有目的，是為了可以不學習，這恰好與孔子說的「知之」、「好之」、「樂之」反其道而行。孔子說：「學習最好的獎勵是你在學習的過程中獲得了快樂，是學習讓你更想學習，而不是更不想學習。」兩者有很大的分野。

我們多多少少還能記得當年解數學題時的痛苦、焦慮，一開始死活解不出來，最後找到一種特別好的方法把它解出來的快感，哇，那種「仰天長嘯出門去，我輩豈是蓬蒿人」的快樂真的很爽；或者寫完了一篇作文，偶得幾句妙語，完美的表達出了自己的觀點，過兩天拿出來看時，仍然搖頭稱嘆：「我怎麼那麼聰明，能把當時的感覺用如此精妙的語言表達出來。」

這種快樂真的是內生型的；又或者透過對政治、經濟、文化的洞察和分析，捕捉到股票市場變化背後的主要驅動力，並且發現了週期性的祕密，可以成功預測未來三個月股市的漲跌，哪怕你沒有在股市中賺到錢，也會因為自己窺見了那個週期而感到快樂……。

一切知識，最終都會幫我們建立對規律的認知，那個規律就叫道。而你透過對道的體悟，能了解未來、了解過去、了解別人的樂，這種樂是內生型的樂，它可以幫助我們一輩子沉浸在學習的快樂中。

19

一個人要經過很多努力，才能表現出不努力的樣子

原典

子曰：「中人以上，可以語上也；中人以下，不可以語上也。」

以前我拿起各種書，沒有半點學習的快樂。尤其對那些實用性很強的商業書籍來說，雖然有過學習，但覺得自己不做出來，就很難體會成就感與快樂。

但很多書籍並不那麼依賴學習，必須有一個場才行。比如你要學打坐、站樁，只要給自己時間，怎麼都能做到知行合一。如果能給我兩、三年的時間，安靜的學習，我特別希望把《傷寒論》通讀一遍，把它的六經體系和《周易》的六經體系對應起來，看看它們之間到底有什麼關聯，然後拿自己的身體做實驗……想起來就覺得特別美好。

有一天，我突然跟自己說：「為什麼我到這個階段才會發自內心的想學這些東西呢？

以前為什麼沒有這種想法呢？為什麼要浪費時間呢？」

直到某天讀到《論語》中的這句話——子曰：「中人以上，可以語上也；中人以下，不可以語上也。」我才明白了其中的原委。孔子的這句話是說，中等資質以上的人，可以跟他講比較高深的、本體的東西；如果一個人的福德、能力、眼界、境界在中等以下，就不要隨便和他談論高深的、本體的東西。

孔子說：「你的境界沒有到那裡時，誰跟你講都沒有用。」我不能跟別人比，但可以跟自己比，確切的說，我相信最近幾年的自己較以往略有進步。

表現在哪裡呢？如果你願意，可以聽一下十年前我錄的《國學堂》、《冬吳相對論》與現在做的節目，你會感受到我的語速、節奏、結論都變得更加溫和了。之所以變得溫和，是因為我終於理解了「君子不迫切」是什麼意思。

如果讓我回憶學《論語》最大的收穫，就是收穫了這句話——「君子不迫切」。不迫切的從低層次拉高到高層次，不迫切的希望別人接受自己的觀點，不迫切的希望孩子變成一個比自己聰明、有情商、能抵抗誘惑、能賺錢的人……這不僅無知，還很無恥。所以我現在已經不教導孩子做作業了，我自己都做不到，還要求孩子做到，這是不對的。

《中庸》裡有句話，「故君子之治人也，即以其人之道，還治其人之身。」大部分人聽到這句話，都理解成以牙還牙，或者理解成《天龍八部》裡的以別人的武功反擊他——

你不是會用「一陽指」嗎？我就用「一陽指」滅你；你用「九陰白骨爪」，我就用「八陰白骨爪」或「十陰白骨爪」滅你……。

其實，「以其人之道，還治其人之身」，說的是**你跟人溝通時，要跟他講他能理解的道理，幫助他成長**。所以傳播者必須以一種更宏觀的視野、更豁達的心態、更願意多變的法門引導對方，不對別人的境界高低做任何道德上的判斷，只做方便法門上的判斷。

很多時候，我聽在某個領域厲害的朋友講東西，能感覺到普通人和專家的區別。我聽過一位非常優秀的經濟學家講宏觀經濟，整篇下來幾乎沒有術語，連M2、GDP這種詞都盡量不用，用的全是小孩子能聽懂的話。

比如這位經濟學家跟我們討論國際貿易、匯率時說：「儘管有很多方法可以影響一個國家的匯率，比如各種有形的手的干預，甚至包括行政手段，但長期而言，匯率還是取決於一樣東西——供需關係。有較多人需要美元，那麼美元就變得值錢，它的匯率自然就會升高，也有競爭力。」

另外一位在股票市場、投資市場摸爬滾打將近八十年的老先生，他的一本書專門討論投資之道，他說：「長期而言，股票市場只看一樣東西就好——股票池裡的笨蛋多還是股票多。如果你發現笨蛋都在外面，而股票池裡的好股票到處都是的時候，就可以進場了；如果你發現笨蛋已經基本全進去了，不管這時股價怎麼樣，你都應該出來了。」歸根結柢，這位老先生表達的也是供需關係，這種表述是多麼樸素啊。

每天演好一個情緒穩定的成年人

你想把孩子培養成一個什麼樣的人？什麼樣的人在將來有價值，而且是在很長一段時間裡都有價值？我覺得應該是一種善於學習、並且情緒比較穩定的人。

道德上的什麼東西是對的，什麼東西是錯的，可能以後我們會越來越無法確定，好壞的界限沒有那麼明確。比如三十年前一對男女青年跳貼面舞，那叫耍流氓，犯了流氓罪是要被抓起來的；現在兩個人跳貼面舞，算錯嗎？

也許過幾年，買房可能會變成愛國行為，以前也曾鼓勵大家買房，但現在買房又是投機倒把（按：以買空賣空，套購轉賣等欺詐手段獲取暴利）的行為，是需要被控管的……由此可見，你把眼光放在一個大尺度的時間裡，對許多東西而言你無法確定它的好壞，但你的情緒穩不穩定是另外一回事。

一個情緒穩定的人，不僅對身邊的人有價值，他們不會因為你的驚恐害怕而雞飛狗跳；對自己來說，情緒穩定也有很多好處，起碼得高血壓的機率會低一些。我見過很多情緒穩定的藝術家，一點都不妨礙他們的藝術作品拍賣到幾個億；也見過很多情緒穩定的企業家，遇事不慌張，沒事時總是很含蓄，也不妨礙人家經營價值幾百億的公司。

所以，到底要把孩子培養成一個什麼樣的人，讓他在將來有價值呢？透過學習《論語》我們知道，愛學習、情緒穩定的孩子在將來會長期有價值。因為將來愛學習的人可能會很多，但情緒穩定的人一定「缺貨」。

道理很簡單，一個人的情緒穩定需要長時間修練，要覺察自己情緒變化的原因，要洞察自己改變、調整情緒的方法，並且經過長期的自我訓練，才能慢慢達到有性格、有知識，但沒脾氣的狀態。一個人要經過很多努力，才能達到不努力的樣子。

本篇的話題開始是「中人以上，可以語上也；中人以下，不可以語上也。」說的是學習一定要找到某種對象。

對絕大部分人來說，培養成一個性情穩定的人是人生標配，更高階層的人，或者根器很好的人，被我們碰到了，也許可以跟他討論一些更本質的東西。

什麼是這個世界上本質的東西？我這兩年的觀點是，人越來越不重要了，人只不過是整個宇宙和技術演變過程中的副產品。

如果你知道整個世界演化的方向，就會越來越覺得人是沒那麼重要的，起碼沒有想像的那麼重要，於是涉及一個很重要的問題——人類作為一個整體物種，在變得越來越不重要時，該如何自處？確實，這個問題並不適合與所有人討論。

20 你願意做困難的事，然後不求回報嗎？

原典

樊遲問知。子曰：「務民之義，敬鬼神而遠之，可謂知矣。」問仁。曰：「仁者先難而後獲，可謂仁矣。」

孔子有一名學生叫樊遲，他是冉求的部下。冉求在魯國的季氏做家宰（家裡的宰相，相當於大管家），樊遲靠著這層關係也成了孔子的學生。作為孔門的新人，樊遲向老師提的問題總是不那麼具體。

樊遲問知——樊遲問孔子：「什麼是智？」子曰：「務民之義，敬鬼神而遠之，可謂知矣。」樊遲又問了一句話：「什麼是仁？」子曰：「仁者先難而後獲，可謂仁矣。」兩句話分開來講，孔子回答：「什麼叫知呢？作為一個普通老百姓，以及在人世間正常行走的人，要敬鬼神而遠之，應該敬重而不可迷信」這種不可知、不可測的事有許多，孔子的態度是祂既不能被證實，也不能被證偽，但那不是我們這些活在三維世界、日常頻段裡的人應該討論的問題。

有一年，我邀請幾位年輕的大夫與李可老師一起吃飯，席間發現了一個很有趣的現象——很多年輕的中醫對心理學、祝由（按：以祝禱方法治病）、念力，甚至是屏氣等不可知的東西都很感興趣，甚至有的中醫治好病後，把這個問題托到鬼神身上，感覺自己像一個通靈的人；而我所接觸的這些老中醫，包括鄧老、李老、郭老等人，都很樸素，他們講的陰陽對普通人來說很容易理解，冷熱表達為上熱下冷還是外熱內冷，都很通透。

也許在他們的內在有一個更豐富的陰陽世界，但和普通的病人、年輕的學生交流時，都講得特別淺顯，而且從來不提鬼神，只論病機——有什麼樣的症狀，用什麼樣的藥，扎什麼樣的穴位，大概會出現什麼樣的反應……比如會告訴你吃了藥之後可能會拉肚子，但不要害怕，第一天拉完第二天就會好了，或者可能會發高燒，但沒關係，因為它是某種排病反應……他們會很清楚的告訴你第一天、第二天會怎麼樣，之後又會什麼樣，而且會把原理講得很清楚。又或者你根本沒發燒、暈眩、拉肚子的症狀，他們就說：「你吃完藥之後，大概會睡得好。」或者說：「症狀大概就會減輕了。」甚至會建議你去做一些相關的生理和病理檢驗。

我覺得老先生們和年輕大夫之間的差別，就像孔子看著這些後來進入孔門的小朋友一樣，他特別想跟年輕人說：「不要一上來就談論鬼神，不是說鬼神有或沒有，因為很難說，也不是一、兩句話就能說清楚的。」你就如好像有那樣，去做自己應該做的事，但也不要起妄念，自己搞不定的事，不能非請菩薩擺平，比如找不到鑰匙了，非要請菩薩托夢告訴你鑰匙放在哪兒。這種情況就不要動用菩薩了，或者你根本就敬而遠之。當我們心裡對菩薩和鬼神敬而遠之的時候，應該做什麼呢？就好好的回到現實世界，該怎麼做就怎麼做，實事求是，這就是智慧。

先付出，再收穫，就是仁

很多人覺得古人封建迷信，其實儒家是很實在的，該怎麼做人——「忠恕」，於己者忠，於人者恕；該怎麼賺錢——「君子愛財，取之有道」，都說得很直接。

樊遲問老師：「什麼是仁？」孔子說：「仁者先難而後獲，可謂仁矣。」孔子不會和年輕的學生討論他和顏回討論的問題，因為顏回非常懂他。針對這樣的年輕學生，孔子只告訴他：「在人世間，先把自己應該付出的成本付出了，再討論有什麼樣的回報。先付出，後回報，這就是仁。」

因為樊遲是一個「職業經理人」，所以孔子會這樣跟他說。也許孔子把這個道理透露給一個老闆時會說：「盡可能的把好處留給你的客戶，方便你的客戶，先想你能給客戶創造什麼價值，再去想你應該收多少錢。」

好公司一定是關心一個問題的——到底為消費者和客戶帶來了什麼價值。比如我們現在學習《論語》，你的不安全感也許會因為這個內容而得到某種消解，而且你不看也不會有人憤怒，諸如此類。也許我講得不對，但你可以在這個過程中隱隱的感受到在我分享的背後，有一個更美好、更值得接觸和了解的孔子。這些就是我設想的價值。關於鬼神與投資回報，先難而後獲得這樣的觀念，孔子很清楚的知道應該如何與不同根器、不同境遇的人講這段話。這是一位老師本應擁有的智慧。

對大部分人來說，如何對待超物質的存在的心態是很重要的。如果你在心裡依賴祂，也許在面對困難時，就不會想怎麼透過自己的方式、自己的努力，去改變這個境遇，甚至不會那麼主動的學習。因此，我們把「敬鬼神而遠之」、「學而時習之」……這些話連在一起看時，就看到了儒家的一種也許不夠空靈，不夠高級，但其實是非常有價值的精神遺產。我們是否願意去做那些有困難的事呢？並且在做這件事時不去想它有什麼樣的回報？

就拿我開診所這件事來說，理論上來說，也可以先做線上問診，然後高維打低維，用資本撬動線下，再開線下診所。但我後來發現一件事，那些做線上問診的公司，很少能實實在在的把一家普通的診所開出來——拿到營業執照，把安全做好，把客人服務好，在這樣一個實體空間裡做到這些事，很難。

有一天，我和投資人聊到這件事，他們說：「也許你選擇的這條道路是對的，因為選擇了一條難走的路——做實體經濟。」我聽得有點迷糊，怕他們是在安慰我，回問：「你們真的這樣認為？」

其中一位投資人告訴我：「不管互聯網發展得有多迅猛，那些實實在在的在實體經濟裡提高效率、改善運營、提高用戶體驗的事，不可能僅僅藉由高效的傳播等一些互聯網方式解決，依舊面臨著要把東西從這兒搬到那兒，面臨著讓客人坐在哪裡，感受這裡的光線、溫度、服務……在短期內互聯網和VR都解決不了這些問題。」我想，這也許是一種實踐吧，儘管它真的很難。

如果你想把孩子培養成一個在未來非常優秀的人，也許最開始時要走一段很難的路，比如和他一起重新學習小學數學、英語……絕大部分父母已經沒有能力輔導四年級以上的孩子了，但可以選擇跟他一起學習。也許你學習不是為了輔導他，僅僅是為了「同情」他。

21 領導者不需要無所不知，但要懂得自覺

原典

子曰：「知者樂水，仁者樂山；知者動，仁者靜；知者樂，仁者壽。」

孔子把在世間做人、做事的模式，做了一個簡單的分類，把一個人分成了兩種模式——水模式、山模式。水模式的人是偏於動的，山模式的人是偏於靜的；水模式的人是偏於讓自己很high、很快樂的，山模式的人是偏於讓自己很堅固、很長久的。孔子把水模式的人稱為智者，把山模式的人稱為仁者，基本上這兩者構成了我們對人生美學的看法。

什麼是智，什麼是仁？比如很多企業是創作型企業，自己做內容、做產品，我們把這類企業稱為進取心企業，它最大的特點就是有不斷的快速迭代的產品、強大的行銷體系、足夠的成本控制，然後透過創新、升級來創造競爭力；另一種企業我們稱之為平臺型企業，這類企業的特點是盡可能的以服務和支撐作為導向，它的變化很小，雖然你看不見它

有什麼變化，但也許可以生存得很長久。

比如有人在微信平臺上做了一個公眾號，每天更新文章，因為有大量的粉絲，所以可以做很多內容，每天都在創新。相對而言，我們就感到微信沒什麼變化，即使有變化也是很微弱的變化，它作為一個平臺，總是很謹慎的調整互動設計和頁面。

這兩種類型的企業都是很好的，甚至有的企業既是產品型，又是平臺型，比如蘋果公司，它的手機、應用是不斷更新的，但它的作業系統以及整個硬體的管理流程、管理平臺、銷售管道的平臺搭建是相對靜止的，是提供支援的。

人也是一樣的，因為在人生的某個階段是以進取、創造為主題的。還有的人是以支援、服務、寬容保持一種穩定性，以此作為自己長期的生存之道。這就是智者和仁者的區別。當然，智中有仁，仁中有智，我們不可能僅僅成為一個「獨立人」，就像你找不到只有一面的硬幣一樣。

對水的認識，孔子有和老子一樣的尊重。據說有一次子貢問孔子：「為什麼君子看見大河、大湖、大海時，都會停下來觀看？」孔子說：「他看的不僅是水，而是透過對水的種種特性的體悟，感受君子應該存在的狀態。君子喜歡用水的狀態來比擬自己。

「你看，水遍布天下，而無偏私，水是生命的源泉，有水就有生命，這體現了君子的仁愛；水從高處流向低處，說明它是遵循理的物種，除非在失重狀態下，它都遵循著地理的脈絡，從上往下流，這說明它有原則；碰見淺的地方，水漂流而過，在深處卻深不可測，這體現了君子的深淺都是得當的；當水流向萬丈深淵時，也會毫不猶豫的縱身而下，這體現了君子的堅強果敢；而到了綿弱的地方，水又變得深入細微；有髒東西時，水可以跟它混為一體，不對抗，但當水經過層層過濾，又會回到那片清純的地方，成為一汪清水；水裝在任何容器裡，都會成為容器的樣子，但它仍然保持著一碗水端平的狀態，這說明君子對環境，是可以運用某種不對抗策略的，同時，他還可以在內心保持平靜、平衡……。」

這些話都是君子看見水的時候引發的聯想，這就叫格物致知——透過對物的分析，達到趨利避害的目的，這就是君子對自己做人的要求。

自度才能度人，自覺才能覺他

對水的分析很有趣，基本上代表了一種中式的審美態度——我們看花時，不僅看見了花，享受花、欣賞花，而且能體會到花的感受，能像一朵花一樣，安靜的在生長的時候生長，在綻放的時候綻放，在凋謝的時候淡然的凋謝……就像是一朵在深山裡沒人看見的野花，也可以擁有自己的春天。

許多人，一輩子生命的綻放都不一定能被外界所知，但他仍然能做到不疾不徐，如期開放，如期回歸自然。這是中式審美的法門所在。我們在看花，其實是在感受花，借花來提醒自己，應該像花那樣成長、綻放、回歸。

如果能做到那樣，有沒有花就不重要了，因為你已經和花在一起了，你就是花，花就是你。花只是一團有意義的波，在你的意識裡形成了一種氛圍，如果你的內心沒有關於這朵花的生命體悟，即使一個真實的根莖葉在你面前，它有植物纖維，可以鎖住一些水分，擁有某種氣味的狀態，又有什麼美可言呢？如果沒有美可言，又有什麼人生意義所在呢？

米蘭．昆德拉（Milan kundera）有本書叫《無謂的盛宴》，大致講的是在人生最後，你會發現，人生不過是一場無意義的狂歡。但在走到最後之前，我們存在的所有意義，難道不就是自己的主觀所連接和賦予的嗎？

說到此處，我突然想起一件事——生活在當今社會的人應該擁有自我按鈕，好像別在腰間一樣，以便隨時清醒的告訴自己：現在應該啟動「水模式」或者「山模式」了。比如你去採訪一個人時，目的是聽取他的觀點，然後把它分享給更多人，這時，你就應該啟動「山模式」——不要在採訪的過程中瘋狂的刷自己的存在感——被採訪人講了一句話，你講了八句話來點評。

同理，如果你是一位學生家長，有一天被老師叫過去訓話，你就應該告訴自己：「啟動『山模式』。」因為老師會有很多抱怨，比如「你們家孩子怎麼樣」、「為什麼做家長的一點兒都不管孩子」、「老師很累的啊」等。

此時，你只需讓老師知道你知道他的辛苦，如是，他就會對你的孩子有更多的尊重。否則，一個家長跑去跟老師講道理、辨是非，甚至爭論，就是無覺知，也許後來就會後悔，為什麼不能在走進學校之前，就按下自己的這顆按鈕呢？

再有，當一個人在工作崗位上面對困難時，有很多種情形，比如在創業的過程中，是沒有人來給你KPI的，也沒有人告訴你應該做什麼。那些聽著投資人的要求去創業的公司，最後會因為越來越多的投資人而找不到自己的方向，因為每個投資人的觀點可能都不一樣。一個真正的創業者，只能憑著自己對消費者敏銳的捕捉，不斷的迅速升級，不斷的創造出遠超消費者期望的產品與服務（光靠傾聽消費者的需求是不夠的，還要超越）。

沒有一個人告訴賈伯斯他需要一款從左到右可以滑動解鎖的iPhone手機，也沒有人告訴他：「我覺得使用App是比較好的。」這一切都是因為賈伯斯自己啟動了主動模式——「水模式」。擁有智者模式的人做事，會隨時告訴自己啟動什麼模式，這叫自覺；把自己正在啟動的模式分享給需要知道的人，那叫覺他。

22 人跟人關係變壞，都是從「太計較」開始

原典

子曰：「齊一變，至於魯；魯一變，至於道。」

本篇要和大家分享一個自認為很重要的觀點，這個觀點直接影響我們在面臨一些衝突時應該做出什麼樣的判斷和抉擇。從孔子的一句話說起——子曰：「齊一變，至於魯；魯一變，至於道。」

孔子說：「如果齊國能再做一些改變和調整，就能像魯國那樣；如果魯國能再做一些微調和改良，就幾於道了。」這句話聽起來，似乎在孔子心中當時的魯國比齊國要好，但實際情況是什麼樣呢？

齊桓公任命管仲為相之後，當時齊國的國力是很強的，魯國的國力一般，人民也不是很富裕，但魯國人敦厚、有禮，彼此相處融洽。所以孔子認為，也許像魯國這樣更好點。

其實，這件事的背後是一個效率與團結的問題。從歷史上來說，當年周武王滅了商紂，進行了分封建制——重新劃定地盤，把魯國交給了周公（周公是周王朝的直系親屬），把齊國劃給了姜子牙（全程立了大功的元帥）。姜子牙聰明，會算計、有謀略、懂法術，起碼通道。如果你看過《封神演義》，就知道姜子牙厲害在哪裡了。

魯和齊，一個分給了周公，一個分給了姜子牙；一個成為魯國的國土，一個成為齊國的國土，其實剛開始都是一家人。後來，周公因為要在朝中輔佐周成王，所以讓他的孩子伯禽代為管理魯國。

周朝分封建制後三年，姜子牙因為被分封做齊國的老大，就變成了齊太公。他到中央來朝拜，當時輔佐成王的周公問他：「你是如何治理齊國的？」齊太公回答：「尊賢，先疏後親，先義後仁也。此霸者之跡也。」周公說：「太公的能量可以『及五世』。」

什麼意思呢？「尊賢」，就是首先看這個人的能力強不強，能力強的就上，能力不強的就下。外面的人能力強，就先推外面的人，自己親人的能力強不強不重要。這件事該怎麼辦，比親人之間的親密關係重要多了，應該擺在第一位，要以效率優先、制度優先、結果優先。

姜太公（齊太公姜子牙）的管理體系和他塑造的「企業文化」（齊國的文化），可以在未來讓這個國家很強，很有效率。果然，後來齊桓公任用管仲，也是在這個背景下完成的，可以說當年齊國有一個非常有效率的管理體系。

又過了幾年，周公把魯地交給了兒子伯禽。周公本人在朝廷輔佐周成王。一次，周公的兒子伯禽來中央彙報工作，也遇到了同樣的問題——「你怎麼管理國家？」

伯禽說：「親親，先內後外，先仁後義也。此王者之跡也。」這句話是說做事首先搞定親朋好友，以同情心推動國家的發展，而不是以制度優先。有的事不要那麼快做出判斷，要以需不需要、愛不愛、好不好，是否真正基於仁來推動，而不是以道理來推動，這就是「先仁後義也」。

對比一下，齊國是先義後仁，此為霸道；魯國是先仁後義，此為王道。霸道猛、快，有效率、有戰鬥力；王道慢、緩和，但長久。所以周公說：「伯禽之智可以力透十世。」——十世之後，只要這股氣還在，就還是一個相對穩定的體系。這涉及一個很重要的判斷——當我們在面對一個選擇的時候，是用跟你在一起舒服的人，還是用對的、有效率的、按規章制度辦事的人？

我很難給你一個正確答案，因為似乎你以什麼樣的維度來做事，都沒有一個標準答案。比如先義後仁，行霸道者，條款很清楚，現在主流的、受到管理學影響的人都認為，這叫治理結構、績效考核，以結果為導向，事實上，它的的確確會創造一番興盛的狀況。但人是一種很複雜的動物，有時不是因為你對，我就一定支持你，也不是因為你能帶領我賺到很多錢，我就一定跟隨你，達到一定值以後，比如大家都需要錢，但當大家都有一定錢的時候，就不是那樣了。

人和人之間關係的變壞，都是從「太計較」開始的

效率也是一樣的，十年、二十年、三十年……可能頂多二十年，績效考核會呈現高效率狀態，而基於彼此之間的和諧，家和萬事興，不計較對錯，只計較在一起。比如夫妻之間很多時候，已經很難討論「家和萬事興」這件事了，當然也跟現在很多人的獨立意識都建立起來了有關，所以夫妻之間首先要把遊戲規則定清楚。

對老一輩人來說，他們很多時候在對待家庭問題上，是不那麼計較誰對誰錯的，首先計較的是和諧與否。所以放在本篇我們討論的話題中，只能說在周公和孔子的眼中，放棄短時間的對錯和效率，放棄一些精準的計算，做到和合，做到包容，做到同情同理，做到以長久的關係穩定下來……是更有價值的。

這一點在後世常常被人詬病，認為這是儒家文明導致整個亞洲的很多地區很難融入現代社會的一個原因，因為它很容易發生裙帶關係，比如貪腐，有時不是官員想貪，而是因為他的家人有貪腐行為，而且彼此之間都有禮尚往來的習慣，因此時間長了，利益關係就

說不清楚了。

在亞洲的很多國家，其實領導人在更替的過程中，都體現出儒家文化和西方政治體系之間的矛盾和衝突。所以這件事就看你想要什麼，如果想要發展得長久，也許彼此之間不那麼計較對錯是可行的，否則，哪怕你再對，再有效率，再能賺錢，再成功，我都不陪你玩，因為我覺得你煩。如果你看重的是短期的發展，那就先義後仁，先疏後親，此為霸道，這是齊國的路線；如果你認為短期的好壞沒那麼重要，重要的是在一起，時間長了之後，時間的複利效應會帶來很多價值，只要最後在一起，也是挺好的，不用計較那麼多對策，這叫先親後疏，此為王道，這是魯國的路線。

如今，你仍然可以看到山東人和當年齊國人的不同，齊國差不多包括河北、江蘇到浙江一部分地區。其實，我覺得這恰好是中國文化的價值所在，當年從周開始，分封建制，一方面保持了各個區域相對獨立的人文特點和歷史共同的趣味、價值觀，但同時又經過若干次整合，包括秦、唐、元、清中間這幾個朝代的整合，又讓中國形成了一個相對完整的統一市場。

所以，用錢穆先生的話來說，中國之所以能幾千年來綿延不絕，是因為它這幾年最創新、最有能力、最引領文化和經濟發展的物質可能在黃河流域，可能過幾年在長江流域，再過幾年在珠江流域，也許再過幾年又到了四川盆地，或者雲南等地，但不管是哪裡，它都能變成中國的一部分，最後都體現為中國的發展。

而在歐洲，經歷了這些變革它就會體現為德國、義大利、西班牙、法國、英格蘭等，每次發展都會導致一個國家的崛起，沒有形成一個統一的市場。如今英國已脫歐（按：二〇二〇年一月三十一日晚上十一時正式退出歐盟），再過五年歐盟存不存在都不一定，可能又會陷入新的爭鬥。

從長久來說，你難道不覺得保持一個統一的、可能沒那麼有效率的，但長期關聯的共同體是對生命更有意義的嗎？錢穆先生說過（趙蕤也曾在《長短經》裡說過類似的觀點），縱觀中國歷史，還是周朝顯得更符合這個宏觀體系的文明——用一種共同超越某個區域主體的價值觀，還有音樂、禮教、術數、道統等與各個區域進行某種相對既競爭又合作的動態平衡，這種方式能最長久的保持生命力。你想想「周」這樣一個搖搖欲墜的王朝，中間經歷了春秋戰國，周王每年還可以派出幾百個人到民間去采風（採集民歌），這是一件多麼了不起的事，那個年代，每年派幾百個人收集上來的這些民歌，構成了整個中國文化共同體的「母體基因」。

生命是一種和合的過程，一想到這點，我就覺得所有學習《論語》的朋友，也以某種方式，形成了一個共同的連接體。

23 角色越清楚，做人越舒服

原典

子曰：「觚不觚，觚哉！觚哉！」

我在讀《論語》時，常常會心情起伏：「那時的中國人怎麼能優雅到這種地步，聰明到這種地步。」有時又很慨嘆：「唉，這個時代和那個時代真的不一樣了，我們也不一定非要用當時的標準來指導現在的行為。」

我常常自問：我們現在的很多行為是否也只是一些短期現象呢？放在歷史的長河裡來看，是否它也有不合規矩、不合規律的地方呢？

整個儒家文化的核心，用兩個字來形容就是建序——建立次序。孔子很早就意識到一件事，如果讓一群人互動，大家對自己的角色，應該做的行為、應該秉持的心態是不自知、不自覺的，無法告訴別人我是誰，也無法清楚的知道別人是誰。時間長了之後，就會出現各種混亂、衝突。所以孔子希望引入一套角色分層體系，讓每個人都可以在自己的維度上做得更好，再以某種方式完成階層穿越。

我曾經提到，一個人的出身可能不好，但他可以透過努力超越自己的出身。但首先得看到自己本來的角色是什麼，並且守住自己的角色。對孔子的角色分層體系來說，一個人有明確的角色感是很重要的。接下來，我們看看孔子在《論語》中是怎麼說的。

子曰：「觚不觚，觚哉！觚哉！」

觚是喝酒的容器，中國古人喝酒是很講究的，會根據容量把器皿分成不同的規格，並且以不同的名字命名。最小的叫爵，容量大概是一升（古代的一升和現代的一升不太一樣，總之不多）；容量為二升的叫觚；容量為三升的叫觶，觶的意思就是舒適，喝到舒服；容量為四升的叫角，意思是喝到這個程度時，已經有點兒感慨了；容量為五升的叫散，喝到這時已經說胡話了，自己也找不到感覺了。

古時候，每種酒器都有獨特的器形。比如觚是細長的，上面是圓口，下面是方底，這樣就不會裝太多酒。你不是每天對自己有要求，只喝一觚酒，那好，我給你做一個大觚——把觚的下面做成肚子那麼大的圓底，長得有點兒像觚，你就可以借喝一觚酒的名義，實際上喝了兩、三觚酒。

這件事有點兒像你去寺廟，看到僧人用素菜、豆腐做的水煮魚、麻辣雞絲、回鍋肉……雖然這些菜還是素食，但其實你已經看到了那些所謂的素食主義者對自己的不誠實——既想吃素，又想吃肉，於是千方百計的把豆腐做成肉的口感，裡面還加點香菇切成的絲，營造出一種好像咬到肉的撕扯、有嚼頭的感覺。有的未來肉甚至已經接近真肉的口感了。成都有家店，肥腸和回鍋肉都是用豆皮做的，加上四川獨特的豆瓣醬和胡椒，以及大量的油去烹炸，一般人閉著眼睛吃，幾乎吃不出真肉和假肉的區別。

我為什麼舉這個例子？我想說的是這些東西就像觚已經變成不觚一樣，孔子看著一個長得像觚的酒器，想說當年設計這個酒器就是為了喝二升的，結果人們為了不突破自己的內心防線，可是內心又很貪婪，就把觚做得大點兒，跟吃未來肉是一樣的道理。

內心早已不純粹，就算表面上保持一種照貓畫虎的形狀，又有什麼用呢？因為已經背離了這件事的本質。

這是一個多元化的時代，每個人都可以長成多元的樣子

於是，孔子很感慨，拿著一個變形的觚說：「觚不觚，觚哉！觚哉！」連一個酒杯都已經變得都不像酒杯了，哎呀，酒杯呀！酒杯呀！這句話引申出，「老公不像老公，老公哉！老公哉！」、「老婆不像老婆，老婆哉！老婆哉！」、「男朋友不像男朋友，男朋友

哉！男朋友哉！」

現在大家的價值觀都很多元，如果有人說要把女兒培養得賢良淑德，很多人就會說：「這是對女人的歧視，女人能頂半邊天，為什麼女人就要賢良淑德？為什麼男人不可以賢良淑德？」放在當下這個時代，從您的角度來看，這句話也沒錯。

有一天，我收到了一個短視頻，是一場服裝秀。音樂響起來，一個胸肌很發達的、目光堅毅的男模特兒走了出來，還是很帥的。走完之後，打完前場，突然看見一個頭髮很長的、上身半裸的、很妖豔的、穿著高跟鞋的模特兒走出來了，我第一眼看過去，天哪，這個模特兒的胸部也太平了吧，仔細一看原來是男生。然後又出來一個渾身有很多肌肉的，但穿著高跟鞋的、很妖豔的模特兒，翹著蘭花指，黑色皮膚……。

這場時裝秀不是在中國的，是在美國或法國，裡面有各種膚色、各種體格的人，呈現各種陰柔、陽剛的樣子。

也許我們真的不太懂當代藝術——不以審美為目的，不以讓你愉悅為它的功能，而是為了表達藝術，表達一種態度：這是一個多元化的時代，每個人都可以長出多元的樣子。你可以看到這樣的價值觀成為當前越來越多人的主流價值觀，有什麼不可以呢？「我就是我，是顏色不一樣的煙火。」我常常為此感到無所適從。

曾經我也走過類似的路線，但沒那麼激烈，當年在電視臺做節目主持人時，有時為了達到傳播效果、提高收視率，會弄一些很搞怪的東西。那時為了安慰自己，跟自己說這叫「後現代」、「解構主義」，然後引入法國哲學家傅柯（Michel Foucault）的觀點，從而形成一種對角色的衝突和張力，以此作為一種行為藝術。其實，就是為了提高收視率。

後來，我發現做這些工作的確不能讓自己很快樂，於是就追尋內心該有的樣子，去做了一檔更嚴肅的節目，甚至後來連這種節目都不做了，去做國學、政治、經濟、文化評論，自己為了評論還學習了中醫、管理的相關知識。

回到之前說的，我們總是在年輕時想以各種所謂的創新、獨特來彰顯個性，並且認為這是世界級的潮流，捫心自問，成為這樣的人你開心嗎？如果沒有利益的引導，你會這樣做嗎？

我從來不反對各種娛樂搞笑的東西，只不過不是每個人都能做這件事的，就像不是每個人都適合成為網紅和公眾人物，受到很多人的關注，因為需要付出代價。紅，是一份祝福，但也包含了一種詛咒——有一天你不會那麼紅，可能會因為紅而帶來種種風險，這些事都是夾雜在一起的。

每個人都要成為讓自己最舒服的樣子，並且把它提純，透過某種程度的自律、自省，來達到自由的狀態。時裝設計師山本耀司很強調這一點，他從來**不認為有所謂散漫的自由。儒家講的最終的自由，都是藉由嚴格的自律而來**，而這種自律，並不是簡單的外部規矩，對孔子來說，首先要捫心自問，這是不是你內心覺得好的，「無待」，沒有獎勵，沒有必須這樣才能這樣的前提條件……你是否覺得這樣的東西好？

聯想前面提到的那場服裝秀，什麼人都可以不是什麼人的樣子，肌肉男也可以穿著高跟鞋，很妖豔的翹著蘭花指，站在他的角度，這樣做沒有錯。但我覺得自己很難做到這樣，如果有人給我很多錢，我可能會禁不住誘惑做了這件事，但內心還是隱隱的覺得不對，這件事帶給內心隱隱覺得就是不對的感覺是抹不掉的，其實這種感覺，就是「真」。

同理，你是誰，你就會慢慢的成為那個人，然後清楚的告訴別人：「我想成為這樣的人。」如果你想藉由為了不變成這樣，為了利益而做了一些掩耳盜鈴的事，長時間下來，是不可持續發展的。

有的家長希望把孩子培養成為一個溫和的人，如果孩子本身就有成為這樣的人的氣質和能力，那就允許他成為這種人；如果孩子本身就充滿了創造性，就想與眾不同，就想酷，就想被萬眾敬仰……哪怕因此受到很多異樣的眼光和非議，他也能接受，也許你可以讓他在年輕時嘗試一下。

任何路都不一定是錯的，但每條路最終都會回到生命本來最舒服的狀態。我相信每位略有生活經歷的朋友，最後都會同意這個觀點，希望你早日找到舒服的樣子。

24 不能顧好自己，拿什麼愛別人

原典

宰我問曰：「仁者，雖告之曰：『井有仁焉。』其從之也？」子曰：「何為其然也？君子可逝也，不可陷也；可欺也，不可罔也。」

春天即將到來時，萬物開始生機盎然的萌動，人也一樣。經歷過一個漫長的冬天，可能常常會有些許絕望在心頭縈繞，而每年春天到來時，就會在絕望中萌發一絲生機。冬天總會來，而春天也總是會來的，有了這種信心，自然我們就對夏天的豐碩有種隱隱的期待，對秋天的蕭瑟也有了無所畏的心態，因為我們知道輪迴就是世間的真相。

為什麼我會隨著年齡的增長，慢慢生出了對四季輪迴、生命輪迴的自信呢？可能是藉由對經典的閱讀、學習，捕捉到了某種有趣的頻率。這種頻率只要你跟它合上，似乎怎麼都可以，不怎麼也可以，無可，無不可。就像本篇我們要學習的這段話：

宰我問曰：「仁者，雖告之曰：『井有仁焉。』其從之也？」子曰：「何為其然也？君子可逝也，不可陷也；可欺也，不可罔也。」——有一天，宰我去刁難他的老師：「假如一個人已經達到了『仁』這種狀態，有人告訴他：『有人掉井裡了。』他會不會跳下去救人呢？」

如果我們藉由與孔子的調頻，會慢慢感受到他的渾然天成的自在，面對這樣的問題，孔子會怎麼看？就像我們在學習《莊子》時，會想莊子在面對別人的提問時，通常是怎麼回答的？

其實，最好的回答就是提問，當你不了解一種情況時，匆忙的回答是危險的。所以，孔子用了一個提問來回答宰我：「你告訴我有人掉到井裡了，請問他為什麼掉進去了？他是怎麼掉進去的？當時的情況是什麼樣的？」

這句話的背後是說，仁者聽說有人掉到井裡了，應該跑過去看一下是什麼情況，但不一定非要跳下去救人。如果他不會游泳，為什麼一定要跳下去呢？為什麼不可以在旁邊找一根竹竿把人拉上來，或者去找更擅長的人來救呢？諸如此類。

孔子說：「對仁者來說，是可以做出一些犧牲的。但不能陷害他，把他往坑裡帶，並且形成道德綁架。你可以騙他說：『真的有人掉到井裡了。』他跑過去發現沒有，這叫『可欺也』，但不可以愚弄他，讓他跳下去做沒有效率和結果的事。」

看到了嗎？孔子並不是我們想像的那麼愚鈍，他也會告訴學生：「保全自己是做好人好事的一個很重要的基礎。」

先照顧好自己並不是自私，是負責

曾經，我們受到一種教育叫捨生取義、捨己救人。如果你看見一個人掉到水裡了，卻沒有去救他，就是不道德的，千夫所指。其實這是一種道德綁架。

我記得有篇文章講述了一個故事，日本侵略中國時，一群義憤填膺的年輕人跑去找蔣公說：「我們要抗日，我們要鬥爭，我們要戰鬥。」蔣公當時跟他們說：「你們有兩個選擇：第一個，回去好好學習，將來用你們的方法報效祖國；第二個，去參加抗戰培訓班，如果你們真的要參加抗戰，先去學怎麼開槍、怎麼跑步、怎麼躲避不必要的傷害……然後上戰場。」

不知這個故事是真是假，但我在想，如果一個人自己不去做一件事，卻糊弄別人去做，並且形成某種道德綁架，這是不對的。

做父母的，跟兒女講到這類事的時候，一定要講清楚，**如果你要救人，一定不要以傷害自己的性命為原則**。儒家的愛是有遠近親疏的，如果一個人連自己都照顧不好，連自己的父母都不孝敬，那麼讓他去愛別人，幫助別人，不僅無知，而且略無恥。

有一次，我和幾位做養老相關產業的朋友聊天，開養老院的朋友說：「很多義工來社區照顧孤寡老人，但我通常會建議這些朋友先把自己的父母照顧好，不要為了做義工，為了讓自己的道德靈魂得以提升而來做這件事。不要跑到養老院來照顧老人，卻讓自己的父母活生生的在有孩子的情況下，變成孤寡老人。」這是儒家真實而可愛的一面。

不知從什麼時候開始，儒家被扭曲了，以至於我們在很多年前都一直認為，儒家提倡放棄小我，成就一個幫助別人的大我。如果你不能保全自己，拿什麼來愛別人？而且，身體髮膚受之父母，我們的所有修行道具全在這副皮囊裡，更何況一些人以道德的名義讓別人的孩子做這件事，而自己卻變成受益者，這件事很可怕。比如我曾經目睹過很多人在網路上高喊著：「打倒美帝國主義！」卻把孩子送去美國讀書，甚至自己也悄悄的辦護照。

要不要去美國讀書，要不要移民美國，是每個公民的自由選擇，是法律賦予的權利，但你卻借著自己做這件事的過程讓別人去對抗，讓別人做炮灰，這種做法本身就不仁，也不義。

其實，這種心態推而廣之，反而更加的證明了許多事。比如我常常和正安的大夫講：「我們在為別人提供醫療救助方案時，最好先把自己的身體調好。」如果一個人跟別人講如何理財，是不是應該把自己的經驗變成投資的實戰——你認為這檔股票真的很好，你有沒有買？你是否真的把自己的實踐放了進去？

當然對某些專業人士來說，尤其是媒體平臺的證券投資者，一定要避嫌，不能因為自己買了這檔股票，就大肆宣揚推動別人去買。反過來，如果你在內心根本就不認為這檔股票好，而是受到某種利益的驅使，有人給你錢，要你講這檔股票有多好，這可能是更不要臉的事。

儒家認為，真誠從對自己真誠開始，從對自己身邊的人真誠開始。我們學習《論語》的過程中，一路調頻，一路發現，要想成為一個仁者，是可以從自己的角色裡發展出來的。

一言以蔽之，儒家講究的是推己及人，把自己安頓好，是對世界做出巨大貢獻的充分必要條件。就這點而言，每一位父母都應該告訴孩子：「愛自己，就是對父母最大的孝順。」當然這句話反過來講，也是一樣的，我常常和很多父母說：「把自己的身體照顧好，就是對兒女最大的愛。」

25 讀書，既要把它讀厚，還要把它讀薄

原典

子曰：「君子博學於文，約之以禮，亦可以弗畔矣夫！」

上一篇我講的話題是仁者要從自己做起，反身而誠——如果你不愛自己，更不要談愛別人了。由此推說，一個人向別人提出要求，自己應該先做到。每講到這類話題時，我就覺得好慚愧，因為顯然我就是屬於那種被孔子批評的人。知道自己是這樣的人，總比不知道強吧。

子曰：「君子博學於文，約之以禮，亦可以弗畔矣夫！」畔，同叛，意為離經叛道。這句話是說，如果君子能廣泛的學習，並且觸類旁通，同時又能履行它，做人就不至於離經叛道。

「博學於文」，說的是人要廣泛的了解各種事物，不僅要學文學，還要學科學；不僅

要學中醫，還要了解西醫；不僅要學習歷史，還要展望未來。

「約之以禮」，意思是學了就要做。現在，我們因為接觸了太多的知識和道理，有許許多多想做的事。欲望、想像、期待、機會……都會讓我們走向更加廣博的領域，但也會導致我們變得散漫，所以要「約之以禮」，禮就是履，實踐的意思。

想來，你首要應該實踐什麼呢？我去北美旅行時，在飛機上一直在看中醫藥的書，看的是鄭欽安先生的《鄭欽安醫學三書》。看得是如痴如醉，甚至還在國外找了一家中醫診所，與裡面的中醫大夫做了一些交流，了解他們是如何使用中醫的辨證體系，聊著聊著，還互相把把脈，我還在當地買了一些藥材，調理了一下脾胃。

這件事帶給我最大的樂趣就是，突然發現，當自己用這種方法調理身體時，開始明白了書中被忽略的字眼。舉個例子，鄭欽安先生在《醫理真傳》和《醫法圓通》裡有句話，「仲景之法，全在一氣。」

以前我也見過這句話，但覺得沒有那麼重要，有段時間用一些成藥幫自己和身邊的朋友調節睡眠時，發現這句話真深刻呀。由於種種原因，我們身體裡的這股氣不能得以周流——一氣周流，循環往復。這個氣可能是順著血液微循環而形成的一股周而復始的能量。治失眠，無論是陰虛還是陽虛，無論是脾胃還是肝膽，還是心腎不交，都有許許多多的方法。

我寫了一篇論文，把它分了很多證型，透過層層的實踐，會發現所有的失眠問題，都是氣、水、血的循環問題，無非是循環的時間、方向不對，氣機在哪裡堵住了，在哪裡逆轉了……把它調回一氣周流的正確位置，自然而然就不失眠了。

讀薄的書，讀厚的人生

讀書，既要把它讀厚，最後還要把它讀薄。

有一天，我特地去廣東省中醫院拜訪我的師姐。當年鄧老（鄧鐵濤）指定師姐楊志敏老師作為我的代課老師，我跟她學習中醫。這些年我有一搭沒一搭的學習，直到最近兩、三年，才開始深入研究，發現了許多有趣的話題，於是我就去請教楊院長（她現在已經是廣東省中醫院的副院長了，專治失眠）。她說：「其實，把氣機調順，並且了解背後的脾胃肝膽等問題，是醫者要觀察實踐的一個非常重要的話題。」

在這個過程中，我們如何理解氣機的變化？其實就是慢慢的體會到另一層更深的含義，我們在為別人診脈，觀察別人的氣機變化時，是否能觀察到自己的氣機變化？

這件事一點兒也不神祕。舉個例子，如果你安靜下來，甚至能聽到自己的腸鳴，咕嚕咕嚕的作響。你可以找一個親近的朋友，甚至自己的孩子，把耳朵貼在他的肚子上，聽他的肚子裡水珠滾動的咕嚕咕嚕的聲音。一個醫者，要想真正幫助別人調理好氣機，首先得從自己身體氣機的變化開始體悟。

你有過一根針扎下去，一股暖流順著肝經走下去的感覺嗎？你有體會過吃完飯後，一股熱氣在胃中、腸中蕩漾開的感覺嗎？甚至當你在站樁的時候，站著站著，突然「唉」一聲，一口氣從某個「門」出來了。

當一位中醫大夫朋友握住你的脈搏時，你甚至可以感到一個像小滾珠一樣的東西在你的指間滑過……這種經歷真是其樂無窮啊。

為什麼我們一定要在實踐中才能真正理解那些形而上的道理和說法呢？我再舉一例，有一天，「九九抄經營」的一位朋友說，他抄著趙孟頫的《道德經》，突然就理解了一句話，為什麼大書法家也有一筆寫下去很粗，寫著寫著又沒墨了還在寫的感覺呢？為什麼這樣粗細不勻，他還是這樣寫下去了呢？原來在他寫的時候，發現寫到愉快的時候沒有墨了，但又實在捨不得提筆去蘸墨，因為那股氣會斷，所以寧可讓這筆寫下去呈現墨的枯態，也不提筆去蘸墨。

當然，如果你不寫字，是斷然不能理解趙孟頫在起承轉合間不同的筆畫，以及不同字之間的氣機的流動。這位同學還說，他特地去日本看了一次宋代的書畫展，站在宋元兩朝書法家的作品面前，他看見的不再是線條，而是當時這位書法家在寫這個字時是如何呼吸的、如何進退的、如何猶豫的、如何疏朗的……這就是實踐的快樂對知識的反向體現。

這些年我偶爾會在《冬吳同學會》節目裡與大家分享對某些公司，乃至某些股票的看法。不瞞您說，我提到的所有公司的股票，我全部做過投資，有些賺到了錢，但有些沒把持住，虧了很多錢，但也體會到了投資過程中種種真實的快樂。

當你真的用錢去投資，再來看這家公司時，對比它的同比與環比的增長，成本與利潤的變化，它的週期、新的產品，以及管理結構對盈利的影響等，因為自己做過公司，然後想像當年在中歐國際工商學院讀書時老師講的理論，再去看這些數字報表的背後呈現的能量的流轉、勢力的變化，你會真正感覺到「氣機」二字。

所有廣博的學習，最終都要「約之以禮」——在實踐中把它重新封包，感受那句話真正指向的況味。

現在，我看到有些育兒課裡講到父子關係時，居然會老淚縱橫。做父母的太不容易了，如果你沒有在晚上十一點還在為孩子的數學、英文作業而苦惱的話，你是真的不能理解的。

26 人世間，連聖人常常也要妥協

原典

子見南子，子路不說。夫子矢之曰：「予所否者，天厭之！天厭之！」

《論語》裡有一些很八卦的故事，甚至有點兒香豔。話說有一天，孔子要去見南子，這是歷史上非常著名的一段故事。孔子的學生子路很不高興，孔子也很無奈，遂對天發誓：「予所否者，天厭之！天厭之！」

我先講講故事發生的背景——南子是衛國國君衛靈公的老婆，可能後來還把持了朝政。衛靈公昏庸，但，南子不僅聰明能幹，還很好色（在第二五八頁講過她和美男子宋朝的故事）。

南子把持朝政後，居然把毫無作為的老公管轄的衛國管理得井井有條。

南子在江湖上的風評一般，尤其在當時道德比較高尚的年代，人們還是有貴族精神的。孔子以前在魯國時被人陷害——其實也就是看了某位美姬一眼，可能連手都沒有碰過的這些軼事，諸如此類，就被人擠出了魯國。他在魯國時，其實管理得很得法，連他的學生都可以派到各個國家去做首相、副總裁、大總管……由此看來，孔子在當時確實是一位非常著名的管理大家。

孔子的名聲在外，衛靈公就想請孔子來衛國幫他管理國家，這件事由南子出面溝通。於是，倆人不僅見了面，還是單獨在一個帳篷裡見的，據說當時人們在帳篷外聽見了玉佩發出的玎璫聲音，不知道是南子身上的玉佩作響，還是當時南子要撲孔子發出的聲音，反正孔子說自己沒有做錯什麼，但這件事在「吃瓜群眾」（按：指只圍觀不發言的沉默大眾）面前說不清楚啊。

子路是一介武夫，性格暴烈又率直，知道這事後，很不高興的說：「老師，您怎麼能這樣呢？」孔子只能對天發誓：「人家邀請我去做官員，也算是給我面子。老闆的老婆要跟我聊天，我能不去嗎？但我絕對沒有做傷天害理的事，如果我做得不對，老天是會懲罰我的！」

看來，老師要跟學生證明自己的清白，是多麼不容易啊。

後來衛靈公給了孔子相關的頭銜，也給了相關的「股票」、「期權」等，反正待遇不錯。但孔子是不可能在衛國發揮他的政治理想的，因為衛國那時已經形成了一個穩固的治理結構，裡面的利益群體錯綜複雜，不管他認不認同，人家管理得還可以。

在這樣的背景下，孔子就是一個大ＩＰ，就是一個人設——去衛國彰顯這個國家尊重賢能。孔子坐在車上招搖過市，心裡很難受，因為他想做事，卻僅僅被變成了一個品牌。那些覺得自己有能力，但又被品牌化的人，對這種行為多少都有點不爽，明明可以憑實力，非要變成「鮮肉」，讓人很尷尬，所以孔子在衛國無法立足，後來就離開了。

可以說，這是孔子在他的政治生涯中最後一次離權力中心最近的時刻，後來周遊列國，顛沛流離，帶著一幫學生到處「化緣」，尋找政治機會，最後無可奈何之下，回家做起了學問。

這下倒好了，因為做學問，力透紙背，成了萬世師表。春秋戰國以後，大部分朝代無論開國元勳的治理綱要是什麼，隨著國家的發展，都會把儒家思想抬出來，變成主流價值觀。或者將儒家思想進行篡改，但起碼是把孔子的思想理論框架當作官宣的重點。

不要在別人的眼光裡否定自己

這個故事，起碼反映出三層含義：

第一層，哪怕你已經在道德和實力上達到了相當高的段位，可能仍然磨不開場面上的事，這很痛苦。孔子遇到這種情況的策略是，雖然不想去，但還是去了，明知道和一個權力欲滿滿的女人單獨在一起，極可能會留下諸多難堪，但他還是義無反顧的去了，這叫無可奈何。

如果換作莊子，他是不會去的，而且莊子會說：「你要我幹這種事，還不如讓我像一隻在泥地裡自由爬的烏龜，我不會像一頭被打扮得很好的豬放在供臺上供大家觀賞，供大家評論，雖然好像社會地位高，卻沒有內心的自由，這樣的事會傷及我的自我認知與價值觀。」所以莊子一輩子自己自由了，但到底有多快樂和多不快樂，我們無從得知。

如今看來，遇到權力、金錢、美色綁架的情景時，我們應該選擇哪條路呢？到今天為止，我可能還是會偏向於如果大的投資商、官員要見我，跟我聊點什麼，也許我覺得自己去了沒什麼意義，但還是會去。雖然去完之後回來可能會渾身難受，也沒什麼結果，徒受其辱。

也許這句話說得比較重，其實就是白白增添了一些對自我的否定，但還是可能會去，這不僅是一種實用主義精神，更重要的是內心多少還有點兒理想主義情緒。中間的尺度拿捏實在是太難了，但想到連孔子都很難拿捏，我也就放心了。此為第一層含義。

第二層，人在做，天在看，所以我覺得孔子應該是沒做什麼的。我們都知道孔子長得很英俊，一百八十幾的山東大個兒，說不定當時老闆的老婆南子，上來摸了一下孔子的臉，或者拍了一下他的肩膀說：「孔子，你覺得我長得怎麼樣？」類似這樣。

當然古人不會說得這麼庸俗，會用很文雅的詞，眼睛一抬直視你，讓你慌亂，然後很得意的說：「你作為一個聖人，被我看一眼，手心都冒汗了……」當時的情景後人只能靠腦補，這個腦補的過程就是讀書的樂趣。此為第二層。

第三層，當一貫追隨孔子的學生聽著老師天天講仁義禮智信、正心誠意……然後還這樣做了後，憤怒的說：「老師，您怎麼可以這樣」時，你看，孔子也只能對天發誓。因為那時沒有攝影機，不然我估計孔子自己走進去後會想把現場拍下來，「看，當時我是這樣的，沒有越禮、非分之行為」。所以，孔子這種只能把心交付給蒼天的窘迫太有樂趣了。這種把自己無可奈何的置入一個窘迫的境地後仍然去做的狀態，恰好是孔子演給我們看的活潑的人生啊。

不要因為我們讀了聖賢書、不要因為我們口口聲聲的說修行了佛法、不要因為我們已經這樣那樣，就全然否定了對現世的尊重。理解了這點，有助於我們獲得解脫，就像許多育兒書說：「在陪小孩子寫作業時，作為家長應該平心靜氣，對孩子充滿鼓勵。如果你真的發了脾氣，也不要太過自責，因為這就是生活。」

很多人都說，對父母一定要尊重，讓父母開心，讓父母笑，是我們盡孝道的基礎。結果，父母非要為了省錢，去擠公共汽車，結果在馬路上摔了一跤，你回去對他們發了脾氣，指責了他們，後來想想好像很不禮貌，但指責了就指責了，因為這也是人生的情緒。

林林總總，我們在《論語》裡看見的是一個在人世間常常也要妥協的聖人，這種狀態非常重要，就像我常常和大家分享的。這些年我讀人的機會比讀書多，藉由《生命・覺者》系列的採訪，我採訪了許多以前夢寐以求的覺得遙不可及的各個領域的老師，最大的收穫就是發現那些特別了不起的人物，原來在現實生活中也會遇到這樣那樣的問題，偶爾也會呈現貪嗔痴慢疑，怨恨惱怒煩。你就會因此生出信心——原來我不用做到百分之百的理想狀態，也有逐步邁向一個更好自己的可能。

如果有一天，你發現自己的偶像呈現出普通人的一面，一定要因此更感謝他，因為他幫你理解了生活與生命的真實面向，自己也會因此變得更放鬆，因為你知道連他們都是這樣的，自己也會經歷一個逐步改善的過程，變得越來越好。

後世的儒生容易把先賢神聖化、完美化、標準化、絕對化，而這種行為都不是在幫他的老師，而是在毀掉他的老師，因為這是一種真正意義上的捧殺（按：過分的誇獎或吹捧）。推而廣之，如果父母可以定期有意無意的呈現出自己對生活的無奈、慌張、恐懼，可能是對孩子更真實的教育。

有一天，兒子很悲傷的告訴我一件事，說他在學校做的公司（其實就是一個小組織）破產了，他招攬來的各位兄弟都獨立創業，成立自己的公司了，他被迫宣布解散，因此很傷感。我看著他，只能告訴他：「在正安也發生過類似的事，也有員工被人挖走，甚至可能有些經營不好的店也要關閉，我們也面臨著財務和市場競爭的巨大壓力……。」

講著講著，他看到了原來爸爸也是這樣的。他問了一個問題：「騰訊、阿里巴巴，還有蘋果，也是這樣嗎？」我說：「也有類似的情況。」

聽完我講的話後他很釋然，又堅定了重新創業的信心，一個三年級的學生，決定第五次成立公司時，我說：「你這次準備開一家什麼樣的公司呢？」他說：「我準備開一家平等公司，我們的主張就是人人平等，每個人都是大將軍。」

我說：「你們很快會進入到一個階段，就是自由選舉階段，同學們憑著自己對其他同學的幫助、作業做得好不好、是否能更有效的管理自己的時間……讓自己成為眾人的領導、榜樣。大家選舉誰成為小組的組長，比一個組織的創始人號稱平等，可能更加重要，那是你公司的三．〇方向——組織結構。」

一想到現在的年輕人在小學三、四年級時就已經開始思考這些問題，我就在想，國家的未來應該會變得更好。某天晚上，我發現自己已經不能輔導他做數學題、英文題時，就知道他們一定會超過我們。他們的好，就是國家未來好的最直接的動力，明日的國家會更好，這是我的信心。

27 中庸不是平庸，而是努力的結果

原典

子曰：「中庸之為德也，其至矣乎！民鮮久矣。」

本篇我們要學習的《論語》中的這句話，幾乎可以用來統合我這麼多年來的一種思維——子曰：「中庸之為德也，其至矣乎！民鮮久矣。」孔子很感慨的說：「中庸作為一種德行，其實是很了不起的、真的至高無上，但大家現在好像已經偏離這種狀態很久了。」這難免會讓大家產生一個疑惑，中庸怎麼會是一種至高的品格狀態呢？很多人都以為中庸就是平庸、和稀泥、面目模糊、騎牆、可左可右、忽左忽右……其實，這是一個很嚴重的誤會。

程頤曾經說：「不偏之謂中，不易之謂庸。」什麼叫「不偏」？其實「不偏」是一種需要很努力才可以堅守的狀態。比如一位主管面對部門很多的部屬，是不是能用以前定下的一種遊戲規則做獎懲，而不是心中有所偏頗——喜歡這個部門，就多做事；不喜歡這個部門，就花各種力氣折騰；誰聽話，就幫誰多點兒；誰不那麼聽話，就整誰多點兒。做父母的也是一樣，有的父母更喜歡聽話的孩子，如果孩子犯了錯，父母總是給他找理由：「嗯，下次不要再犯啦。」如果父母不那麼喜歡孩子，哪怕孩子做對了，也會對他進行批評，這種狀態就叫「不中」。

中是一種原則性的堅持，並且這種堅持在很長一段時間裡都不改變，就叫庸。所以，**中庸是努力的結果，實際上是一種非常重要的關於領導力和控制力的修練。**

用原則來管理，比用好惡、激情更有可持續性

《論語》是一本講述如何做君子的言論集。在某種程度上來說，領導者用原則，用不偏不倚的規矩來管理，比用好惡、激情、當下某些隨意的判斷顯然更具有可持續性。

關於中庸，歷朝歷代的許多先賢都進行了很深入的討論，在這裡我想和大家分享我能理解的中庸狀態。我們學物理時知道了一種叫「合力」的狀態。比如當你拉開一張弓時，這根弓弦張開的力被分成上下兩端，但它的合力卻是居於拉開的弦上下兩端的中間位置。如果你在中間位置放一支箭，合力會把這支箭沿著中間的這條線推送出去；如果你不放

箭，合力還在嗎？

其實，當你拉開弓時，沒有搭上箭，這股合力幾乎不能產生任何作用，你可以用手在一張拉開的弓放箭的位置揮來揮去。這種狀態最接近空性的狀態——有，又沒有；沒有，又有。似空非空，似有非有。

有一年，我帶著兒子去練習弓道，弓道老師告訴我們：「在孔子生活的年代，學生要掌握六藝（按：指禮、樂、射、御、書、數），其中一個就是學習如何拉弓射箭。」我以前以為，學習拉弓射箭就是讓知識分子擁有上戰場的能力，能文能武、能吹牛、能打獵。後來發現其實不是這樣的，在古代，君子練習拉弓，最重要的練習是拉一張沒有搭上箭的弓——當你把弓拉滿以後，能否體會那種本來應該放著箭，卻沒有放箭的地方所和合出的那種空空的，卻具有合力的狀態？

據說君子在練習弓道的過程中，會有很長時間僅僅拉開一張沒有搭上箭的、空空如也的弓。我在反覆練習把弓拉開的過程中，突然感受到了孔子為什麼要讓學生學習拉一張沒有搭上箭的弓，是為了長時間定在那兒感受合力——沒有放上箭，僅僅是一團空氣的合力的狀態。這種狀態也許就是「中」的狀態。

請不要指責我花了太多時間去描述這種狀態，因為這種狀態太重要了，它幾乎可以讓我們感受儒家所講的「中道」，它不來自道理，很多時候來自體驗。

有一年，我去終南山見張道長，他告訴我：「要體會自己的中脈。」我一直不能理解什麼是中脈，現在有點兒感覺了。從道理上來說，中脈是人端坐，或者平衡站著時，從頭頂的百會穴一直往下垂直的中空狀態。

我們知道，人是左右對稱的，如果我們的身體左邊和右邊的肌肉、骨骼、筋脈是平衡對稱的拉著，前後也是這樣對稱的。那麼，當你在打坐或站樁時，整個身體會處於中間態的平衡。這種中空的能量平衡態，叫中脈。

舉個例子，在廣闊的大洋上，奔騰著許多洋流，它是冷流和暖流交匯後形成的海水運動的管道。有部電影叫《海底總動員》，裡面有隻小丑魚叫尼莫，牠之所以可以從大陸板塊的這端到大陸板塊的那端，游過整片大洋，其實並不是牠在游，而是牠處在洋流中。

在冷流和暖流交匯的狀態下，激蕩出了一個走勢，在海洋裡循環往復，是冷暖兩種狀態的動態平衡態。如果你處於這種狀態，不需要游，也會被激蕩的洋流推動。這件事很難用語言描述，但精妙的人類總是試圖在所有對立中，尋找這樣一種惟精惟一的平衡狀態。

如果我們把一顆球向天空拋去，從拋出的那一刻開始，它一直在上升，直到某個點不再上升，馬上下降之前的態就是從拋起到落下的中間轉折態。我個人認為它就是中態——介於升和降之間的轉折態。如果你把球從拋起到落下的整個過程視為一個整體，那個點就是中庸之點。

這種狀態很重要，它既屬於上升的波段，也屬於下降的波段；它既不屬於上升的波段，也不屬於下降的波段。在數學裡有一個類似的概念，是印度人發明的，在負無窮大和正無窮大的中間有個狀態——零。它本來沒有，是被概念化創造出來的，但又明明白白的呈現在那裡。每件事物、每條運動軌跡、每種生命狀態、每群人、每種力量的博弈……都會出現這種態，用諾貝爾經濟學獎得主約翰·納許（John Forbes Nash）描繪的叫納許均衡（Nash equilibrium）。

這些年，如果你寫過字，練過太極、站樁……老師都會跟你講找到那種平衡態——既屬於，又不屬於；既是，又不是。我個人認為，這應該就是儒家講的中間態，數學裡的零的狀態，道家講的中脈的狀態，佛家講的空性的狀態（這是我的猜測，也可能不對，供您批評）。

28 讓自己的情緒和別人的情緒共振

原典

子貢曰：「如有博施於民而能濟眾，何如？可謂仁乎？」子曰：「何事於仁，必也聖乎！堯舜其猶病諸！夫仁者，己欲立而立人，己欲達而達人。能近取譬，可謂仁之方也已。」

在上一篇裡，和大家講了中庸。我理解的中庸大概分成兩種含義：一種是不偏不倚，讓事情回歸常態、常識，然後以中為用；另一種，「中」的含義是事物的轉換、和合的交匯點，當我們把握了這種轉換、和合的交匯點以後，就可以用最小的力量達到平衡，或者用最小的力量改變平衡。

本篇和大家分享、討論的是儒家另一個很重要的觀念——仁。

有一天，子貢曰：「如有博施於民而能濟眾，何如？可謂仁乎？」子貢說：「如果我有力量把所有東西都分享給民眾，並且能幫助人們得到他們需要的東西，這怎麼樣？可以稱得上仁嗎？」

子曰：「何事於仁，必也聖乎！」孔子說：「這哪是簡單的仁啊，已經是達到聖的地步了。」

仁和聖是不一樣的——仁是人人都可以做到的事，只要你有同情心，把自己的同情、同感、同理，用於與他人同頻的過程中，就能接近仁了；但要達到「聖」的地步，不僅要有仁心，還要有德、有位、有勢能。比如你當了宰相或一方官員，不僅可以去幫助別人，還可以用自己掌握的資源幫助別人，這樣才可以叫聖。

孔子接著說：「連堯舜都不能完全做到聖人的狀態，子貢，你就不要那麼好高騖遠的老是想成為聖人了。你能做到起心動念，日常與他人溝通交流時，能感受別人的狀態，幫助別人，體會別人想要的東西，就已經很好了。」

「夫仁者，己欲立而立人，己欲達而達人。能近取譬，可謂仁之方也已。」這句話是孔子對仁的進一步描述，他說：「你要成為一個有仁德的人，就要讓自己立得起來，讓別人也立得起來。」就是說你得知道和自己在一起的人，有跟你一樣的想法，你想有所成就，別人也想，你得把別人也想有所成就的想法，當作自己應該做的事。

「己欲達而達人。」——你想通達、發達、飛黃騰達，想在自己的內在形成一種與道同齊的狀態，別人也想，所以「己欲立而立人，己欲達而達人」。「能近取譬」——能感覺到別人和自己是一樣的，他就像我，我就像他，就是這個樣子的，這就是仁的方向和方位，也是達到仁的方法。

本篇學習的這段話，其實跟我們的生活很貼近，就像大部分父母真的忘記了自己小時候也想看電視、也想睡懶覺、也不想做作業、也想抄同學的作業、也想出去玩、也想拖拖拉拉……我們都忘記了自己曾經有過一模一樣的想法，但現在卻完全不按照過來人的理性要求，以「我為你好」、「你花了我那麼多錢，為什麼還不聽話」等狀態要求孩子，這就不是「己欲立而立人，己欲達而達人。」你都做不到這樣，憑什麼要求別人做到；你都有偷懶的想法，為什麼不能尊重別人想偷懶的想法，哪怕那個別人是自己的孩子。

還有很多人喜歡教育父母，說父母不會花錢、不會享受、不知道穿得好點、不知道如何養生、不知道如何學習佛法……告訴他們該怎麼活。其實，父母都已經放棄教育我們了，為什麼我們非要追著教育父母呢？同理，我們很難要求別人做到，除非自己真的做到了，而且在做到的過程中享受到了快樂。所以，逐步尊重別人現有的狀態，然後幫助他體會做到之後的快樂，這是多麼重要啊。

我的鄰居王老師，以前是我的老主管，我很尊敬她。她的兒子在牛津大學讀到數學博士（據說在牛津大學史上，他是第一個獲得這個學位的華人），非常優秀，我看著這個小朋友長大，感到很震撼，看著一個曾經到腰那麼高的小孩子，終於成為如此優秀的年輕人。我就問王老師：「妳們家孩子這麼優秀，妳是怎麼培養的？」

你知道王老師怎麼說嗎？她說：「我沒有培養他，我覺得他從小就是那麼優秀，我從來沒有覺得他有什麼不優秀的地方。」

我說：「怎麼可能？任何一個小屁孩，哪怕是妳的老公，都不可能完美，妳怎麼能覺得他那麼優秀，從來沒有批評過？」

她說：「我真的從來沒有批評過他，而且就是覺得他非常好，完全把對自己的愛、體會投射到對他的上面，覺得自己很好，當然也覺得他很好，他沒有什麼不好的……。」

我在旁邊聽著，非常感慨，每個人都不可能沒有缺點，但是做父母的，不是說我鼓勵你讓你是為了成為這樣，我看見王老師是發自內心的覺得她的兒子就是這個世界上最好的孩子，結果孩子就按照她的聲音、心念的祝福，逐步被調頻，成為一個優秀的孩子。這就是我看到的一些人在現實生活中把仁德普及開來，擴展成生活中的狀態的故事。

道理最多能做出一些ＰＰＴ，只有情緒才能引發共鳴

我想說的是，王老師不是基於功利心，不是基於某種目的，而是基於真誠。就像太安

私塾的同學們快畢業時，他們都來問我：「梁老師，畢業感想該怎麼寫？」我和其中一個同學說：「請你保持真誠的狀態，認真體會你在太安私塾上課的過程中感受到的一切，並且把它記錄下來，因為你們畢業後很快就會忘記。」

這位同學就在深夜把自己的真實感受洋洋灑灑的寫了下來，其中有句話講得特別好，他說：「你可以在一個班級裡，感覺到同齡女生之間相互的喜歡、嫉妒、攀比，這種在覺察別人的喜歡、嫉妒、攀比的過程中，看見了自己，就像梁老師說的，要在與別人的互動中覺察自己一樣。開學時梁老師說過這句話，到畢業時我才如此清晰的感覺到了。」

當我看到這段文字時，還是很感謝的，的的確確，我們在營造太安私塾這個生命共同體的過程中，我希望每位同學都能藉由與他人的互動，真實而誠懇的看見別人，同時照見自己。

這種看見別人而照見自己，或者看見自己而照見別人的狀態，就叫仁，也就是孔子說的「己欲利而利人，己欲達而達人」。有了這種同情心和同理心，我們就開始逐步回歸到自己的真實面貌。

本篇和大家分享的是關於仁的話題，它指向我們對自己的洞察，指向我們把自己的欲望、煩惱與他人的欲望、煩惱進行同頻共振連接後對他人的理解，這個理解不是道理上的，而是情緒上的。

人和人之間的交流，往往都不是道理。道理最多能弄來一些ＰＰＴ，只有情緒才能引發共鳴，只有共鳴才能引發行動，所以不要去講道理。

很多人都說：「只有女生才不講道理，男人都講道理。」錯了，只不過很多男人的道理，被包裝成了理論，被包裝成了邏輯。很多男人彼此不認同時，哪怕他們在道理上一致，還是不會認同。如果你真實的回到自己的感受裡，就能理解這句話了。

孔子作為人世間的「老司機」，跟子貢說：「做聖人之前，你最好先成為一個仁人，你能體會到彼此之間那些『你恐懼的我也會恐懼』、『我想要的你也會想要』的情緒，然後了解、尊重、分享、給予、迴向，就能在這個過程中逐漸找到你的狀態，而這本身就是我們此生修行最重要的一個方向。」就像王陽明說的「致良知」，稻盛和夫先生把「致良知」引申為幾乎所有人內心對美好生活、感動、和諧狀態的致敬。

所謂「致良知」，就是把你對美好生活的嚮往，和絕大部分人對美好生活的嚮往的情緒進行共振，你把這種共振貫穿進自己的產品和服務，自然就能立於不敗之地。希望每個人都能找到與他人共振的狀態與能力。

第三部

厲害是攢出來的

〈述而篇〉

01 怎麼利用碎片化的時間？

原典

子曰：「述而不作，信而好古，竊比於我老彭。」

孔子說：「我充其量只是傳述前人的思想，我很相信古人，喜好古籍。就這點來說，可以把我比作商朝的老彭吧。」

張居正說：「老彭是商朝一位很賢能的大夫。」像孔子這樣，組織一群學生把上古時期的文獻進行收集、整理，最後傳述下來，這種狀態包含了一種相信。相信什麼？相信古人已經發現了這個世界上最重要的道理了。

其實，古人與我們相比最大的優點，可能是更接近大自然。我們現代人有很多工具，透過互聯網、書籍，似乎可以掌握幾萬倍於古人的知識，但卻遠離了世界許多。之前我和老吳在《冬吳同學會》節目裡講到了達文西，說他是文藝復興時期一個真正的集大成者，如果用一個人的歷史去連接整個歐洲歷史的話，達文西的故事一定是最適合的版本。

達文西是一位偉大的畫家，其實他一輩子只畫了十幾幅畫。實際上達文西還是一位工程學家，當年他跟別人推薦自己能做什麼的時候說：「我可以造大炮、可以修教堂、可以修船、可以設計馬路，還可以畫畫。」為什麼達文西有如此了不起的成就呢？這和我們本篇要學習的「信而好古」有什麼關係呢？待我細細說來。

像絕大部分中國古人那樣，達文西學習的對象不是書本，他是學徒，沒有上過嚴格意義上的學校，但終生保持著對某種事物的好奇，比如現在大部分小朋友看見的啄木鳥，都是在動畫片、紀錄片裡，頂多是在博物館裡看到的標本。而達文西曾經長時間觀察啄木鳥，他說：「啄木鳥那麼快的啄木頭，為什麼不會得腦震盪呢？牠可以啄得很深，有時嘴會伸得很長，而且舌頭還會伸出來吃木頭深處的蟲子，牠是如何做到有時伸得很長，有時縮回來很短的呢？就像一個長在腦袋上的有尖尖的嘴的『如意金箍棒』，牠是如何長成這樣的呢？」

達文西花了很長時間去觀察，這個過程我們稱之為格物，雖然他沒有完全了解其中的原委，但這個命題留到最近這些年，終於有人發現原來啄木鳥真的可以把一部分東西伸到咽喉，然後再折疊回腦子裡，這個機制非常精妙。

如果一個人不是向書本學習，而是向大自然學習，就能學到很多想都想不到的東西。

大自然有許多智慧，包括我們的身體，也有許多智慧。比如有的人要獲得身體的熱，可以烤火；有的人要獲得身體的熱，可以冬泳（冬泳的朋友會有這種體會，剛下水時冷得渾身難受，但只要咬牙挺過去之後，出來時會覺得渾身是燙的，很熱，拙火啟動。所以古人在很早的時候就發現，由至冷而得極熱，陰陽是相互轉換的）。

有一年冬天，我去一位老師家裡，他剛站完樁，衣服和褲子居然全部被汗水弄溼了。他把衣服像毛巾一樣擰乾，重新換上一套乾的衣服，我看見一大盆汗水，我說：「天哪，這是怎麼來的？」他說：「如果你能真正安靜的站在那裡，就會出現這樣的情況。」

確實，靜極而生動，我們可以向身體學習一些最重要的法則。

孔子說「信而好古」，本質上是他發現了一個重要的事實——古人因為比我們離大自然更近，離自己的身體更近，離無聊更近，所以往往有非常專業而驚人的洞察和發現。作為一個知識分子，首先要向古人學習對真理的洞察，這是他「述而不作，信而好古」的重要原因，這點和《莊子．內篇．大宗師》的主旨如出一轍——「大宗師」的意思就是以大道為宗師，而不是以仁為宗師。

孔子反覆說要向古人學習，本質上就是向古人、向天學習的精神，「人法地，地法天，天法道，道法自然。」如果一個人能像古人一樣真正體會自然，就開始擁有了某種超越書本的智慧。

有位作家住在香港的某個郊區，總是在下午聽見窗外有隻鳥在叫，叫得特別淒美，他也不知道是什麼鳥。有一天朋友到他家來，聽見窗外的鳥叫聲，說：「哇，原來你家窗外有杜鵑。」這位作家很感慨：「我寫詩歌寫了那麼多年，寫『杜鵑啼血』，卻從來不知道原來我每天聽到的，非常淒美的聲音就是杜鵑的叫聲。」

碎片時間，感受自己；大塊時間，感受天地

由此引申出，我們在平時應該如何開解自己的智慧，可能最重要的方法是，利用碎片化的時間，多與自己相處。體會咳嗽時嗓子裡的癢，感受到了晚上會咳得比較厲害；體會由於受了寒鼻子堵塞的狀態，你在迎香穴上按了一會兒之後，鼻子裡的氣突然打開，那一剎那的感受……這是我們平常在碎片化的時間裡與自己相處，有機會多去感受大自然，在天下看世界的另一種狀態。

碎片時間，感受自己；大塊時間，感受天地。聞著風中的味道，感受陽光照射的部分和沒有照射的部分的差異，體會陰陽；把腳踩進溪流裡，體會泉水流過自己的腳踝，不僅有冷，甚至還有某種滑；把嘴張開，像吃一個蘋果一樣吞嚥樹林中的空氣，甚至能感受到空氣是甜的，像水果一樣甜……。

有了這些體驗，我們慢慢的就會發現一些非常樸素而真實的狀態：第一，事物的變換不可捉摸，突然是這樣，又突然變成那樣了，這種不可捉摸的不確定狀態，幫助我們體會世間的無常；第二，當我們和天地在一起時，會感覺到某種規律，有的人總是在半夜兩點二十七分，或者三點十五分醒來，準得不得了，相差不過一、兩分鐘，每次醒來總是那個時間點，很多人都為此感到煩惱。如果你真的沒辦法解決這個問題，是不是也覺得很神奇，「我的身體裡怎麼有一個如此精準的鐘，它是如何產生機制和作用的呢？」

《黃帝內經》中說，我們的身體裡有一股氣。這股氣像開動的火車一樣，會遇到一個個「月臺」——到幾點，走到哪裡。如果哪裡堵住，走到那裡就會走不下去，這時往外一走，人就醒了。

知道這個道理後，你就想身體裡的火車是多麼整點啊，它就在那一、兩分鐘時，走到平常堵的地方，它就是要出來，就是不想再走下去了。你想想看，這是什麼？這就是生命內在的循環規律。

我們藉由對變化和不變的週期性規律的體悟，會開始產生對「易」的感受，當我們開始理解有些東西總是在那裡，不管技術如何演變，它總是在那裡產生作用時，我們就慢慢擁有了一種與它同行的快樂。也就是與道同行的快樂，最大的作用是，你知道將會發生什麼，不至於恐慌，而且你也知道有些東西會以奇異的方式呈現在自己面前，還有另外一些東西會以奇怪的方式從自己的身邊溜走，你不會因此而過多高興，也不會因此而過多悲傷。那種不太高興，也不太悲傷的狀態，也叫中。保持「不以物喜，不以己悲」的平衡態，與道同行，這就是修行。

我遠沒有達到這一點，但我偶爾藉由對大自然的感知和對自己身體的感知，開始產生了一種信仰——原來那個東西真的存在，相不相信它的存在是一個非常重要的區別。

孔子說，如果你相信了，就會相信古人也體會過；如果你知道古人也體會過，就不要隨便再去發明創造，你先把它們繼承下來，再擴展到其他各個領域，進行廣泛的應用，這是實事求是的態度。

02 除了大腦，嘴和手也是思考的工具

原典

子曰：「默而識之，學而不厭，誨人不倦，何有於我哉？」

有一天，孔子說：「我能博聞強記，並且了解這些知識，洞察這些知識的真相；在學習時一味深入，不會學著學著就倦怠了；我跟別人分享知識時，不會因為對方沒聽懂，或者根器不夠，而產生分別心，甚至覺得想放棄。做到了這三點，我還能怎麼樣呢？」

實際上，很多人從小到大渾渾噩噩的成長起來，沒有有效的學習過「該如何學習」的智慧。《論語》是一本關於學習方法論的書，或者說《論語》裡有很多內容討論的是學習方法，對父母來說，可以用來作為教育子女的指南；對沒有孩子的朋友來說，它可以用於幫助我們修復童年沒人教過我們如何學習的不幸。

孔子說，學習的三個方法論，第一個叫「默而識之。」大概意思是，學習最重要的是

對知識要理解，最後牢牢的記住它。

我常常很感慨，在《冬吳同學會》節目裡和老吳一起聊天時，他說的道理我全懂，但他總能引經據典，而我看過的總是忘記。我以前覺得是記憶力不好，或者不是學霸的緣故，後來發現其實是因為自己沒有下功夫記。王陽明認為，**不光要記，而且要曉得，要理解，你真的理解了，就不會記不住**。

我學《黃帝內經》時，學到一件事——身體裡有「三陰三陽」，三根陽經——太陽、少陽、陽明，三根陰經——太陰、少陰、厥陰，還學到了任督二脈。

如果你理解三陽是從督脈分出來的，三陰是從任脈分出來的，你就能理解《周易》八卦的乾坤二卦還分出了六卦，分別是三陰三陽的，也就是所謂長男、中男、少男，長女、中女、少女。這對大家來說可能有點不好理解，不過只要你能深入理解一件事，就會發現記住它變得很容易，因為你有一個「抓手」（按：著力處），一個參照物。

所以當我們想把龐雜的知識學到身體裡時，最重要的是能記住它。因為你曉得，並且已經把它轉化為應用了。你真正懂了，就會記得很清楚，哪怕原文的這句話、這個字記不住，但這個道理已經融化成你內在的完整體系的一部分。

學習的第二個方法論叫「學而不厭」。其實，無論是《莊子》、《論語》，還是《人類大歷史》，**如果你能把一本書學得很透澈，就會發現其實自己不需要學很多書**。

現在很多人都說一週最少要看一本書，一年要讀五十幾本書。其實對絕大部分人來說，一年能讀透一本書，已經很好了，這叫就「學而不厭」。曾國藩也說過，一本書沒有讀完，決不展開第二本。

我發現有的朋友同時讀幾本書，床頭放一本、廁所放一本、辦公室放一本、書房放一本……隨手拿起一本書看一、兩頁又放下，似乎是博聞強記、融會貫通，其實看得並不深入，因為如果你能讀透一本書，用它來連接其他書，往往更有效率。

古人讀書往往是讀透了一本再去看別的書，如果一本書都沒讀透，是連接不了其他書的。這和「默而識之」一樣，實際上背後是要求我們真正對一件事要全然的理解。如果你能把仁、義、禮、智、信幾乎貫穿在所有文章的學習中，然後飽含著同情心、責任、愛、方法論、尊重把它翻譯成現代的文字，就會發現寫作文變得很容易。

小時候，我總是分不清楚什麼叫主要內容，什麼叫中心思想。其實主要內容就是把故事濃縮成幾句話，剔除詳細描述的部分，把故事的邏輯關係講清楚；中心思想是內容承載的意識形態、美學、宗教、道德主張等。天底下的所有文章，乃至好萊塢的故事，最終都只不過是凝結成若干個重要的主張：第一個是關於生命的熱愛，第二是關於真理的探尋，第三個是關於希望與愛，第四個是關於尋找，第五個是關於人性的貪嗔痴慢疑，怨恨惱怒煩的洞察……有了這些思想工具，再去貫穿所有的書本和知識，你就會發現，原來提煉一篇文章的中心思想是很容易的。當然在寫文章時，中心思想也是很容易表達的。為什麼這麼容易？因為「默而識之，學而不厭」。

學習的第三個重要方法叫「誨人不倦」——當你學會之後，能否透過分享、交流再重新學習。我就是透過學習《論語》的心得來學習《論語》的，就像透過講述和分享學習《莊子》的心得來學習《莊子》一樣。如果一種知識你不去分享、表述，是很難真正把握的，因為我們都以為大腦是思考工具，其實嘴也是，手也是。

如果你在讀書時旁邊有眉批，寫讀書筆記，你會發現自己對這本書讀得更加深入，因為在用手思考；如果你把它講出來，是用嘴思考。這件事想起來真有意思，原來我們的手和嘴是如此多功能的器官，它們可以做很多事。

這三點貫穿了孔子對學習最重要的三個層面，也就是關於學習的學問。查理·蒙格說，我們到底要學什麼？其實，我們這輩子首先要學習如何學習。如果你沒有這種方法論，學起來會很痛苦，疲於奔命，而且效率也很低，捕捉不到真正的核心。

你改變不了命運，但可以透過學習改變自己處理命運的能力

「默而識之，學而不厭，誨人不倦。」孔子說，我也就是這三樣吧，只能用這三點來

貫穿我的所有學習。

對當代人來說，要獲得在這個地球上生存的能力，得靠學習，但學習不僅是我們求存的方法，其實也是一個求真的過程。我們常常說，一個人上半生主要是求存，下半生慢慢的就要求真。求存是向外的，求真是向內的。不管是求存，還是求真，都要有一個學習的過程。

我讀《論語》時在想，為什麼孔子如此強調學習這件事，其背後是什麼？有一天我突然明白了，原來孔子認為，學習指向了一種假設——原來一個人在短暫的三萬多天裡是可以不斷進化的。

也許我們很難改變命運，但可以透過不斷提升自己的版本，增強自己處理突如其來的種種生活壓力、變化的能力。也就是說我們很難改變外在的東西，很難改變這個人工智慧越來越厲害的世間，也很難改變小孩子長大過程中的思維語言習慣。但我們改變自己的狀態，可以從一個語言思考者，進化為語言加程序思考者。

有一天，我百度的前同事（以前是百度一位職位相當高的電腦科學家）說，孩子六、七歲時，他教孩子寫程式，沒想到孩子到九歲、十歲時就已經寫了一款程式，以每份兩．九美元的價格賣了一百萬份。我一算，天哪，這孩子居然在十歲之前得到了兩百九十萬美元的收入，就是因為他能站在孩子喜歡玩的角度，寫了一款特別有意思的小程式，然後就創造財富和價值了。

我在旁邊聽得目瞪口呆，第一感受是，也許未來我們像以前那樣禁止孩子玩 iPad、玩遊戲是錯的，他們可以在玩的過程中學會一門新的語言，這就是人的進化。也許我們太過於以為人的語言只有漢語，或者文學化的語言。其實數位語言也是語言、音樂語言也是語言、色彩語言也是語言……甚至兩個人面對面什麼話都不說，透過沉默交流，也是語言。

人們掌握的語言工具越多，思維工具就越多，就越可能獲得一種更廣闊的自由，這就是學習。孔子之所以在《論語》裡如此強調學習，是基於他有這樣一個判斷——人可以透過自我學習提升版本，從而實現此生的進化。

你難道不覺得這是一種很積極的人生觀嗎？**你改變不了命運，但可以透過學習改變自己處理命運的能力**。人的邊界和自由度可以藉由自己下定決心去學習並改善學習方法論而改變。中華民族就是因為有了這樣的態度，屹立於世界之林。

03 學習若沒有產出，只會給生命徒增混亂

原典

子曰：「德之不脩，學之不講，聞義不能徙，不善不能改，是吾憂也。」

孔子說，「你有一套體系，而且獲得了方法，但不去練習，這是我擔憂的第一點；學習之後不去討論，不把它轉化為一種表達模型，這是我擔憂的第二點；你了解了應該做什麼，卻不尊重它，不去反覆練習、操作，這是我擔憂的第三點；明明知道這是錯的，卻不能下定決心真正改正，這是我擔憂的第四點。」簡言之，如果我們學了一樣東西，卻不能把它應用到實踐中，不能持之以恆的修正自己的行為，不能把學到的知識用行為表達出來，那我就覺得學了沒什麼用，何必輸入那麼多呢？輸入多了，而沒有產出，徒增混亂。

儒家對知識的態度已經很明確了——知識從來都不是掌握之後做成PPT的，那是很淺層的做法，知識是用來指導我們實踐，並且不斷修正我們日常行為的。如果知識太多，

以至於你來不及學習，不如少學點兒，多做點兒，你關注的焦點，身體的體悟，都應該在後半段，而不是前半段。

孔子說的這些內容對當代人來說太重要了，當今世上，人們有很多方法學到更多的知識點，還有各種心智圖幫助我們記憶，每天開車時聽別人講書、講道理，平時看書也有人講，睡覺之前還有人講……。

你點開任何一個朋友的微信朋友圈，但凡不是炫耀美食和生活的，就是炫耀知識點的。只需要簡單的按一下分享鍵，你也好像擁有了分享文章內容的能力。由於這種一鍵轉發的功能太過強大和方便，以至於許多人都產生了一種錯覺，你以為自己分享過，就擁有過嗎？還有的人看見一篇好文章，覺得不錯，一鍵收藏，然後就再也不看了。他在收藏的過程中產生了一種錯覺——我收藏了，就擁有了。我發現自己收藏十篇文章，都不會再重新看其中的一篇。

孔子講的東西對現代人來說極具針對性，**如果你沒有把它轉化為自己的行為習慣，就不要以為你分享了、收藏了，就是你的了**。

所有的修行本質上都是用新的習慣覆蓋舊的習慣，用新的思維模型替換舊的思維模型，但它往往不是透過掌握更多知識而獲得的，而是透過反覆練習得到的。舉一個例子，有一天，我準備給兒子開一個股票帳戶，我為什麼要開股票帳戶給兒子呢？因為我每天跟他講這檔股票漲了多少、那檔股票跌了多少，講最近的貨幣政策、中美關係……導致他很興奮的說：「我也想炒股。」我就把他的零用錢給他，然後給他加槓桿——借點錢給他，一部分錢讓他隨便買賣（大概控制在幾千元以內）；另一部分錢，我讓他買基金。他必須自己吃過很多虧，經歷過跌跌蕩蕩、買入、賣出，虧了很多錢才可以真正理解能跑贏指數（按：指打敗大盤）是一個多麼了不起的結果。

只要等待和堅持，大部分人得到的遠大於努力

任何一個炒股的人在最開始可能都有一些文章或者書籍告訴他：「一個人能保證每年複合增長一五%已經是奇蹟了，你能跑贏指數，甚至跑平指數，已經很了不起了。」道理大家都懂，但沒有多少人能真正把它落到實踐，因為總要吃過足夠多的虧，損失了足夠多的時間和金錢，才不得不承認這個樸素的真理。

所以我準備給兒子在一個帳戶裡買兩份資產，一份讓他自由買賣，另一份買指數基金。很多人是二十五歲以後才開始進入資本市場的，大概到四十歲時才能理解我剛才說的那段話。如果一個孩子在九歲時就開始接觸這些，我相信他有很大機率在三十歲以前就能知道他這輩子沒有透過炒股賺錢的能力，最多能透過投資長期持有股票來獲得。

短期交易會產生短期的巨大收益，但也可能產生巨大的虧損，如果我們把時間放在一個長線來看，透過多次回撤（按：指某一段時間內產品淨值從最高點開始回落到最低點的幅度）的理解，然後發現長期下來，不交易是最大的交易策略時（當然前提是你買一支很大機率不會被下架的股票，比如指數基金，它就很難被下架），你會知道投資和投機完全是兩碼事，而絕大部分人需要透過投資獲得生命財富的累積增長。

很多人說：「我炒股就是為了賺錢。」這句話既對，也不對，炒股能賺到今天吃飯的錢，明天吃飯的錢，當你有了這種想法，就很有可能變成了韭菜（按：形容股市散戶，反覆虧錢被割，卻又有源源不絕、不怕死的新韭菜加入）。在面對機器人高頻交易，以及許多專業人士作你的對手盤時，你作為普通股民，唯一的策略就是長期堅守投資有價值的公司，透過時間的複利效應，累積整個經濟增長沉澱出的對抗通貨膨脹的資源和財富。

如果你在過去買了幾支最好的股票，比如萬科企業、海天味業、貴州茅台、格力電器、美的集團、五糧液等這些每個人都知道的品牌，並且持有十年，你會發現這十年它產生的利潤遠高於你工作，遠高於你每天買賣股票，遠高於你在日常生活中的投資。

這件事是一個非常痛的領悟，大部分人此生只需要透過等待和堅持，就可以獲得遠比努力得到的多得多的東西。而這一切其實是需要用不斷失敗的經驗教訓換回來的，這就是了解知識和透過實踐之後真正的理解，並且洞察和堅守一件事的巨大差別——體現在你老的時候有沒有一筆投資款能幫助自己安度晚年。

我聽過的最好的策略是「三三三」——三分之一的固定資產投入，三分之一的長線股票購買（或者基金購買），三分之一的現金儲備（用於支撐不時之需）。這是最簡單、安全的財富分配法則。二十年前，一位摩根士丹利的朋友已經跟我講過了這條法則，直到二十年後的今天，我才深刻理解這句話裡蘊含著多麼深入的智慧。非要吃過很多苦，虧過很多錢，才能理解特別簡單的道理。

孔子說：「如果一件事你理解了，學習了，不把它實踐出來，不能真正懂得，就太可惜了，這正是我擔憂的事啊。」孔子作為人生「老司機」，講的每句話都是有道理的。

04 一個人越自律，活得越自在

原典

子之燕居，申申如也，夭夭如也。

有人把「燕」解釋為「宴」，廣東人說中午是晏晝。什麼意思呢？古代官員上早朝是很早的，古人說去點個卯（早上五點到七點叫卯時），就是清晨五點就要去打卡上班了。五點到七點上早朝，八、九點退朝，然後文武百官回到自己的辦公室處理事務。

所以以前做官員是很辛苦的，做皇帝也很辛苦，你可以想像一下，一位官員早上五點到七點上朝參與討論國家大事，三點到五點就得起床洗漱，然後去上朝，站在大門外列隊整齊，再往裡走。這樣的話，差不多工作到下午兩、三點，已經超過八個小時了，就該下班了，下班之後回到家的這段時間就叫宴。

「子之燕居」，就是說君子在下班以後回到家，「申申如也，夭夭如也」的「申申」

是什麼狀態呢？劉寶楠在《論語正義》裡說，「申申」是整齊、端正、莊重的樣子，一個人不會因為家裡沒有客人就懈怠自己，仍然有種挺拔直立的樣子。但他的神情又不像在朝廷上那樣刻板、嚴肅、拘謹，而是有種桃花綻開的粉紅、粉嫩的舒展感，這叫「夭夭」。《詩經》裡說「桃之夭夭」，很多人聽成「逃之夭夭」，以為是趕緊跑，跑得越遠越好的意思，其實《詩經》說的是桃花的「桃」，「夭」指的是舒展而愉悅的狀態。

一個人在沒有朝廷監督的情況下，在自己的私人場所裡，能既嚴肅又活潑，既莊重整齊又面容舒展，這難道不是一種「中」的狀態嗎？君子怎麼才能做到兼具莊重整齊和面容舒展呢？很難啊。

有一年，我去臺灣的食養山房（按：在新北市汐止區）喝茶，山風凜冽，流水潺潺，沏茶先生幫我倒茶時，我突然感受到了那種狀態，一個人只有心不散漫的時候，倒茶才不會有多餘的動作，取茶、入水、倒茶，整個過程行雲流水、滴水不漏。連一個多餘的眼神都沒有，一定是在內在保持著充分的覺醒。但他的動作是舒展的，是不刻板的，甚至是愉悅的。

這種保持了清明的覺醒，頭、頸、肩、身、腰、胯無不周正、無不放鬆的狀態就是「申申如也，夭夭如也」。沒人看見你時你能做到這一點嗎？如果你能做到，那麼當人看見你時，你也能做到。

有的人以為，當別人看得見自己時能保持這樣的狀態，就已經很了不起了。是的，如果你能在別人看見時做到「申申如也，夭夭如也」，已然相當了得，很有魅力了；而沒有人看見，才是人生的絕大部分狀態，你是否仍然能做到呢？關鍵它是一種長期的習慣。

真正自在之人，是什麼樣子？

生活就是無休無止的、連綿不絕的禪定狀態，行、住、坐、臥就是這種「申申如也，夭夭如也」的狀態。我以前打太極時（到現在也打得不好），老師總是告訴我：「你要有種既緊張又放鬆的狀態，你的眼神要既堅定又柔和，身體要既有節律、有力量，又放鬆。你要做到隨時可以發力，當別人推你時，發現推不倒你，你好像哪裡都是軟的。一切念頭完全在瞬息之間。」

我以前見過一個拳師，他的身體靈敏到什麼程度了呢？「鳥不飛」。鳥起飛時多多少少會用腳輕輕的在地上或者枝頭上點一下，利用反作用力來推動。如果一隻鳥在沒有鎖鏈綁住的情況下停在你的手上，每次想要蹬你的手起飛時，你的手把力卸了，讓牠踩不到，那這隻鳥就飛不起來。當時我看到這位拳師的手中停著一隻鳥，但牠就是飛不起來，因為一點兒力都借不到。但當鳥不準備飛時，牠可以穩穩的停在拳師的手上。

我以前不懂其中的原委，現在越來越覺得這就叫「申申如也，夭夭如也」——它是隨時可以勃發，但隨時又可以放鬆的狀態；它是既嚴肅又放鬆，既不嚴肅又不放鬆，似是而非的狀態，是非常精妙的。

你看那些自在之人，跟你討論牛津和牛街時，都非常愜意；吃涮肉和吃西餐時，都是那麼恰當。我們離這種貴族精神狀態太遠了，我甚至懷疑這只是一種理想的狀態，也許個別時候我們在某些人的某些精神面相裡捕捉過這些瞬間。

你有沒有想過，在人類歷史上就曾經有一群人，他們生命的許多時刻都處在這種狀態裡，這得多麼吸引人啊。你覺得他特別簡單，從來不與你爭辯，你講的每件事他都知道，卻不反駁你，這種人擁有的自信真是太有意思了。

我曾經在《梁冬說莊子》裡講過一個故事，《世說新語》裡說，一人與他人在一場飯局上，眾人討論得上天入地，他始終未發一言。

後來別人問他：「你當時為什麼不說話？沒有什麼看法嗎？」他只是輕輕的說：「他們說的我都知道，我說的他們都不知道，所以我不知道該怎麼說。」

如果你知道一個人知道你知道的一切，甚至還知道你不知道的一切，這樣的人在你面前保持沉默，和什麼都不知道的人在你面前保持沉默有什麼不一樣嗎？其中的區別你說不出來，但一定可以感受得到。

我常常很羡慕那些既不玩手機，又不玩手指，還不發呆的人，只是安靜的、有神的坐在你面前，沒有目光呆滯，也沒有試圖壓抑自己想要說服你的某種念頭。

莊子說，那些得道之人，好像吃飽了就吃飽了、要走了就走了、讀書了就讀書了、喝水了就喝水了……既沒有擔憂，也沒有自滿；既沒有想告訴你什麼，也不拒絕聽你告訴他什麼。他就是這樣坦然、歡愉，但不強迫的存在著，甚至如果你的心浪蕩、狂野，你都感覺不到他的存在。關鍵時刻，他總能頂住一切。

每次讀到《論語》、《莊子》裡對這種人物狀態的描述時，我就想起《心經》裡說的「觀自在菩薩，行深般若波羅蜜多時，照見五蘊皆空」的狀態。

一個人處在「般若波羅蜜多」這種精神狀態、處在很深的禪定狀態時，感受到了世界的真實與虛無同時存在的狀態，這種狀態就叫「觀自在」。

我們只要想想，曾經有種人以活在這種狀態裡作為生命的常態，作為生命的手段，也作為生命的目的，同時也不以此為手段和目的，這是一種多麼令人羡慕的狀態啊。

他恍恍惚惚、清清楚楚、了了分明、如如不動，這種人怎麼會有煩惱？這種人怎麼會失眠？這種人怎麼會有敵人？這種人怎麼會不快樂？這種人又怎麼會有很強烈的快樂？

中華民族曾經有很長的一段時間，許多人都以追求達到這種生命狀態為樂，這難道不是我們的貴族精神嗎？

05 兒時的夢想，敗給了長大後的現實

原典

子曰：「甚矣吾衰也！久矣吾不復夢見周公。」

學習有時不僅靠文字上的理解，更重要的是你要去調頻、感受。學習是一種把自己帶進去的過程，然後你慢慢的就生出了「原來他是這樣想的、他是這樣做的」的想法，好像一切自然而然的就會了。

我很喜歡查理・蒙格和巴菲特，查理・蒙格是巴菲特的軍師，也是波克夏的副董事長，在我看來，很多時候他作為一位比巴菲特更年長的智者，甚至暗中帶領巴菲特成為了今天的巴菲特。我應該怎麼向查理・蒙格學習呢？或許我可以感受查理・蒙格，閱讀很多他的作品，當面臨股市的調整、人生的很多難題時，我會問自己：「如果查理・蒙格遇到這些問題，他會怎麼想？」

如果我們要學習他，最好的方法是不是感受他看世界的角度呢？其實孔子也是用這樣的方法向他的偶像致敬的。孔子的偶像是周公，可以說周公是周朝的創建者，也是整個周朝文化體系的搭建者。在那個沒有辦法用互聯網、監聽、刺殺、遠端控制的一切國家機器都不太有用的狀況下，周公是如何創造了周朝的呢？我們無從得知。也許，那個理想國只活在周公的嘴裡和孔子的心裡。但無論如何，周公構建了一套完整的社會夢想體系，就像《人類大歷史》的作者哈拉瑞說的，真正構成一群人共同理念的不是權力，而是共同的夢想、文化交流方式和信仰。

可以說周公做得非常成功，他可以讓很多年後的諸侯國在打仗之前保持著陣型、彼此擊鼓的傳統，甚至士兵吃什麼、怎麼吃都是有要求的。你可以想像當時的周朝人在戰爭裡都活得很有規矩，更何況結婚、生子、取名、規畫人生……周朝的貴族應該形成了非常有趣、完整的體系，關鍵是在很長的一段時間裡，大家都願意相信它。

你有多久沒有夢見自己曾經夢想的東西了

孔子在編撰《禮記》時，記錄了很多周朝貴族在敬天、愛人、吃肉等方面的種種制度。遙想那是一種多麼美好的童話般的狀態呀，這種狀態一直都讓孔子非常魂牽夢縈。孔子老年時，在學問上的水準已經很高了，但始終無法在政治上實現抱負，所以有一天，子曰：「甚矣吾衰也！久矣吾不復夢見周公。」

可能是在某個清晨，孔子醒來感到自己生命的衰竭，很悲傷、很感慨：「太過分了，太過分了，我真的老了，很久沒有夢見周公了。」當一個人開始意識到他的童年或者畢生的夢想已經不那麼強烈時，既給他帶來了自由，也帶來了某種絕望。你能體會這樣的悲傷嗎？你能體會那種一輩子都按照自己的理想追尋，最後卻發現隨著年齡漸長，隨著對人世間的深刻洞察而產生的深深的絕望嗎？

很多人在某家公司工作時間長了，都會覺得當年公司剛創業時，雖然每天加班很辛苦，但大家都很快樂，都活在理想裡，人和人之間的關係很單純；現在自己老了，公司也老了，一幫只想著怎麼保留自己位置的演員，讓公司變得一點兒也不性感，而我也不願意堅持了，然後，你就會慨嘆當年的美好。

如果你不在公司上班，可能也會在某天突然想起年輕時有過的環遊世界的夢想，結果到今天，自己已經老了，也沒有實現這個夢想。

有的女生年輕時想擁有一段浪漫的愛情，卻經歷了如此多的跌跌撞撞，被一個渣男騙了後，又被另一個渣男騙，從此再也不相信愛情了。

有的母親覺得以前孩子小的時候，和他一起做作業，帶他去旅行——他那麼愛我、聽我的話，還說長大了要買飛機給我，結果後來連紙飛機都沒有，就跟別的女孩子跑了，我和這個小男孩曾經的所有的愛，現在都消失了，我也老了，很久沒有夢到我的童年，或者兒子的童年了。

我舉的這些例子，其實都是一種非常普遍的情緒，不過有的人是為自己感到悲傷，有的人是為公司感到悲傷，有的人是為國家感到悲傷。

孔子大概在中老年的某個時刻，在某個清晨醒來，感到了一種對過去消失的深深的絕望。這類絕望往往代表著還沒有最後死心，因為當你對一件事說出：「唉，當年怎麼怎麼樣……」的時候，其實或許在一邊慨嘆，一邊看見自己的內在還有對光輝歲月、青春夢想的留戀，那是你的內在還有那麼點兒真陽的體現。

直到有一天你不再慨嘆這些，要去養老院時才發現這輩子積攢在房間裡的一切，原來只要帶一個小箱子就夠了，裡面裝著一套換洗的衣服、一把自己最喜歡的小茶壺、一張老年證、一張身分證、一本護照，關鍵還有一部手機。滿屋子的回憶，滿屋子的收藏，哪怕是破舊的衣服積攢的那些曾經發生的故事，全在一剎那沒有意義的時候，或許是真正的老了。

這就是生命的輪迴，這就是每個人走到一定階段後都會湧現的真正的悲傷。

《論語》有意思的地方，是讓我們看見了一個很完整的人，一個哪怕在學問上已經做到通天了，有很多弟子，曾經高大過、威猛過、叱吒風雲過的人的最終宿命。《論語》幫助我們看到了很多很真實的狀況，原來聖人也是有悲傷的，悲傷成了生命的底色，悲傷成了某種署名，然後孔子說，唉，我已經很久沒有夢見周公了。

你有多久沒有夢見自己曾經夢想的東西了？有位朋友告訴我，他被一段感情糾纏著，後來倆人還是分了手，有段時間常常夢見他的前女友喜愛的男人，當然也可能夢見自己曾經喜歡過的女人。

有一天，你可能會在夢裡發現你們做了一次友好的道別，然後很久都不會再夢到他，你有過這樣的記憶嗎？有一天，你會不會突然說：「唉，我怎麼很久都沒有夢見他了？」那說明他真正要離你而去了。

06 強大的人，做人做事有四個維度

原典

子曰：「志於道，據於德，依於仁，游於藝。」

孔子對自己提出了一些要求，君子應該朝著四個維度的方向去努力，可以用這四個維度去看自己成長的方向，成為面對所有事的概念「抓手」。

「志於道」，有志於在這一生中獲得對宇宙真理的體悟。你相不相信這個世界上有某種隱隱的調劑著人生成住壞空（按：在佛教的宇宙觀中，一個世界之成立、持續、破壞，又轉變為另一世界之成立、持續、破壞，其過程可分為成、住、壞、空四時期，稱為四劫）的遊戲規則？你相不相信有一種「道」不以個人意志為轉移，且推動人世間的整個力量、權力、財富的流變呢？一個有智慧的人，起碼應該相信世間有一種叫「道」的東西，然後才能開始去尋找它、接近它，並與它同行。

如果今天讓你去非洲的一個國家，或者印度、越南，你有很大機率會說：「我要把市中心最好的房子買下來，我要去投資一家像騰訊或者阿里巴巴這樣的公司，我要在當地談幾次很好的戀愛，我還要像當年的很多外國人到中國一樣，去不同的城市生活。」

你為什麼會對去非洲國家、印度、越南這些國家做這些事那麼有自信呢？無他，是因為你用一種過來人的眼光看到了過去二十年一個外國人來到中國所做的事。

世界是平的，同時也是有梯度的。當年北上廣深（按：北京、上海、廣州、深圳的簡稱）地段最好的房子，都被很多來自臺灣、香港，還有一些外國人買了。在所有人都在猶豫兩、三千元一平方公尺（按：〇．三〇二五坪）的房子是不是太貴時，他們為什麼敢買？不就是因為他們來到這裡的時候，看見整個市場環境，就像他們以前經歷過的一樣。

換句話說，世界是有某種輪迴性的，這個東西就叫道。因為你了解隨著通貨膨脹，隨著經濟發展，生活中總會一次又一次的出現經濟的輪迴，這樣就會對應該做什麼產生一種強烈的自信。

不僅是當下的房地產、股票、生活，當你站在更高的維度去看待世間人生的變化演進時，是否會突然產生一種「我來到這個時空裡，應該做點什麼」的想法呢？

假如你現在有機會去非洲，可能你會很努力的找一家很好的公司投資，投完後拿到股票，就像當年南非的一家公司投了騰訊一樣，他們做的最重要、最正確的事就是持有騰訊的股票那麼多年，然後你可以在這個過程中待著，花大量時間體會生活的美好。

蔡志忠老師說：「很多人都認為成功來自努力，其實不是的，很多人都很努力，為什麼一部分努力的人沒有得到很好的回報？僅僅是因為他們做了一些不正確的事。」什麼叫正確的事？就是你做完這件事以後不需要再重新做的事；什麼叫正確的決策？就是你決策完以後，不再做新的決策的決策。

要想做到這樣，在我看來，只有一個方法——真正理解並跟隨社會、自然、天地的演變規律。

孔子說，你現在未必能得道，但一輩子都要相信那個東西的存在，然後下定決心向它靠攏，這種狀態就叫「志於道」。當你決定要「志於道」後，你有三個「抓手」，第一個叫「據於德」，鄭玄在注解時，認為「據於德」其實就是三層德——「志德」、「敏德」、「孝德」。

你能在矛盾雙方找到相互轉換的契機，並且把它變成自己的行為模式、思維模式時，你就「據志德」。

還有「敏德」——你不僅要順「道」而行，而且要堅定的順道而行，這種堅定的順道而行的狀態就叫敏德。

最後一個就是「孝德」——尊祖愛親。當你對祖先的來龍去脈有清晰的理解，並且完全接受時，你的去路才會順暢。

如果一個人對家族的疾病遺傳到他身上這件事不接受，就會很痛苦；如果他接受了，比如知道家裡有遺傳性高血壓，他可能這輩子就會很認真的對待這個病，比別人少吃點兒肉，多做一些運動，睡得更久點，不那麼操心。也許這是他能比父輩活得更健康的唯一方法，因為他首先接受自己的身體就有高血壓的基因。如果你對抗、抱怨、不接受，完全按照沒有這個基因的方式生活，它給你的回饋是很快的。

所以「志於道」後要「據於德」，據於志德、敏德和孝德，然後就可以「依於仁」——依靠仁這種狀態去面對萬世萬物。

做什麼事都要學會同情共感

在《論語》裡，仁接近同情共感。比如雙方對一件事不能達到共識時，你只要站在對方的角度感受一下他的感受，就能知道如何化解矛盾，推進這件事了。

就像一家最好的公司，高層總是會反覆問一個問題：「消費者的痛點是什麼？他們不會為什麼不爽的事買單？他們的內在真正的需求是什麼？」

當你不僅理性的分析，還去親身體驗時，就會很清楚的知道事情的發展方向。比如我一直在想，對正安醫館來說，什麼是客戶真正意義上需要的？其實客戶需要的不僅僅是好的環境、服務和藥材，這些都是手段，其實客戶要一樣東西——方便快捷的解決自己的病痛。如果能做到這樣，價格再便宜點兒就更好了。所以一家診所理應做的最大的努力是考慮如何用更低的成本、更快的方式幫助病人獲得更好的療效，也許很難馬上有清晰的解決方案，但起碼給了我們思考所有事情一個方向。

「游於藝」是指游憩於禮、樂、射、御、書、數。一個人可以有理想、有道德，做正確的事，但這樣做仍然顯得生命不豐盈、不快樂，因為沒有一些能與自己玩的東西。

知道如何透過尊重的方式與天相處、與地相處、與人相處叫「禮」；知道如何在音樂中享受節奏和旋律叫「樂」；知道如何在練習射箭的過程中體會空性叫「射」；知道如何在騎馬的過程中感受與馬的同頻共振叫「御」；知道如何在寫字的過程中屏氣凝神，體會筆、紙、墨的關係叫「書」；知道「法於陰陽，和於術數」，發現一切具體的東西最後都可以藉由一種數學邏輯進行總結叫「數」。

人透過學習六藝，可以讓自己變成一個更有魅力的人，更有趣的人，更不怕孤獨的人，更享受獨自快樂的人。漸漸的，一個「志於道、據於德、依於仁、游於藝」的君子，就開始被自己鍛造出來了。

如果你的身邊有這樣的男人，你一定會喜歡他。不過現在這樣的人好像已經很少了，也許僅僅活在孔子的理想中，但也許真有一些好男人這輩子相信了孔子的理想，真的按照這樣去努力，那他一定是一個非常值得喜愛、尊敬的人。如果我有這樣的朋友，我一定非常想一輩子都待在他的身邊。

反過來，如果你真的成為這樣的人，也一定有很多人希望就這樣緊緊的、溫暖的跟隨著你，待在你的身邊，或許這就叫魅力。無論如何，一個人明知不可得，仍然有要求，這是因為他對所謂的方向、標準有內心的堅定吧，而這個堅定就是對人的見地。

07 再好的朋友，拜訪他時記得要帶禮物

原典

子曰：「自行束脩以上，吾未嘗無誨焉。」

《論語》是一本人生「老司機」給我們現實生活中的種種指南。孔子可愛到什麼地步呢？他甚至會告訴你，你要獲得老師對你的青睞，最少要做一件事——子曰：「自行束脩以上，吾未嘗無誨焉。」

脩是因為乾燥而縮到一起的意思，又叫脯，在這裡指肉乾、臘肉。束是十條的意思，所以束脩就是十條老臘肉。孔子說：「但凡拿了十條臘肉以上的人來向我提問題，我沒有不認真回答的。」這句話有意思吧。

老師公然跟學生說：「沒拿臘肉來的人，我沒有說不教，但拿了十條以上臘肉的人，我會認真教，不厭其煩的把我知道的東西都講給他聽——『吾未嘗無誨焉』，一點兒都不

會覺得麻煩。」這和我們想像的孔子的人設很不一樣，其實孔子就是這樣一個實際、可愛的人，只是後人把他神化了。

這讓我想起了杜拉克，他大半生時間都在美國某所大學任教，一間小小的教研室，自己做教授，也做企業顧問，比爾．蓋茲和傑克．威爾許都曾經向他請教。

杜拉克收的顧問費是很高的，按理說他不缺錢，他是大學教授，不怎麼花錢，他也有名望，為什麼要收這麼高的顧問費？

杜拉克說：「**當一個人不知道如何傳遞自己的價值時，就用價格告訴別人**。如果有人不交錢來問我，我就吹吹牛、聊聊天，我的態度是不會認真的，當然他對我給他講的東西也不會悉心聽進去，更不要說轉化為行動。」

所以杜拉克會以很高的價格來接受諮詢。結果找他的人越來越多，因為出得起很高價錢的人也許是真正有需求的人，同樣是給一個建議，比如平臺戰略或者組織結構的某些調整方案，你給一個年產值不到十萬的人和給一個一年做一萬億生意的人同樣的建議，效果能一樣嗎？所以你要用價格來區隔來請教你的人，價格高了，你同樣的話會更有價值。

孔子大概也是這個意思，不是說他拿了臘肉自己吃了，他可以做公益，拿去送給那些吃不飽飯的人，但有人來向他請教時不可以不收錢。不收錢，你不真誠，我也不真誠；我收了你的錢，我怎麼能不真誠呢？而且在春秋戰國時期，十條臘肉也不算少了。

關係再好，去拜訪時都要記得帶禮物

孟子曾經對梁惠王說：「如果『五十者可以衣帛矣』……『七十者可以食肉矣』，就很好了。」這句話大概是說，在那個年代一個人到七十歲時每天能有一頓肉吃，或者每兩、三天吃一頓肉，就是很好的生活了。

孔子一次收十條臘肉，還看是什麼臘肉，用烏木或紫檀木的煙烤出來的臘肉不一樣哦，孔子肯定是一個對吃肉這件事有見地的人，所以他對送來的這些臘肉是什麼版本，一聞就知道，可以從人們送的臘肉的版本看出他的誠心以及經濟實力。

如果有一天有人送給我十根頂級火腿，是用不同版本的櫻桃木、沉香木烤過、燻製過的，我想自己也會很認真的回答他的問題。倒不是說我們自比孔子，而是有人這樣做你會被感動，你被感動了肯定就會更加知無不言，言無不盡。

這不是庸俗，而是真實。假如一位跟你關係很好的朋友給你帶來了他最喜歡的禮物，而且你也喜歡，你難道會因此生氣嗎？你不會，再好的朋友帶臘肉給你，你也不會拒絕。

有一次，「長衫先生」李里去拜訪季羨林先生，也是以此古法帶了一條老臘肉。兩個相差七十歲的人，聊了整整一下午。後來李里先生跟我描述這段時，我非常讚嘆，這就叫禮——尊重的藝術。

我們對人性要有一個常識的理解，並且要堅定的相信，即使是再好的朋友，看他時都要記得帶禮物，這是孔子給弟子最誠摯的忠告。

以我這麼多年拜師的經歷來說，我可以百分之一萬的告訴你，禮真的是不可缺呀。如果實在想不到帶什麼，臘肉是最好的選擇，因為既有煙火氣，又有《論語》感，一看就是讀過書的人，送臘肉背後蘊含著一種隱隱的讚美——收臘肉的人就像孔子一樣。

08 教育一個人，要從他的興趣開始

原典

子曰：「不憤不啟，不悱不發，舉一隅不以三隅反，則不復也。」

本篇要和大家分享的這段話，是作為一個老教育工作者，在教育上最重要的心得。如果你認為自己此生的主要責任是教育老公（老婆），這段話對你來說很重要，教育男朋友、同事、主管，同樣適用，這段話可以說是孔子作為一個教育工作者最重要的心話。

子曰：「不憤不啟，不悱不發，舉一隅不以三隅反，則不復也。」

當一個人讀書時，如果沒有已經強烈的醞釀到對知識的喜愛、鑽研、琢磨的程度，有種堆在那裡的能量馬上就要噴薄欲出的時候，你不要去戳破那個孔，這叫「不憤不啟」。

當一個人沒有求知欲，沒有那種好像話已經到嘴邊說不出來的時候，你不要啟發他，不要幫他把這句話說出來，這叫「不悱不發」。

當一個人不能舉一反三，「隅」指屋角，他看見一個屋角，不能想到另外三個屋角加在一起總共是四個屋角的樣子時，你就不要回覆他，不要匆忙打斷他的思緒，應該讓他繼續深入的聯想、思考，這叫「舉一隅不以三隅反」。

孔子的這句話是什麼意思呢？教育一個人，永遠不是從零開始的，他連學習的意願都沒有，自己想都沒想過，你就要從頭到尾的把邏輯、道理、答案說給他聽，並且讓他產生一種強烈的學習快感，這是不對的。

我曾經說過，在管理學裡有兩種方案，一種叫結構論，一種叫動力論。結構論是按照某個框架方式進行分析，然後指出來應該怎麼做；而動力學派只研究一件事——如何啟發團隊做這件事的動力，他是真的發自內心的想把這件事做好，無論是基於榮耀，還是基於禮儀，還是基於信念……重點是讓團隊想做這件事。

真正的高手在談戀愛的時候，不會一味的追求。比如一個女生喜歡一個男生，她有辦法讓男生追求他，而不是直接說：「好開心喲，很愛你喲。」除非你們已經達到了精神上的高度默契，否則結果往往會適得其反。

有經驗的媽媽也知道，如何讓小朋友自己喜歡學習，比如幾個小朋友在互相炫耀自己認識的生僻字多的時候，你兒子敗下陣來，這時你給他一本《康熙字典》，也許他會很認真的看。

有一天，我去畫家岳敏君老師家裡喝茶，岳老師特別有意思，找她喝茶的人常常都是有意思的人，席間一個小朋友很調皮，爬上爬下，他的爸爸、媽媽說：「小朋友像小動物一樣爬來爬去的時候，你只要丟給他一本《周易》，他馬上變成另外一個人。」一個四歲的小孩拿著一本《周易》認真的看，他爸爸說：「你扔一本《康熙字典》給他，只要有中文拼音注解，他自己就會看。」

我在想，是什麼東西讓小孩子如此喜歡學習？後來我發現，有的小孩子天生就喜歡數學，有的天生就喜歡語文，有的天生就喜歡話劇……。

我曾帶兒子看過一場楊立新老師排的話劇，是中國人演的義大利話劇，都是「哦，法蘭西斯，你在哪裡」這樣的臺詞。話劇剛開始時我覺得不好看，但兒子卻看得津津有味，而且每個笑點都完全能抓到。

也許你可以帶孩子去看電影，有的孩子對科幻電影充滿了強烈的熱愛、有的孩子對武打片十分喜歡、有的孩子對劇情片很容易投入……這叫根器，每個孩子都有天生喜歡學的東西，問題是你能不能讓一個喜歡傳記的小朋友（也許他上輩子是一個傳記作家，也可能這是你的想像，總之他很喜歡傳記），讓他藉由閱讀數學家的傳記從而喜歡上數學，這就是做父母的智慧。

在管理上也是這樣，每個人都有自己特別喜歡做的事。我以前總覺得人和人都差不多，只要放在這個位置上，給他一個動力、一個理由、一個氛圍、一個責任，或許就能做得不錯。

後來發現完全不是這樣，有的人哪怕做了董事長，他還是喜歡在農田之間研究、製作草藥；有的人哪怕已經做了中醫，他還是喜歡西醫，還是喜歡穿著西裝打著領帶，在一所中醫館裡做管理，這是與生俱來的。

我們很難從一開始就改變一個人，但可以從他最有興趣的地方開始著手，幫他累積、累積……然後在某個關鍵點，幫他把他所關心的、已經累積到一定濃度的情緒和知識的含量連接到更高維度。

在我看來，我們一起學習《莊子》、《論語》，未來也可以一起學習《傷寒論》、《道德經》和查理．蒙格……本質上，我們平常都會在感知兩性關係、子女教育、求才、求健康等方面做一個對接，因為大部分人（包括我自己）在日常生活中，關心的問題還是房價、股價、安全感、跟父母的關係、跟子女的關係等，這是我們平常的「憤」之所在——你在情緒、思緒上的濃度已經到達一個點了，如果這時像點穴一樣戳破它，讓它噴薄而出，它自然能擁有推動生命循環發展的力量。

「Make things happen, but not make things.」這是我上中歐國際工商學院時，一位來自劍橋的管理學教授說的一句話，他說：「管理是 make things happen——讓這件事發生，

but not make things——而不是做這件事。」

這就是「發生學」——讓一件事自然而然的順著它的生命的業力，慣常的動能去引導至一個更高的層面。「不憤不啟」，是以為此。

學習不該是一件被動的事

「不悱不發」——沒有到那種自己已經想了很久，只是找不到某個字把它表達出來的狀態時，突然有個字從腦海裡蹦出來，你就會一輩子記得這個道理。

很多人都有過類似的經歷，總覺得錢到底是怎麼賺的呢，好像平常做生意時，隱隱約約發現了某些道理，包括在資產重組這些事上。

有一天，一位朋友跟我聊《三國演義》時說：「天下大勢，分久必合，合久必分。」一下戳中了我，實際上所有的資產重組做生意，就是買賣公司這件事，做的就是分合而至。比如你是做大樓電梯廣告的，你有沒有辦法把所有賣大樓電梯廣告的集中在一起，可能每個單獨的大樓廣告位置值一萬元，你能集中一萬個，技術上來說就是一億元，如果你能把這一萬個廣告位全部集中在一起，形成某種壟斷，那賺的就不只一億了，可能值一百個億，這叫「合」；有時一家公司到一定程度時多元化得厲害，你把一些無關緊要的非核心部門獨立出來，或者賣掉、或者單獨融資、或者把它關停並轉（按：關掉、停業、兼併、轉產），剩下的反而會變得更好，這叫「分」。

就像一個有經驗的園丁，總知道在開春時把幾枝已經長出花蕾的枝芽剪掉，其實這種分裁對留下的那部分會更有價值，所以分與合才是一切企業運營的大祕密。

如果你之前沒有經過很多的思考和醞釀，總是不知道該怎麼說出來時，是不會覺得「分久必合，合久必分」這幾個字是多麼具有能量的，這叫「不悱不發」。

最後是「舉一隅而反三隅」——我們看見一件事，大都知道它其他時候會怎麼樣。你今天看見「拼多多」上市，大都能想到，中國最少還有一萬人，或者一萬家公司，正在試圖做各種類型的「拼多多」社交電商；你看見「美團」，也能想到在「美團」（按：針對本地消費產品和零售服務的中文購物平臺）的上游和下游還有很多人專門幫「美團」開拓各家餐廳，可能不一定是直營的，還有很多人專門幫「美團」開發周邊的IT工具，還有很多人專門盯著「美團」做它的人力資源管理，總之當你看見「美團」時，也許能迅速的想到和「美團」有關的種種。

有一件事我印象特別深刻，一九九四年，我舅舅在看一則消息時，突然把報紙拍在桌子上，發出了很大的聲音，嚇我一跳，我說：「你幹嗎？」他說：「你是不是一九九七年畢業？」

我當時正在北京廣播學院（現已更名中國傳媒大學）讀書，我說：「是啊，怎麼了？」他說：「你畢業那一年，香港回歸呀。」我說：「然後？」他說：「你可能會去香港工作，你知道嗎？你會廣東話，肯定有機會呀。」

結果，一年之後，我真的有機會去香港鳳凰衛視實習。我覺得在某種程度上來說，我在舅舅身上學會了一樣東西——你看見不相關的事情時，要迅速的讓它和自己產生某種隱祕的連接，從而舉一反三。直到今天，我的學習方法還是如此。

孔子作為一位大教育學家，講的這三句話的本質就是不要讓人們覺得學習是一件被動的事，你要讓他認為這是自己的事，你只是在他高潮之前幫他點一下而已。

高手總是把勢能聚到一定程度時，好像很不經意間就完成了一件事，而一個努力的人之所以感到命運多舛，就是因為他太努力了，沒有等勢能聚集到這裡的時候就匆忙的展開了一切。其實，有的笨媽媽、笨爸爸用很辛苦的方式敗壞了孩子此生學習的樂趣，你說這是不是一件很可惜的事？

09 念死而生，活在當下

原典

子食於有喪者之側，未嘗飽也。
子於是日哭，則不歌。

每年清明，你會回家鄉祭祖嗎？對我來說，這些年每年都會去廣東的某個市、某個縣、某個鄉、某個村的村頭，順著蜿蜒的小路開始爬山，爬回四十年前我第一次爬上的那座小山。

我今年四十五歲了，還記得五歲時跟著爺爺去祭拜他的父親，現在我的爺爺已經躺在那裡了。我為什麼會突然提起這些呢？因為跟《論語》中的一句話有關——「子食於有喪者之側，未嘗飽也。子於是日哭，則不歌。」

孔子在喪失親屬的人旁邊吃飯，盡量不吃飽。如果這一天他去參加過一場葬禮，回來後就不再唱歌了。

孔子日常是一個喜歡唱歌的人，沒事時就彈古琴，振動一下味蕾，振不到盆腔，起碼振到心、肝、脾……根據五音「宮、商、角、徵、羽」，用自己的手指接觸琴弦的振動，再配合這些頻率，讓自己的五行、五臟（心、肝、脾、肺、腎）都能根據不同的音樂、音律去振動，這也是身體內在的頻率型的「廣播體操」。但如果這一天孔子去弔唁過某個人，他就不再唱歌了。

這段話引發了我對每年回鄉祭祖的一個感觸。每次我回去時，看著爺爺、奶奶的墓碑，想著大概三、四十年前，我跟著那時才六十歲出頭的爺爺順著山路爬上去。

有一年好像還下了大雨，發生了一些很奇怪的事，當時我坐在自行車的後座上，不小心把腳伸進了後輪裡，所以腳受傷了，大概有兩、三個月的時間，我以為自己會成為一個一隻腳長，一隻腳短的殘疾人。後來在廣州找了一位手藝很好的接骨師傅，沒有動任何手術，幫我接完骨之後，抹上他自製的膏藥，兩個月以後，我就能站起來走路了。

當年爺爺站在我的身邊，現在他躺在我的面前。每次祭祖，我拜完他以後，都會把身體轉過來，從墓碑的視角往前看，看山腳下的村莊，看裊裊的炊煙，看清澈見底的池塘……。我在想，人為什麼需要祭祖？我們運氣好的話，老了以後還能有一塊地埋；如果運氣不好，可能未必能入土為安，充其量就是在網路上有一個部落格、微信號，以後子孫後代每年打開一下看看你的生平——緬懷你的方式就是這樣了。

當有一天不再有人惦記你時，你就真的消失了。這件事想起來很傷感對不對？是的。

孔子就常常提醒自己，要建立起對當下的同情心，比如鄰居正在辦喪事，你連飯都不應該吃飽，人家連吃飯的心情都沒有，你在這邊吃著飯，嚼著馬鈴薯，涮著肥腸，吃得很飽，其間還喝了幾種不同版本的茅台。

雖然沒人禁止你這樣做，但作為一個有廣泛同情心的人，你會覺得自己沒有盡到一種內在隱隱的對自己的規範，這是不仁，也是無禮。

還有，假如你今天參加完葬禮，不應該唱歌，因為你仍然活在那樣的頻率裡，仍然覺得自己似乎和那家的家人應該有某種程度上的相互尊重、陪伴和同情。這幾件事混在一起，涉及一個非常重要的理念——你與一切有情無情的眾生，與在世、過世的朋友是否能心意相通，互相尊重。

也許祂存在，你跟祂建立了某種聯繫，獲得了彼此之間某種默默的契合；也許祂不存在，你僅僅是出於一個君子的發心，而由別人的狀況推及到自己有一天也會這樣，然後對這一天的到來保持某種靜默。

回鄉祭祖，是一年一度的在清明節期間我們與祖先、與自己未來的宿命進行對話的行為藝術。每年回鄉祭祖，我都覺得它是一種很有意義的忠告，那是每個人的宿命。所以，我們一定要很好的珍惜現在的生命，珍惜現在的生活。人身難得，我們好不容易獲得了一個身體，有的人卻拿它去做自己不願意做的事，實在是太沒必要了。

生和死，都一樣時不我待

有一天，蔡志忠老師在太安私塾的課堂上，說他能活到八十五歲，大概還有幾千天可以活，他還有很多事沒有做，他還有博物館，還有很多畫作，每天都在構思，以至於當時有位同學問：「蔡老師，請問您怎麼治療失眠？」蔡老師說：「我連睡覺的時間都沒有，還有時間失眠？」

當時全班哄堂大笑，我笑完之後很靜默。我在想，蔡老師已經是六十幾歲的人了，每天還如此認真的規畫著每件有意義的事，他知道每件事都是自己此生做的最後一件事，比如他畫的這幅畫，是最後畫的。

也許明天又會畫一幅達摩的頭像，雖然跟昨天畫的一樣，但那已經不是那一幅的最後一幅了，他每個時刻都以活在當下的心去做最後這件事，所以即使他平常抽菸、喝酒、聊天、開玩笑，只要當他把筆拿起來時，瞬間就如此逼真、完整的進入了那個時空的隧道。

那天蔡老師本來是下午幫我們上課的，結果他居然在早上五點到七點畫了五十幅畫作為下午講課的備稿，就像做ＰＰＴ一樣，他把這些都畫完備好以後，一幅一幅的給我們講解裡面的道理。

這種念死而生、知道自己的未來、理解生死的節奏感，然後認真的活在當下的情形，和孔子藉由旁邊的人的去世而想到自己的狀態，其實不僅體現了孔子的仁義、同情，更重要的是，這些事隱隱的也在提醒孔子生命與世間的寶貴，所以在那樣一個心智狀態下，他會靜默、肅然。因為他知道在宇宙中，這樣的生命，這樣的時刻，於我們每個人而言，既沒有意義，又意義非凡，而且極有意義。

如果你知道這個時刻於自己的生命而言，在整個宇宙中就是這一秒，過去就再也不會來，而且每個人未來的時間是幾千天到幾萬天不等，也就是這樣的時刻，你難道不覺得自己該很認真的思考什麼於你而言是最重要的事，這是每個人都必須誠實回答自己的問題，你可以騙別人，但最好不要騙自己。

你為什麼不去愛一個你愛的人？關鍵是你真的愛他嗎？如果你真的愛，會以怎樣的方式對他（不一定是一個人，也可能是一件事、一種狀態）？為此你準備做什麼，為此你是否真的會一生去做？

雖然我資質愚鈍，號稱學醫學了很多年，其實真正學習也就是這幾年的事，我發自內心的覺得，《傷寒論》是一本很好看的書。

從《傷寒論》的經方體系發展出後來的時方體系，經方就是經典之方，時方就是當時之方，你會看到醫學的流變，突然感受到自己的身體與這一切的發展是在一個脈絡體系裡的。然後你就會沉浸在裡面，思考這輩子不管中西醫發展到什麼程度，也許有一天西醫會取代中醫，或者西醫和中醫完全融合，變成了所謂幫助人們健康的一種法門，已經沒有中醫和西醫的區別了。

哪怕這個時間到來了，但學習中醫作為一件自己喜歡的事，仍然是有意義的，也許它不值得分享，也許它被證明有很多局限性，但這些都不重要，即使你相信它就算有局限性，有妖鬼蛇神的地方，有忽悠人的地方，有不究竟的地方，你仍然想去鑽研它，也許這就像愛一樣——你知道這個人有騙你的地方，有朝三暮四、朝秦暮楚的地方，你知道這個人不堅定，你甚至知道這個人有遺傳的糖尿病、高血壓，你還愛他嗎？如果你還愛他，就好好的愛；如果你不愛他，一定要告訴自己。這就是我讀這段時的感觸。

藉由對曾經的生命的隕落，對自己未來生命隕落的觀察、聯想，發自內心的產生一種緊迫感，覺得生命時不我待、一期一會。

在這樣的心情下，你怎麼還有哼著歌、吃著肥腸的輕鬆感呢？你一定會想說：「好，讓我安靜的體會、尋找一下，到底什麼才是我特別想認真做的事？到底我相信什麼？到底我要成為一個什麼樣的人？」

之前，我看了一段查理．蒙格的討論技術，有句話講得特別好，他說：「你看見一個特別有錢、特別健康、特別受人尊重、特別有教養的老年人，一定要自問：『這個人的狀態是我老年想成為的狀態嗎？如果我老的時候也想成為他這樣，那麼我現在應該做什麼？我應該從他的身上學到什麼？』」

在我見過的所有老頭兒裡，查理．蒙格是我最喜歡的，我曾經有機會觀察過他，我在他的身上看到了一樣東西——吃零食時好好看書，每天拿大部分時間看書和思考，只做很少的決策，但盡量做正確的決策。

什麼叫正確的決策？就是做完這個決策之後，你會做很少決策的決策；什麼叫正確的事？就是做完這件事以後，你可以不用做太多事的事。

有了這個觀念後，也許可以幫助我們更好的逼近自己生命的真相，還是那句話——當你看見祖先的墓碑，當你看見鄰居過世時，一定會產生一種不要再騙自己的感覺。

10 總覺得自己懷才不遇，會得內傷

原典

子謂顏淵曰：「用之則行，舍之則藏，唯我與爾有是夫！」子路曰：「子行三軍，則誰與？」子曰：「暴虎馮河，死而無悔者，吾不與也。必也臨事而懼，好謀而成者也。」

隨著不斷學習《論語》，我越來越堅信自己開始能理解孔子了，能理解他的灑脫、堅韌和信心來自哪裡。當生命的願力與業力不匹配時，應該如何是好？也就是說周遭的環境、自己與生俱來的思維和行為模式導致你呈現的生命現象，和受到教育後想做的事之間呈現困難、矛盾和衝突，我們稱之為願力與業力的矛盾。

相信大家都會糾結一個問題——當面臨一些選擇時，我到底該選擇不想做但機會好、很容易做的事，還是選擇自己想做但現在機會還不成熟的事？

子謂顏淵曰：「用之則行，舍之則藏，唯我與爾有是夫！」

有一天，孔子和他最愛的學生顏淵說：「哎呀，顏淵啊，如果老天給我機會，讓我發揮自己的能量，我會很努力的去做；如果老天不給我機會，給我一堆爛人、一堆爛事，我就把自己藏起來。像這樣無怨無悔的每天準備著、學習著、修練著，有機會就上，沒機會就藏的豁達心態，就只有你我師徒二人有了。」

孔子有幾千名學生，卻只對顏淵說：「你和我一樣。」這已經超越了普通的師徒關係，他們在人世間扮演著師徒角色，這是世俗意義上的，在孔子心裡把顏淵視為自己的朋友、知己，所以才說當外界環境讓我們做自己不想做的事，當我們做想做的事又沒有機會時，我沒有選擇隨波逐流，去做那些機會好、輕鬆的事，我等待著機會做自己想做的事；如果沒有機會，我這輩子就把它藏著，寫成書，或者分享給你們，然後影響後世，但我不會因此而扭曲自己，苟且生活。我覺得這樣也很好，這是孔子藉由與顏淵的討論，抒發自己對生命業力與願力關係的思考。

當時孔子的一個學生，也是他的保鏢——力氣很大、武藝高強的子路就有點不高興了，子路曰：「子行三軍，則誰與？」子路說：「師父啊，如果你現在要帶兵打仗，你帶誰呢？你帶這位哥們兒嗎？」

子路是一個武功很好的人，他問這個問題基本上是為自己問的，言下之意是，老師，吹牛時你跟他，打架時你還是帶著我吧。你知道孔子怎麼回答嗎？他的回答很有意思。子曰：「暴虎馮河，死而無悔者，吾不與也。必也臨事而懼，好謀而成者也。」什麼叫「暴虎馮河」呢？「暴虎」是赤手打老虎，「馮河」就是沒有船，甚至連根木頭也沒有就想渡河，這兩件事都是非常危險而魯莽的，但子路死而無悔，不怕死，往前看。

孔子說：「這種很牛的人，我是不和他在一起的。你不是死而無悔嘛，我可不去。」這其實是孔子用這種方法表達對那個沒有進退心，缺乏生命智慧，只有勇沒有謀，缺乏仁的學生的擔憂。這個學生天天跟著他，很精進，甚至打起架時用身體幫老師擋，總之是孔子非常倚重的人。

但孔子哪怕是對待這個貼身保鏢，仍然用一種堅持真理的心告訴他：「你不可以這樣魯莽，不可以這樣輕率的使用自己的生命，生命很寶貴，不一定什麼事都要上，不讓你上，不合適、不一定要上的事，就不上，要學會保護自己、藏好自己，有機會時再去做，內心甚至連憤恨都不要有，因為那種覺得自己懷才不遇的感覺，會把自己打成內傷，實在不值得。」

孔子會用這樣的方式，不浪費每一天。你以為他是在娛樂嗎？沒有，他是在等待。這就是同樣在發呆的人有什麼區別？同樣在唱歌的人又有什麼不同？人家唱歌，那是對生命的等待；我們唱歌，那是對生命的浪費。差別在哪兒？不在於唱不唱歌，也不在於發不發呆，而在於你心裡是不是一直有種對自己生命的尊重。

後來，子路果然因為喜歡打架，被捲入政治糾紛中死於非命。孔子反覆提醒他，最後看著他一步步走向早已命定的結局，你可以想像他有多麼難過。如果一個老人家早就知道你將來會出這樣的事，給你很多次提醒，卻一步一步的看著你朝那個方向走去，你可以想像這有多麼令人傷感、令人無奈。

一個優秀的知識分子應該具備的三種能力

有一天，我和一位朋友吃飯時講起一件事，說中國文化還是很看重一件事的——**讀書之外要讀人**。哪怕和一個人交往、過手三、五分鐘，已經像放電影一樣看到他過去是怎麼來到這裡的，知道他將來會走向何處，知道周遭處在什麼樣的世界，又知道他如何會吸引貴人。這些東西表面上看是偶然的，其實有必然性。

一個嚴格意義上的知識分子，不僅應該明道，還應該擁有以下幾種能力：第一，能擁有在閱讀裡獲得快感，並且與道同啟的能力。能透過書本與背後的作者形成一種隔空相望的哈哈大笑的快感，這是他日常的快樂源泉。

一個優秀的知識分子還有一個能力——學會讀人，他應該透過與人過手，迅速了解這個人會得什麼病，將來他的生活會怎麼樣、父母會怎麼樣、人生會怎麼樣……。

有經驗的老中醫幾乎都有這種能力，走進來一個病人，還沒有摸脈，看他的神態、舉止，大概就知道他活得有多不順心，他大概活在什麼位置上，都能知道。

這沒有什麼神奇的地方，一個經驗豐富的老員警走在路上，一看就知道誰是小偷；一些女人在飯桌上，五秒鐘就知道誰喜歡她，誰妒嫉她；一些男人在飯桌上，一分鐘就知道誰是大哥，該給誰敬酒……這都是生命的本能，但也可以透過後天的練習開發出來的。

知識分子應該具備的能力，一個是讀書之樂，一個是讀人之能。還有一樣東西其實是很好玩的，那就隱忍和沉默，事情看破不說破。為什麼？因為他知道人心叵測，知道交淺言深是很危險的，知道臨深淵而看見深淵中的魚是不祥之兆，所以很多時候，一個知識分子，可以藉由對細節的分析看見事物深處的邏輯，但他保持沉默。

這種保持沉默的能力的核心是對人性的深刻理解，同時也是對自己充分自信的表現——你不需要表達某些人都看到了沒有說出來的話，匆忙的表達而彰顯自我的意願。

我想，以上這三件事——讀書與作者隔空相望，讀人知來去狀態，並且能保持沉默，都是做人的真正藝術。也許這沒有什麼大用，但也許很有用，有用和沒用，都是當下對那個人來說，偷著樂的事。

世間最大的快樂是默默的微笑，只有自己知道的笑點，偶爾碰見一個知己，倆人在同一時刻、同一狀態下，感受到這個有意思的點，相視一笑，全然了解，不用多說，這種感覺太精妙了。

有一次，美食作家沈爺（沈宏非）跟我說了一件事，有一檔養生節目在上海很流行，有一天他看見兩位主管在吵架拍桌子，馬上就要掀桌子了，突然倆人站起來，各自回頭按著自己的內關穴，心想絕對不讓那孫子把自己氣死，把自己氣成高血壓太不划算了。然後回頭各自一看，兩個本來正在吵架的人，也都相視一笑了。因為哪怕兩個互相討厭的人，如果這一刻你們在同一個頻率上，也是可喜可賀的，同為道友。

孔子藉由和顏淵說的話表達了自己對人生中最重要的問題的看法——能被用則用，不能被用，則愉快的藏，絕不努力讓自己成為一個達人。就這點而言，你不覺得很有意義嗎？當然它有個前提——你真的是一個有用的人，如果自己真的沒什麼用，就不要思考這個問題了，想也是多餘。

11 喜歡錢並不是一件罪惡的事

原典

子曰：「富而可求也，雖執鞭之士，吾亦為之。如不可求，從吾所好。」

本篇我想和大家一起學習關於如何獲得財富的話題。這是生活在三維物理空間裡，生活在一個「真實」世界中（真實也許需要加引號，因為我們不知道是不是真實的）大部分人都無法迴避的。

這些年，我在接觸各個領域的過程中，比如醫學、科學、哲學、宗教等諸多領域裡，有一個很深的體悟——沒有人不喜歡錢。這是一個既普通又深刻的領悟，差別只是每個人對待如何獲得錢的態度不同。

其實孔子也關心這個問題，當我們讀《論語》讀到這裡時，一下子就放下了。原來喜歡錢並不是一件罪惡的事，如果你足夠誠實，你願意接受這個事實嗎——你真的很愛錢。

有天晚上，我因為第二天要講課，但還沒有準備好講什麼，有點兒焦慮，輾轉反側，過了該入睡的時間點居然睡不著。憑以往對付失眠的經驗，我告訴自己，這一刻必須在心裡有一個與內在世界完全不對抗的念頭，因為我做不到什麼都不想，那就必須去想自己很願意想的事。夜深人靜，我靜下來問自己：「什麼事是真正在內在的世界裡不拒絕的？」

當我們內心不矛盾、不糾結、不拒絕一個東西時，氣是順的。這時一個念頭閃了出來，三個字，如徹夜的長燈照亮了我糾結的心靈——很多錢。我被自己嚇到了，坦白說這真的是我內在的期許，於是我唸動咒語：「很多錢、很多錢……」於是心情放鬆了下來，身體慢慢變得清亮，感到自己終於在內在達成了一致。唸著唸著覺得應該加點修辭——合法的賺到很多錢，後來這個口訣稍微長了點——合法的賺到很多錢（稅後）。

這個訴求太直接了，你還得把最重要的事講出來：「親人健康，合法的賺到很多錢（稅後）……」但咒語一長就沒法念，念著念著就亂了，收不回來了，於是我又陷入了新的糾結，最後發現在一切都還好的情況下，「很多錢」是很有力量的訴求。然後我就問自己：「為什麼會有這樣的念頭？」可能是小時候太窮，養成了一種總覺得沒有錢的習慣，也可能是因為物價飛漲，還有可能是因為股票市場和房地產市場實在是太讓人揪心了。

當我覺察自己對這個問題開始接受，並且發現它的確是我最願意承認的、接受的一個事實時，翻開《論語》看到了這句話——子曰：「富而可求也，雖執鞭之士，吾亦為之。

如不可求，從吾所好。」

孔子說：「如果可以得到很多錢，哪怕去做一個幫人家手持馬鞭的工作，我也覺得行——『吾亦為之』。但如果不可求，我寧願去做自己喜歡的事。」這句話要分成三種層面來思考，第一，孔聖人也希望自己很有錢；第二，孔聖人知道要獲得錢，常常需要付出一些心理成本的代價，要不然就是受辱，要不然就是扭曲自我。

當年孔子到衛國做官，衛國國君把他當作一個大ＩＰ展示，並沒有很尊重他的治國綱要，衛靈公帶著夫人南子在前面招搖過市，遊街視察群眾，讓孔子坐在第二輛車上一起「路演」——在路上演一遍，「瞧，我對孔聖人多麼尊重；瞧，衛國多麼尊重賢人，天底下有本事的人都來投靠我吧。」

但這只是一個「路演」，衛靈公並沒有真正尊重孔子，儘管當時給了孔子很高的待遇（大概是五萬石米，值很多錢）。後來孔子還是掛印而去，離開了。所以並不是孔子不愛錢，而是如果為了獲得錢偏離了內在的價值觀、趣味，變得扭曲自我，那麼孔子的態度是不如不要——我寧願苦點兒、窮點兒，也要做自己喜歡的事。

人可以很忙，可以一件事接著一件事的做很多事，但大部分時候應該是愉快的，做自己內在想做的事。什麼是你真正想做的事？我們的焦點也許會隨著自己的成熟，越來越深入的誠實，發現錢是好的，但如果為了錢而扭曲自己，讓自己擔驚受怕、顛沛流離、自我否定，其實是不值得的，不如做自己喜歡的事。

最可悲的是莫過於許多人到老了，發現自己居然一樣愛好都沒有，就算不賺錢，也不知道自己可以幹什麼，這才是真正的可悲。

孔子說：「從吾所好。」跟從我喜好的東西，這個喜好是需要訓練的，你想唱卡拉OK，得唱得好；你想寫毛筆字，不寫八十一天，自己寫一行字一點兒樂趣都沒有。任何你後來會喜歡的東西，在剛開始時都需要經歷一段堅持、練習，在肌肉上形成慣性。

對錢充滿熱愛，但要更熱愛內在自我的如一和真誠

在太安私塾二年級的課堂上，我和同學們分享了一件事，我說：「我現在越來越喜歡查理．蒙格了，我覺得他的人生方向真是好——年輕時買指數基金，然後一輩子在小城市裡做一個牙醫，照顧的都是認識的朋友，每天把牙齒補好，雖然需要很專注、很認真，但不需要很糾結，而前提是你喜歡補牙這件事。然後用二十歲時賺的一點兒錢，每個月基金定投，有點兒閒錢就去買，並且長期持有，一直到老時，得到的複合利潤足以跑贏這輩子絕大部分辛苦工作、創業、炒各種股票，賺了又虧了的顛沛流離的人的晚年。」

我把這些年自己投資的所有資料覆盤回來，得出了一個讓人非常痛心疾首的結論——

居然沒跑贏那斯達克綜合指數，沒跑贏標準普爾五百指數，也沒跑贏幾個大的中國藍籌股（按：在股票市場裡，實力最好、最活躍、經營最好的公司，其股票稱為藍籌股）的成長。五到十年前，其實我已經知道這些大藍籌是很好的公司了，無非是海天味業、貴州茅台、五糧液、格力電器、美的集團……後來我和一些管著幾百億大基金的基金經理聊天時，他們說自己也是持有這些股票，並且長時間持有，結果綜合下來這樣做獲得的價值是最高的。

賺錢可能很難透過努力工作得來，到老時有一筆能讓自己安度晚年的錢，也許是透過長期穩定堅持的投資而來，但你不能貪，不能做波段，而是需要長期持有。

哪怕是在中國的股市，把它放在一個三、五十年的週期來看，十年前你開始購買上證指數（按：上海證券交易所綜合股價指數），我相信三十年後，你的回報仍然會跑贏絕大多數你的同輩們所做的所有投資，包括買賣股票、買賣房產等；放在四十年的週期來看，能跑贏指數的寥寥無幾。

工作是什麼？工作是為了讓我們對社會有所貢獻，工作是讓我們建立起和同事們更緊密的交流，工作是為了練習我們的心性，工作是讓我們感覺到自己每天和這個物、人、情是緊密相連的，工作只是維持一個正常的生活。但工作一定要選擇一件不會扭曲自己天性的事，而且可以讓你不斷精進。

當一個人的所有工作只是為了讓自己當期獲得快樂，不是為了長期的收入，而他的那筆長期的、老的時候的收入卻是透過定投，每個月省出來的那點兒錢去長期投資獲得時，他就會活在一種安靜裡。查理．蒙格說：「人生最好的狀態莫過如此。至於做什麼事，只要是合法的，其實都是無所謂的。」

我常常覺得，有些研究食物的朋友，透過自己對食物的研究達到的快樂，應該比很多人都要高。還有很多人透過做帳達到快樂，比如我媽，她是會計，這輩子最大的快樂之一是能把貸方和借方做平。

作為一個會計，那麼多出出入入的款項，那麼多幾分錢到幾百萬的錢，她居然能將每筆都記得清清楚楚，到了月底一看，一分錢都不差，她覺得特別精妙。我小時候無數次聽到我媽跟我講：「這筆帳做得太漂亮了。」我那時不懂，現在越來越知道，那就是她的快樂，她能像匠人一樣，把帳的左邊和右邊對在一起。

我們學習《論語》，終於發現了一個真實的孔子——對錢充滿了熱愛，但更熱愛內在自我的如一和真誠。所以當這兩者發生矛盾時，如果你不能用合法、不受辱的方式賺到錢，那就選擇善良、正直、內在的完整，這是孔子的價值觀。這個觀點聽起來好像有點兒不接地氣，但當你活到四、五十歲時，或許就能慢慢理解，能做到這樣，已然很好了。

12

我們要付出多少努力，才能顯示出不努力的樣子

學了一年《論語》，好像才開始感受到《論語》的妙趣——看到了一個活生生的有情、有愛、對自己真實、有遠大理想，並且有智慧的老先生的樣子。

我在讀查理．蒙格的書時，常常有這樣一個感慨：太多人沒有見過高貴的老人家，以至於我們都不知道一個人可以老成什麼樣子，是可以既有尊嚴又有智慧，還有財富的。

在這樣一個現實的三維世界裡，我們做的所有事，不就是為了讓自己成為一個優雅、有趣、健康、不給孩子添煩惱的老人家嗎？我們經歷過的一切，讀的書，賺的錢，努力修習的種種方便法門，最後不就是為了讓自己成為一個好老頭（好老太太）？問題是什麼樣的老頭（老太太）才是你真正想成為的呢？如果你見到了一個心儀的希望成為的老頭（老太太），你問過自己嗎——要怎樣做才能成為像他那樣的人？

我常常思考這個問題，答案居然是：一個財務自由、身體健康、不愛炫耀知識的老頭，就是有趣的老頭。為此，我們要經過多大努力，才能顯示出不努力的樣子。

附錄

公治長篇

1 子謂公冶長，「可妻也。雖在縲絏之中，非其罪也」。以其子妻之。

2 子謂南容，「邦有道，不廢；邦無道，免於刑戮」。以其兄之子妻之。

3 子謂子賤：「君子哉若人！魯無君子者，斯焉取斯？」

4 子貢問曰：「賜也何如？」子曰：「女器也。」曰：「何器也？」曰：「瑚璉也。」

5 或曰：「雍也，仁而不佞。」子曰：「焉用佞？禦人以口給，屢憎於人。不知其仁，焉用佞？」

6 子使漆雕開仕。對曰：「吾斯之未能信。」子說。

7 子曰：「道不行，乘桴浮于海。從我者其由與？」子路聞之喜。子曰：「由也好勇過我，無所取材。」

8 孟武伯問：「子路仁乎？」子曰：「不知也。」又問。子曰：「由也，千乘之國，可使治其賦也，不知其仁也。」「求也何如？」子曰：「求也，千室之邑，百乘之家，可使為之宰也，不知其仁也。」「赤也何如？」子曰：「赤也，束帶立於朝，可使與賓客言也，不知其仁也。」

9 子謂子貢曰：「女與回也孰愈？」對曰：「賜也何敢望回。回也聞一以知十，賜也聞一以知二。」子曰：「弗如也！吾與女弗如也。」

10 宰予晝寢。子曰：「朽木不可雕也，糞土之牆不可杇也，於予與何誅。」子曰：「始吾於人也，聽其言而信其行；今吾於人也，聽其言而觀其行。於予與改是。」

11 子曰：「吾未見剛者。」或對曰：「申棖。」子曰：「棖也慾，焉得剛？」

12 子貢曰：「我不欲人之加諸我也，吾亦欲無加諸人。」子曰：「賜也，非爾所及也。」

13 子貢曰：「夫子之文章，可得而聞也；夫子之言性與天道，不可得而聞也。」

14 子路有聞，未之能行，唯恐有聞。

15 子貢問曰：「孔文子何以謂之『文』也？」子曰：「敏而好學，不恥下問，是以謂之『文』也。」

16 子謂子產，「有君子之道四焉：其行己也恭，其事上也敬，其養民也惠，其使民也義。」

17 子曰：「晏平仲善與人交，久而敬之。」

18 子曰：「臧文仲居蔡，山節藻棁，何如其知也？」

19 子張問曰：「令尹子文三仕為令尹，無喜色；三已之，無慍色。舊令尹之政，必以告新令尹。何如？」子曰：「忠矣。」曰：「仁矣乎？」曰：「未知，焉得仁？」「崔子弒齊君，陳文子有馬十乘，棄而違之。至於他邦，則曰：『猶吾大夫崔子也。』違之。之一邦，則又曰：『猶吾大夫崔子也。』違之。何如？」子曰：「清矣。」曰：「仁矣乎？」曰：「未知。焉得仁？」

20 季文子三思而後行。子聞之，曰：「再，斯可矣。」

21 子曰：「甯武子邦有道則知，邦無道則愚。其知可及也，其愚不可及也。」

22 子在陳曰：「歸與！歸與！吾黨之小子狂簡，斐然成章，不知所以裁之。」

23 子曰：「伯夷、叔齊不念舊惡，怨是用希。」

24 子曰：「孰謂微生高直？或乞醯焉，乞諸其鄰而與之。」

25 子曰：「巧言、令色、足恭，左丘明恥之，丘亦恥之。匿怨而友其人，左丘明恥之，丘亦恥之。」

26 顏淵、季路侍。子曰：「盍各言爾志？」子路曰：「願車馬、衣輕裘，與朋友共。敝之而無憾。」顏淵曰：「願無伐善，無施勞。」子路曰：「願聞子之志。」子曰：「老者安之，朋友信之，少者懷之。」

27 子曰：「已矣乎！吾未見能見其過而內自訟者也。」

28 子曰：「十室之邑，必有忠信如丘者焉，不如丘之好學也。」

雍也篇

1 子曰：「雍也可使南面。」

2 仲弓問子桑伯子。子曰：「可也簡。」仲弓曰：「居敬而行簡，以臨其民，不亦可乎？居簡而行簡，無乃大簡乎？」子曰：「雍之言然。」

3 哀公問：「弟子孰為好學？」孔子對曰：「有顏回者好學，不遷怒，不貳過。不幸短命死矣！今也則亡，未聞好學者也。」

4 子華使於齊，冉子為其母請粟。子曰：「與之釜。」請益。曰：「與之庾。」冉子與之粟五秉。子曰：「赤之適齊也，乘肥馬，衣輕裘。吾聞之也，君子周急不繼富。」

5 原思為之宰，與之粟九百，辭。子曰：「毋！以與爾鄰里鄉黨乎！」

6 子謂仲弓曰：「犁牛之子騂且角，雖欲勿用，山川其舍諸？」

7 子曰：「回也，其心三月不違仁，其餘則日月至焉而已矣。」

8 季康子問：「仲由可使從政也與？」子曰：「由也果，於從政乎何有？」曰：「賜也，可使從政也與？」曰：「賜也達，於從政乎何有？」曰：「求也，可使從政也與？」曰：「求也藝，於從政乎何有？」

9 季氏使閔子騫為費宰。閔子騫曰：「善為我辭焉。如有復我者，則吾必在汶上矣。」

10 伯牛有疾，子問之，自牖執其手，曰：「亡之，命矣夫！斯人也而有斯疾也！斯人也而有斯疾也！」

11 子曰：「賢哉回也！一簞食，一瓢飲，在陋巷。人不堪其憂，回也不改其樂。賢哉回也！」

12 冉求曰：「非不說子之道，力不足也。」子曰：「力不足者，中道而廢。今女畫。」

13 子謂子夏曰：「女為君子儒，無為小人儒。」

14 子游為武城宰。子曰：「女得人焉爾乎？」曰：「有澹臺滅明者，行不由徑。非公事，未嘗至於偃之室也。」

15 子曰：「孟之反不伐，奔而殿。將入門，策其馬，曰：『非敢後也，馬不進也。』」

16 子曰：「不有祝鮀之佞而有宋朝之美，難乎免於今之世矣！」

17 子曰：「誰能出不由戶？何莫由斯道也？」

18 子曰：「質勝文則野，文勝質則史。文質彬彬，然後君子。」

19 子曰：「人之生也直，罔之生也幸而免。」

20 子曰：「知之者不如好之者，好之者不如樂之者。」

21 子曰：「中人以上，可以語上也；中人以下，不可以語上也。」

22 樊遲問知。子曰：「務民之義，敬鬼神而遠之，可謂知矣。」問仁。曰：「仁者先難而後獲，可謂仁矣。」

23 子曰：「知者樂水，仁者樂山；知者動，仁者靜；知者樂，仁者壽。」

24 子曰：「齊一變，至於魯；魯一變，至於道。」

25 子曰：「觚不觚，觚哉！觚哉！」

26 宰我問曰：「仁者，雖告之曰：『井有仁焉。』其從之也？」子曰：「何為其然也？君子可逝也，不可陷也；可欺也，不可罔也。」

27 子曰：「君子博學於文，約之以禮，亦可以弗畔矣夫！」

28 子見南子，子路不說。夫子矢之曰：「予所否者，天厭之！天厭之！」

29 子曰：「中庸之為德也，其至矣乎！民鮮久矣。」

30 子貢曰：「如有博施於民而能濟眾，何如？可謂仁乎？」子曰：「何事於仁，必也聖乎！堯舜其猶病諸！夫仁者，己欲立而立人，己欲達而達人。能近取譬，可謂仁之方也已。」

述而篇

1 子曰：「述而不作，信而好古，竊比於我老彭。」

2 子曰：「默而識之，學而不厭，誨人不倦，何有於我哉？」

3 子曰：「德之不脩，學之不講，聞義不能徙，不善不能改，是吾憂也。」

4 子之燕居，申申如也，夭夭如也。

5 子曰：「甚矣吾衰也！久矣吾不復夢見周公。」

6 子曰：「志於道，據於德，依於仁，游於藝。」

7 子曰：「自行束脩以上，吾未嘗無誨焉。」

8 子曰：「不憤不啟，不悱不發，舉一隅不以三隅反，則不復也。」

9 子食於有喪者之側，未嘗飽也。

10 子於是日哭，則不歌。

11 子謂顏淵曰：「用之則行，舍之則藏，唯我與爾有是夫！」子路曰：「子行三軍，則誰與？」子曰：「暴虎馮河，死而無悔者，吾不與也。必也臨事而懼，好謀而成者也。」

12 子曰：「富而可求也，雖執鞭之士，吾亦為之。如不可求，從吾所好。」

跋

就算命運被冥冥中安排好了，依然有機會改變

孔子是一個人生「老司機」，他沒有「翻車」，並且他的「車」一直「開」到現在。我斗膽認為，孔子對世界最大的影響，是他提出了一種對命運的態度——顯然孔子是一個對命理學有深刻研究的人，他對自己的命運、對別人的命運、對國家的命運都有思考。

我們的命大致是有定數的，一個有生活閱歷的人，多少都有這樣的體會。你出生在什麼時代，出生在什麼家庭，出生在什麼地方，大概會經歷什麼樣的人生起伏……冥冥之中總有某種安排。當你意識到自己的生命在某種程度上被設計時，該怎麼辦？

今天的人已經有了無數努力的方向，可以藉由更多的連接，更努力的學習，改變自己從事的職業，改變自己生活的地方，來改變命運。

孔子在兩千多年前就清楚的告訴大家，就算你的命運被安排，你仍然應該保持永遠學

習的心智模式。你可以藉由學習改變自己的命運，可以藉由交友改變自己的命運，可以藉由勤奮和調整自己的心智模式，變得更謙卑、更誠懇，來改變自己的命運。你可以在三十歲、四十歲、五十歲、六十歲、七十歲、八十歲、九十歲……甚至在生命的最後一刻，還可以保持這樣的狀態。

這個啟示對中華民族來說，極為重要。中華民族之所以能屹立於世界民族之林幾千年不倒，就是因為這裡生活的一群人永遠保持著開放學習的習慣——向世界學習，向周遭人學習，向自己過往的種種學習……。

孔子最偉大的地方在於他深刻理解了命運的規律後，仍然願意像一個孩子一樣，天真、真誠的付出自己不懈的努力，這種努力貫穿成每個中國人最有價值的生命力源泉。所以，我在學習《論語》時，會反覆看到一個不急躁、不糾結，而且不放棄自己命運的人。如果我們和孔子，乃至和真正的儒家連接了之後，學到一句話：「不要放棄自己，不要充滿怨恨的對待生活。」就開始真正邁向一條成為更好的自己的道路了。

在生命的任何時刻都應該保持這種意識，正心誠意、溫暖喜悅的改良自己的生命，這是中國價值觀向世界做出的最有力量的貢獻。

國家圖書館出版品預行編目（CIP）資料

讀論語，做一個大家願意追隨的人：領導者需具備三特質，決斷、變通、知道如何平行處理事情。／梁冬著. -- 初版.
-- 臺北市：任性，2021.03
416 面；17×23公分. --（drill：010）
ISBN 978-986-99469-3-3（平裝）

1. 論語 2. 修身 3. 生活指導

192.1 109020703

drill 010

讀論語，做一個大家願意追隨的人

領導者需具備三特質，決斷、變通、知道如何平行處理事情。

作　　者／梁冬
責任編輯／蕭麗娟
校對編輯／林盈廷
美術編輯／張皓婷
副總編輯／顏惠君
總 編 輯／吳依瑋
發 行 人／徐仲秋
會　　計／許鳳雪、陳嬅娟
版權經理／郝麗珍
行銷企劃／徐千晴、周以婷
業務助理／王德渝
業務專員／馬絮盈、留婉茹
業務經理／林裕安
總 經 理／陳絜吾

出 版 者／任性出版有限公司
營運統籌／大是文化有限公司
臺北市 100 衡陽路 7 號 8 樓
編輯部電話：（02）23757911
購書相關資訊請洽：（02）23757911 分機 122
24 小時讀者服務傳真：（02）23756999
讀者服務 E-mail：haom@ms28.hinet.net
郵政劃撥帳號／ 19983366 戶名／大是文化有限公司

法律顧問／永然聯合法律事務所
香港發行／豐達出版發行有限公司 Rich Publishing & Distribution Ltd
地址：香港柴灣永泰道 70 號柴灣工業城第 2 期 1805 室
Unit 1805,Ph .2,Chai Wan Ind City,70 Wing Tai Rd,Chai Wan,Hong Kong
Tel：2172-6513 Fax：2172-4355
E-mail：cary@subseasy.com.hk

封面設計／林雯瑛
內頁排版設計／ Judy
印　　刷／ 鴻霖印刷傳媒股份有限公司
出版日期／ 2021 年 3 月初版
定　　價／新臺幣 499 元（缺頁或裝訂錯誤的書，請寄回更換）
ISBN 978-986-99469-3-3